François Cavanna est né en 1923 à Nogent-sur-Marne, de père italien et de mère nivernaise. Son enfance, c'est la banlieue des bords de Marne, la chaleur de la communauté italienne, la liberté — il l'évoque dans Les Ritals *(1978).*
A seize ans : premier emploi, trieur de lettres aux P.T.T. La guerre, l'exode, le retour à Paris où il devient vendeur de légumes et de poissons sur les marchés, puis apprenti maçon. La suite, il la raconte dans Les Russkoffs *(Prix Interallié 1979), le S.T.O., l'apocalypse de la fin de la guerre à Berlin, etc.* Bête et méchant *est le troisième volet de son autobiographie. Le quatrième est* Les Yeux plus grands que le ventre.
A partir de 1945, début de sa carrière de journaliste. En 1949, il devient dessinateur humoristique. En 1960, il crée avec des camarades Hara-Kiri, *journal bête et méchant. En 1968, c'est l'hebdo qui connaît le succès que l'on sait et qui devient en 1970* Charlie-Hebdo.

Passant qui passes, si tu as acquis ce livre dans un dessein de futile gaudriole et d'épaisse rigolade, laisse-le là et va, passe ton chemin.
Car ce livre est le plus beau livre qui ait jamais existé. Le plus émouvant, le plus instructif, le plus moral, le plus élevant pour l'âme, le plus consolant pour le cancer des voies biliaires.
Car ce livre est le Livre.
Tout est dedans. Tout.
Maintenant que tu l'as acquis, jette au feu ta bibliothèque, tu n'en as plus besoin.
Si tu es dans l'affliction, ouvre le Livre. Si tu cherches la Lumière, si la Voie ne t'est pas évidente, ouvre le Livre. Quel que soit ton problème, la réponse est dans le Livre.
D'où venons-nous ? Où allons-nous ? Dois-je faire fusiller les curés de gauche ? Quel vin servir avec le turbot béarnaise ? Comment sodomiser un archange ? En quels termes convient-il de s'adresser à Dieu pour solliciter un petit secours ? Epouserai-je mon chef de rayon ? Dix jours de retard, est-ce que je devrais

(Suite au verso.)

m'inquiéter?... Tout est dans le Livre. Tout. Ici ou là. Cherche, mon gars, cherche.
Et si tu songes qu'au nom de ce Livre des vierges furent livrées aux bêtes, des philosophes brûlés vifs, des villes rasées, des provinces passées au fil de l'épée, des massacres sanctifiés, des injustices magnifiées, des bombardiers bénis, et qu'on n'a pas encore vu le plus beau, alors tu comprends qu'un Livre comme ça, ça ne peut pas être des conneries. C'est pas possible.

CAVANNA

Les Écritures

LES AVENTURES DE DIEU
LES AVENTURES DU PETIT JÉSUS

PIERRE BELFOND

ŒUVRES DE CAVANNA

Dans Le Livre de Poche :

LES RITALS.
LES RUSSKOFFS.
BÊTE ET MÉCHANT.

© Belfond, 1982.

*O Dieu, que je t'en veux
de ne pas exister*

Voici la biographie de Dieu*, telle qu'elle nous a été donnée par Lui-même. C'est Dieu qui l'a dictée. Tout est vrai, là-dedans. Dieu ne peut pas se tromper. Ou alors, s'Il se trompe, c'est qu'Il l'a bien voulu, et c'est notre devoir de Le croire quand même, puisque c'est ce qu'Il attend de nous.

La première édition de cet ouvrage remonte à trois ou quatre mille ans. Depuis, il y en eut de nombreuses autres. Des observateurs sagaces ont remarqué que, au fur et à mesure que l'Homme devenait moins bête, Dieu semblait en faire autant, quoique avec un peu de retard. Doit-on en conclure que Dieu a profité des progrès de l'Homme en copiant par-dessus son épaule ? Nous ne pouvons pas le croire. Dieu est au-dessus de ça.

La présente édition diffère sensiblement des autres. Il y a des choses en plus. Il y a des choses en moins. Ce qu'il y a en plus, nous ne savons pas pourquoi les autres se sont abstenus de le publier : c'est très instructif, cela nous donne une idée de la psychologie de Dieu. Ce qu'il y a en moins, c'est parce que c'était sans aucun intérêt ; ça vaut même pas la peine d'en parler.

* Et, en prime, celle de Son fils préféré, Celui qui a réussi dans la vie.

LES AVENTURES
DE DIEU

CHAPITRE 1

Mon Dieu,
c'est Toi le plus grand,
c'est Toi le plus bête.

1. Au commencement, Dieu créa le ciel et la terre.
2. Non.
3. Ce n'est pas comme ça.
4. Reprenons depuis le début.

●

1. Au commencement, il y avait Dieu.
2. Et rien d'autre.
3. Il ne pouvait y avoir rien d'autre car, pour qu'il y eût quelque chose, il eût fallu que Dieu l'eût créé,
4. Or Dieu n'avait encore rien créé.
4 *bis*. Puisque c'était le commencement.
5. Pour créer, il faut non seulement être Dieu,
6. Mais encore il faut savoir qu'on est Dieu.
7. Or Dieu ne savait pas qu'Il était Dieu,

8. Puisqu'Il était tout seul.
9. Pour savoir qu'on est Dieu, il faut être deux :
10. Un qui est Dieu, et l'autre qui Lui dit : « Mon Dieu ».
11. Car on ne peut pas être Dieu tout court. On ne peut être que le Dieu de quelqu'un.
12. Or Dieu était tout seul.
13. Il n'était donc le Dieu de personne.
14. J'espère que vous avez tout compris.
15. Sinon, recommencez en lisant très lentement.
16. Cela aurait pu durer longtemps.
17. C'est bien ce qui arriva.
18. Cela dura très, très, très longtemps.
19. Tellement longtemps qu'il fallait être Dieu pour supporter ça.
20. Aucune autre bête au monde n'aurait pu.

●

1. Au commencement, il n'y avait donc pas le ciel, ni la terre.
2. Il n'y avait même pas l'idée de ciel ni l'idée de terre dans la tête de Dieu.
3. Il ne pouvait y avoir que Dieu et ce que Dieu avait créé.
4. Or Dieu n'avait pas encore créé l'idée de ciel ni l'idée de terre.
5. Il n'avait même pas encore créé l'idée d'idée.
6. Il n'avait même pas encore créé l'idée de créer.

6 *bis*. Il faut bien qu'il y ait eu un moment comme ça,

6 *ter*. Non ?

7. Pourquoi Dieu aurait-Il créé ? Il n'avait pas besoin de ça. Dieu n'a aucun besoin.
8. Car Dieu est Dieu.
9. Et pour que Dieu éprouve le besoin, il faut d'abord qu'Il crée le besoin.
10. Ce qu'Il peut très bien faire, naturellement.
11. Car Dieu est Dieu.
12. Mais si Dieu crée le besoin, Il cesse d'être Dieu.
13. Car un Dieu qui a un besoin n'est pas Dieu.
14. Dieu savait tout cela, car Il est l'intelligence suprême.
15. Il savait tout cela, mais à quoi bon être Dieu si on ne peut rien faire ?
16. Alors, il décida de prendre le risque.
17. Et Il fit bien.
18. Car rien de tout cela n'a jamais gêné personne.
19. Sauf les mécréants et les ricanants, mais ceux-là comptent pour du beurre.'

●

0. Alors, voilà :
1. Au commencement, Dieu créa la Contradiction.
2. Ça, c'était une bonne idée.
3. Maintenant, ça peut partir.
4. C'est parti.

●

1. Au commencement — enfin, presque — Dieu créa le ciel et la terre.

2. La terre était informe et vide, les ténèbres couvraient la face de l'abîme et l'esprit de Dieu planait sur les eaux.
3. Ce n'était pas une réussite.
4. Dieu vit cela. Il se dit en Son cœur : « Beuark ! »
5. Il aurait bien voulu que cette saleté n'eût jamais existé.
6. Mais Cela, Il ne le pouvait pas.
7. Maintenant que ça avait existé une fois, Dieu pouvait, s'Il le voulait, renvoyer tout ça au néant, mais Il ne pouvait pas faire que ça n'eût jamais existé.
8. Cela, même Dieu ne le pouvait pas.
9. Car personne ne peut supprimer le passé, pas même Dieu.
10. Dieu vit alors qu'Il n'était plus tellement tout-puissant, maintenant qu'Il avait une fois créé.
11. Dieu comprit mais un peu tard que l'idée de création est un piège à Dieux.
12. S'Il avait su, Il serait resté tranquille.
13. Et puis Il se dit que ce qui était fait était fait, autant en prendre Son parti.
14. Lorsque le monde est créé, il faut le boire.
15. Bof.
16. Et Dieu décida qu'Il ferait semblant d'être toujours aussi tout-puissant qu'avant, et Il eut bien raison.
17. Car jamais personne ne s'est aperçu de rien.
18. Sauf les mécréants et les ricanants, mais ceux-là comptent pour du beurre.

1. Dieu dit : « Que la lumière soit », et la lumière fut.
2. Dieu vit que la lumière était bonne et Il se réjouit dans Son cœur.
3. C'était un coup de chance. Elle aurait aussi bien pu être mauvaise. Vous savez ce que c'est, quand on crée. Des fois c'est du bon, et des fois c'est du mauvais. Des fois c'est sucré, et des fois ça vous mord. On ne peut pas savoir d'avance.
4. Dieu se dit que, s'Il avait su, Il aurait commencé par créer la lumière.
5. Ce qui prouve qu'Il avait encore beaucoup à apprendre.
6. Or Dieu, étant omniscient, ne peut rien apprendre qu'Il ne sache déjà.
7. A moins naturellement qu'Il n'ait décidé, dans Sa toute-puissance, de ne plus savoir telle ou telle chose, c'est-à-dire de n'être plus omniscient.
8. C'est-à-dire de n'être plus Dieu.
9. Car Dieu peut tout, même cesser d'être Dieu. Même Se supprimer Lui-même.
10. Ce qui est un peu gênant, car alors Dieu n'est pas éternel.
11. Car s'Il est éternel, Il ne peut pas mourir, même s'Il en a décidé ainsi, et alors Il n'est pas tout-puissant.
12. Dieu a donc le choix : ou bien pas éternel, ou bien pas tout-puissant.
13. Et dans les deux cas : pas Dieu.
14. Ceci est un problème insoluble.
15. Un problème insoluble est un problème qui n'a

pas de solution. S'il n'a pas de solution, personne ne peut la trouver, pas même Dieu.
16. Donc, un problème insoluble est plus fort que Dieu.
17. Mais les problèmes insolubles, comme toutes choses, ont été créés par Dieu. (Pourtant, Il ne se rappelait pas avoir créé celle-là...) La créature ne peut pas être au-dessus de son Créateur.
18. Tout ça donne à penser.
19. C'est justement à force de penser à de telles choses depuis l'éternité de la durée que Dieu, pour Se changer les idées, avait décidé de créer.
20. Mais plus Il créait et plus ça Lui donnait à penser.
21. Hmm...
22. Alors, Dieu Se demanda s'Il était bien Dieu.
23. Mais si Dieu n'est pas Dieu, Qui donc est Dieu ?
24. Hein ? Hein ?
25. Je sors pas de là.
26. Dieu vit que quelque chose n'allait pas.
27. Heureusement, Dieu se rappela qu'Il avait créé la Contradiction, et Il se rasséréna dans Son cœur.
28. Car, grâce à la Contradiction, Il pouvait désormais tout à la fois être et ne pas être sans que cela Lui fît mal au ventre.
29. Il n'avait donc aucune raison de S'en faire.
30. Il lui suffisait de ne pas penser à tout ça.
31. Et même de ne pas penser du tout.
32. Car la pensée n'est pas bonne.

33. Quand on commence à penser, on ne peut jamais savoir où ça va vous mener. Quand un Dieu commence à penser, Sa pensée risque d'aboutir à ceci, qui est fort désagréable : c'est qu'Il n'existe pas.

34. Or, Dieu veut exister.

35. Mettez-vous à Sa place.

36. Si Dieu devait cesser d'exister à chaque fois que Son existence devient logiquement absurde, il n'y aurait plus de religion possible.

37. Et, dans cette vallée de larmes, la créature ne saurait pas quoi faire le dimanche matin avant l'heure de l'apéritif.

38. Ce serait triste.

39. Heureusement, Dieu ne pense pas.

40. Dieu merci !

41. Ce sont les intellectuels de gauche qui pensent.

42. Dieu n'est pas un intellectuel.

43. Dieu n'est pas de gauche.

44. Dieu est un homme d'action.

45. Dieu est un homme de droite[1].

46. Dieu est un militaire qui va-t'à la messe.

47. C'est bien le moins qu'Il donne le bon exemple.

●

1. Dieu vit que la lumière était bonne, et Il sépara la lumière d'avec les ténèbres.

---

1. A la rigueur de centre-droit.

2. Dieu vit que les ténèbres étaient toutes noires. Il fut un peu déçu, car Il avait espéré dans Son cœur qu'elles seraient rouges,
3. Ou peut-être vertes,
4. Ou peut-être mauves avec des pois orange, ce qui est très joli.
5. C'est pourquoi Il les avait appelées « ténèbres », ce qui veut dire, en hébreu, « mauves avec des pois orange ».
6. Car, dans ce temps-là, Dieu parlait hébreu.
7. Ce n'est que beaucoup plus tard que Dieu devint antisémite.
8. Dieu appela la lumière par son nom, et les ténèbres aussi, par leur nom. Et Il leur dit : « Bonjour, lumière ! » et « Bonjour, ténèbres ! »
9. Mais la lumière ne répondit pas à la voix de Dieu, et les ténèbres non plus.
10. Alors, Dieu donna à la lumière le nom de « Jour » et aux ténèbres le nom de « Nuit »,
11. Ce qui veut dire la même chose, mais en français.
12. Dieu dit : « Bonjour, Jour ! Bonjour, Nuit ! Parler français ? Pariss, très bon ! Douchours l'amour ! »
13. Mais ni le Jour, ni la Nuit ne Lui répondirent « Bonjour, Dieu ! »
14. Le Jour et la Nuit commencèrent à se courir l'un derrière l'autre, en rond, sans s'occuper de Lui.
15. Dieu vit que ces créatures-là n'étaient pas encore les petits compagnons de jeu rêvés.
16. Il y eut un soir, il y eut un matin, et ce fut le premier jour.

●

1. Dieu donna au firmament le nom de Ciel, qui veut dire la même chose. Dieu venait de créer les synonymes, et Il trouvait ce jeu très amusant.
2. Il y eut un soir, il y eut un matin, et ce fut un autre jour.
3. Dieu créa le nombre deux, car Il en avait besoin pour compter les jours qu'il y avait déjà eu. C'était une très bonne idée. Dieu créa le sifflotement de satisfaction.
4. Dieu eut une autre bonne idée. Il décida de créer d'un seul coup tous les nombres possibles, afin de les avoir tout prêts sous la main pour quand il Lui faudrait compter le jour qui devait venir après celui-là, et encore celui d'après, et comme ça jusque dans les siècles des siècles.
5. Dieu dit : « Que les nombres entiers soient ! » et les nombres entiers furent.
6. Mais alors Dieu vit que le nombre des nombres était infini, et il se courrouça dans Son cœur.
7. Car Dieu seul est infini.
8. Et c'est beaucoup d'arrogance de la part de la créature que d'usurper un attribut de Dieu.
9. Dieu dit : « Que la suite des nombres ne soit plus ! » et elle ne fut plus.
10. Dieu pensa en Son cœur : « Je créerai chaque nombre séparément, au moment voulu.
11. Paf ! »
12. Voilà ce qui arrive aux arrogants qui veulent péter aussi haut que Dieu.

●

1. Dieu dit : « Que les eaux qui sont au-dessous du Ciel se rassemblent en un lieu, et que surgisse la terre ferme[1]. »

2. Dieu donna à la terre ferme le nom de « Terre » et il nomma les eaux « Mer ». Et Il vit que cela était bon, quoique un peu boueux sur les bords.

3. Dieu dit : « Que la terre pousse son jet, à savoir : de l'herbe portant semence, et des légumes, et des arbres fruitiers portant du fruit selon leur espèce, qui aient leur semence en eux-mêmes sur la terre. Ah, et puis un petit bouquet de persil et une gousse d'ail pour donner du corps. » Et ainsi fut-il.

4. Il y eut un soir, il y eut un matin, et ce fut le troisième jour.

5. Dieu dit : « Qu'il y ait des luminaires dans l'étendue des cieux, pour séparer le jour d'avec la nuit. »

6. Dieu fit donc deux grands luminaires, le plus grand pour éclairer pendant le jour, le moins grand pour éclairer pendant la nuit.

7. Ainsi, Dieu créa les luminaires le quatrième jour,

8. Alors qu'il y avait déjà de la lumière, puisqu'Il l'avait créée le premier jour.

9. Ainsi donc, pendant deux jours, il fit grand jour et le soleil n'existait pas.

10. Ce qui prouve que Dieu est un dieu très fort,

11. Même s'il est un peu brouillon.

---

[1]. Un traducteur moderne de la Bible, l'abbé Frossard, a cru devoir remplacer « terre ferme » par « continent » à seule fin de montrer qu'il n'était pas payé à ne rien faire. Nous ne le suivrons pas sur ces routes hasardeuses.

12. Il y eut un soir, il y eut un matin, et ce fut le quatrième jour.

13. Dieu dit : « Que les eaux produisent en abondance des animaux qui nagent, et que les oiseaux volent sous l'étendue du ciel. » Ainsi fut fait.

14. Or, Dieu remarqua que la mer ne faisait aucun bruit, malgré son grand mouvement.

15. Dieu ramassa un coquillage, et Il le mit contre Son oreille, et Il entendit le bruit de la mer dans le coquillage.

16. Dieu dit au coquillage : « Tu as dérobé le bruit légitime de la mer. Parce que tu as fait cela, Je te maudis entre tous les animaux, et ta semence sera maudite jusqu'à la fin des générations. Tu ramperas sur ton ventre et tu seras mangé avec des échalotes et du vin blanc. »

17. Il y eut un soir, il y eut un matin, et ce fut le cinquième jour.

18. Ce que le temps passe vite !

19. Dieu dit : « Que la terre produise des animaux vivants selon leur espèce. » Et ainsi fut fait.

20. Puis Dieu dit : « Faisons l'homme à Notre image, à Notre ressemblance. »

21. Et Dieu créa l'homme à Son image.

●

1. Il nous est maintenant très facile de savoir comment Dieu est fait :

2. Il nous suffit de nous regarder dans un miroir.

3. Tels nous sommes, tel est Dieu. Pareil.

4. Mais en plus grand, naturellement.

5. Beaucoup, beaucoup plus grand.
6. Dieu a deux bras, deux jambes et une seule tête.
7. Dieu n'a pas de queue.
8. Dieu n'a pas de trompe.
9. Dieu n'a pas de nageoires.
10. Dieu possède un tube digestif tout à fait semblable à celui de l'homme, mais beaucoup plus gros.
11. Dieu a dit : « Faisons l'homme à Notre image. » Il n'a pas dit : « Faisons la femme à Notre image. » Or l'homme et la femme présentent de grandes différences. Donc, Dieu n'est pas une femme. Dieu est du sexe masculin.
12. Mais en beaucoup plus gros, naturellement.
13. Il y a des hommes blancs et il y a des hommes noirs.
14. Les hommes noirs sont un peu moins hommes que les hommes blancs. Ils sont donc un peu moins à l'image de Dieu.
15. Dieu est donc blanc.
16. Quand un nègre se regarde dans un miroir, il ne voit pas une image de Dieu.
17. S'il veut avoir une idée de la beauté de Dieu, il n'a qu'à regarder un Blanc.
18. Par exemple Monsieur Nixon ou le général Franco.
19. Parmi les hommes blancs, les bruns sont un peu plus nègres que les blonds, donc un peu moins hommes.
20. Dieu est donc blond.
21. Dieu a les yeux bleus.
22. Dieu a une fossette sur le menton quand Il rit.

23. Dieu est hâlé par le grand air et tout bronzé.
24. Dieu emploie « After Shave » de chez Finocchio.

●

1. Dieu regarda tout ce qu'Il avait fait, et Il se dit que ce n'était pas si mal pour une première fois.
2. Il y eut un soir, il y eut un matin, et ce fut le sixième jour.
3. Le septième jour, Dieu se reposa.
4. Dieu avait planté un jardin en Eden, à l'Orient, et Il y avait mis l'homme.
5. Dieu dit à l'homme : « Mange librement de tous les fruits du jardin, mais tu ne mangeras pas du fruit de l'arbre de la science du bien et du mal. Car si tu en manges, tu mourras de mort. »
6. L'homme répondit : « Oui, Monsieur. »
7. Dieu lui dit : « Appelle-moi Dieu. »
8. L'homme répondit : « Oui, Dieu. »
9. Dieu lui dit : « Pas Dieu tout court, c'est mal-poli. Dis : mon Dieu. »
10. L'homme répondit : « Allez Vous faire foutre, mon Dieu. »
11. Dieu dit : « Tu ne dois pas Me parler sur ce ton. Ce n'est pas bien. »
12. L'homme répondit : « Je ne sais pas ce qui est bien. Je n'ai pas mangé du fruit de l'arbre de la science du bien et du mal. »
13. Dieu dit : « C'est vrai. » Et Il pensa en Son cœur : « Il faut qu'il mange de ce fruit. Alors, il connaîtra le bien et le mal, et Je pourrai jouer avec lui au jeu du bien et du mal. »

14. Alors, Dieu dit : « Tu ne dois pas manger de ce fruit. Tu ne le dois pas. »
15. Adam dit : « J'avais compris, mon Dieu. Pas besoin de répéter trente-six fois. »
16. Dieu dit : « Tu ne dois pas en manger, même si J'ai le dos tourné. »
17. Adam dit : « Puisque je vous dis que c'est d'accord ! »
18. Dieu dit : « Même si Je suis très loin d'ici. »
19. Adam dit : « Nom de Dieu de bordel de sacré nom de Dieu de mille millions de fruits de mon cul, Vous commencez à me courir ! Non, je n'y toucherai pas, à Votre saleté de fruit ! Et d'abord, j'aime pas les fruits ! Si Vous n'avez pas confiance, fallait pas me créer. »
20. Dieu Se dit à Lui-même en Son cœur : « Oh ! Comme il blasphème ! Mais il ne pèche pas puisqu'il ne sait pas discerner le bien du mal. Quel dommage ! Tous ces bons péchés qui ne profitent à personne ! »
21. Dieu Se dit alors : « Il n'est pas bon que l'homme soit seul. »
22. Et Dieu fit tomber sur Adam un profond sommeil, et Il prit une de ses côtes, et Il forma une femme de cette côte, et Il la fit venir vers Adam.
23. Et Adam vit la femme, et il lâcha la chèvre, et il courut vers la femme, et ils furent une même chair.
24. C'est pourquoi il est dit : l'homme quittera son père, et sa mère, et la chèvre, et il se joindra à sa femme, et ils seront une même chair.
25. Or, Adam et sa femme étaient tous deux nus, et ils n'en avaient point de honte, mais ils avaient un peu froid.

26. Car le fond de l'air était frais.

●

1. Dieu dit à la femme : « Tu ne mangeras pas du fruit de l'arbre de la science du bien et du mal et tu n'inciteras pas Adam à en manger, même si tu es sûre que Je n'en saurai rien. »

2. La femme répondit : « Oh, non, mon Dieu, je n'en ferai rien, puisque ça Vous déplaît. Je ne ferai que ce qui Vous plaît. Je vais commencer tout de suite. Vous me direz si ça Vous plaît. D'accord, mon grand Dieu chéri ? »

3. Et elle s'assit sur les genoux de Dieu, et elle lui fit des choses très affectueuses, car Dieu était plus joli garçon qu'Adam,

4. Et aussi beaucoup plus grand sous tous les rapports.

5. Dieu dit : « Il est très curieux, ce fruit. Son goût ne ressemble à aucun autre goût. Personne ne peut résister à l'envie d'en manger. Tu n'en mangeras pas, n'est-ce pas ? Si tu en mangeais, Je ne pourrais pas le savoir. Mais J'ai confiance. Tu n'en feras pas manger à ton mari, dis ? »

6. La femme répondit : « Mais non ! Qu'ai-je à faire d'un fruit ? Qu'ai-je à faire de mon mari ? Et ça, ça Vous plaît, grand voyou ? »

7. Dieu vit que la femme non plus ne mangerait pas le fruit, et Il se dit en Son cœur : « J'ai créé la femme curieuse de nature, mais il y a trop d'objets qui sollicitent sa curiosité. Elle ne mangera pas le fruit ni ne le fera manger à Adam, et ils ne connaîtront pas le bien ni le mal, et ils ne pourront pas pécher. »

8. Et Dieu s'éloigna en donnant des coups de pied dans les planètes qui traînaient sur Son chemin.

9. Dieu ne s'en serait jamais sorti tout seul.

10. Or, le serpent était le plus fin de tous les animaux des champs que Dieu avait faits. Il se dit : « Donnons un coup de main à notre cher Créateur. Certainement il va me récompenser. »

11. Le serpent dit à la femme : « Si vous mangez de ce fruit, vous serez comme des Dieux, connaissant le bien et le mal. »

12. La femme dit : « Dieu nous l'a défendu. »

13. Le serpent dit : « Mais même si vous désobéissez, vous ne pécherez pas, puisque vous n'avez pas la science du bien et du mal. Vous ne pouvez donc pas savoir que c'est mal de désobéir. »

14. La femme dit : « Tiens, c'est vrai, ça. Mais après, ayant mangé, je saurai que c'était mal. »

15. Le serpent dit : « On ne peut pas vous reprocher une action que vous aurez commise avant de savoir si elle était bien ou mal. Après avoir mangé le fruit, naturellement, il faudra vous surveiller. Mais ce sera facile, puisque vous aurez la science du bien et du mal. »

16. La femme dit : « Ça a l'air de se tenir, ce que vous dites, bien que je ne comprenne pas tout. Mais Dieu, qui voit tout et qui est infiniment bon, ne permettrait pas qu'une de Ses créatures en incite une autre à Lui déplaire. »

17. Et la femme, pour faire plaisir au serpent, prit du fruit, et elle en mangea, et elle en donna à son mari, et il en mangea.

18. Alors leurs yeux s'ouvrirent, et ils connurent qu'ils étaient nus. Et ils cousirent ensemble des

feuilles de figuier pour s'en faire des petites jupes très jolies.

19. Ils entendirent la voix de Dieu qui appelait : « Adam ! Coucou ! Où es-tu ? »

20. Et comme ils se cachaient, Dieu comprit qu'ils savaient maintenant ce qu'était le mal.

21. Dieu dit : « N'aurais-tu pas, par hasard, mangé de ce fameux fruit ? »

22. Adam dit : « C'est la faute à la femme. » La femme dit : « C'est la faute au serpent. » Le serpent dit : « C'est la faute à mes mauvais instincts. J'ai été créé comme ça. »

23. Alors Dieu dit au serpent : « Puisque tu as fait cela, tu seras maudit entre tous les animaux, tu marcheras sur ton ventre et tu mangeras de la poussière. »

24. Dieu manquait un peu d'imagination.

25. C'est depuis ce jour que le serpent a perdu les longues fines jambes dont il était si fier.

26. Dieu dit à Adam : « Puisque tu M'as désobéi, tu mangeras ton pain à la sueur de ton front, la terre te produira des épines et des chardons, et ta femme enfantera dans la douleur. »

27. Adam dit : « Mais, Seigneur Dieu, ce n'est pas juste ! Nous ne connaissions pas le bien du mal et c'est Vous qui l'aviez voulu ainsi ! Ah, non, alors ! Ce n'est pas juste ! »

28. Dieu dit : « Qu'à cela ne tienne : Je crée l'Injustice. »

29. Dieu chassa l'homme et la femme du jardin d'Eden et Il mit des chérubins devant la porte avec des épées flamboyantes.

30. L'homme, maintenant, connaissait ce qu'était le bien et ce qu'était le mal.

31. Et telle était la règle du jeu : chaque fois que l'homme faisait le mal, Dieu le punissait très fort.
32. Or, il est très difficile de ne pas faire le mal. Car Dieu a placé en l'homme un grand attrait pour le repos et le plaisir, qui sont le mal, et un grand dégoût pour le travail et la douleur, qui sont le bien.
33. Et l'homme a beau faire très attention, il retombe toujours dans le péché. Toujours.
34. C'est un très beau jeu.
35. A condition d'être Dieu.
36. Et comme tout vient de Dieu,
37. Dieu crée sans cesse de nouveaux péchés, très ingénieux,
38. Et Il inspire à l'homme de les commettre.
39. Afin que Lui, Dieu, puisse punir l'homme, dans cette vie ou dans l'autre,
40. Car Dieu finit toujours par avoir le dernier mot.
41. Et l'odeur des damnés qui brûlent éternellement Lui est douce.

            Amen.

CHAPITRE 2

> *RÉSUMÉ DU CHAPITRE PRÉCÉDENT. Notre héros, ayant commencé à créer, S'aperçoit que la création est un drôle de piège. Il n'est plus très sûr d'exister, Il a des ennuis intimes, et voilà qu'Adam et Eve Lui donnent du souci. Saura-t-Il se tirer de ce mauvais pas ?*

1. Or Adam connut Ève, sa femme, et elle conçut, et elle enfanta Caïn. Et elle dit : « J'ai acquis un homme par l'Éternel. »
2. Adam entendit cela, et il trouva que ce n'était pas juste, car il avait eu la plus grosse part du travail.
3. Quant à l'Éternel, s'Il avait aidé, en tout cas on ne L'avait pas vu.
4. Après Caïn, Ève enfanta Abel,
5. Car, en ce temps-là, l'Éternel n'avait pas encore créé la télévision,
6. Et les soirées étaient longues.
7. Abel fut berger, et Caïn laboureur.
8. Or, il arriva, après quelque temps, que Caïn offrit à l'Éternel des fruits de la terre tout nouvellement récoltés.

9. Et Abel, voyant cela, offrit, lui aussi, des premiers-nés de son troupeau, et de leur graisse.

10. L'Éternel Dieu regarda ce que lui offrait Caïn, et Il vit que c'étaient des raves, des poireaux, des choux et d'autres légumes parmi les légumes qui poussent dans la terre.

11. Et Caïn dit à l'Éternel : « O Éternel, daigne accepter les premiers fruits de mon dur labeur, daigne croquer leur chair juteuse et Te réjouir de leur tendresse dans Ton cœur. »

12. Et l'Éternel prit un légume, et c'était une rave, et Il mordit dans la rave.

13. Caïn dit : « Elles sont belles, mes raves, n'est-ce pas, Seigneur ? Elles m'ont coûté beaucoup de sueur, et mes reins sont brisés, et mes mains sont écorchées, et mon visage est noirci,

14. Mais elles sont bien belles, mes raves, et je T'en remercie, Seigneur, et je Te les offre de bon cœur. »

15. Cependant l'Éternel avait mâché la rave, et il avait de la pulpe de rave plein la bouche, et des poils de rave plein les dents, et du jus de rave plein la barbe, et de l'odeur de rave plein les narines,

16. Et Il s'aperçut qu'Il n'aimait pas cette cochonnerie.

17. Mais alors, là, pas du tout.

18. Pouah !

19. L'Éternel cracha la rave au visage de Caïn, et Il lui dit : « Ne M'offre plus de telles saletés ! C'est bon pour les cochons. Et puis, ta tête ne Me revient pas. J'ai décidé dans Ma sagesse de te prendre en grippe. Retire-toi de devant Ma vue. Bouh ! »

20. Et Caïn vit bien que sa figure ne plaisait pas au Seigneur son Dieu. Il en fut excessivement peiné dans son cœur, et son foie devint tout jaune, et son sang devint comme de l'encre, et ses pieds sentirent mauvais, et son membre se couvrit de boutons, et son visage pendit dans le sens de la longueur comme un pantalon accroché à un clou.

●

1. Alors l'Éternel Dieu regarda ce que lui avait apporté Abel, l'autre fils.
2. Et voilà : c'étaient les doux agneaux aux longs cils, les nouveau-nés très chéris de leurs mères les tendres brebis.
3. Et de leurs petits ventres blancs ouverts par le couteau montait une odeur d'entrailles fumantes,
4. Et leur jeune sang était bu par la terre avide,
5. Et les brebis entravées pleuraient leurs premiers-nés, leurs enfants très précieux, la chair de leur chair,
6. Et les yeux de l'Éternel furent contents de cela, et Ses oreilles furent contentes, et Son nez fut content, et l'Éternel aima cela.
7. Puis Abel alluma un feu de broussailles odorantes, et il mit une broche de bois dur dans chaque agneau, et la broche sortait par la bouche de l'agneau, et elle sortait aussi par le derrière de l'agneau, et ses deux bouts dépassaient suffisamment hors de l'agneau pour que l'agneau pût se rôtir au-dessus du feu sans vraiment se fatiguer.
8. Et l'odeur de la chair grillée s'éleva jusqu'à l'odorat du Seigneur au plus haut des cieux, et

le chant de la graisse qui frit s'éleva jusqu'à Son ouïe,

9. Et la salive coula sur la langue de l'Éternel comme un torrent aux eaux bondissantes, et la langue de l'Éternel claqua contre son palais comme le fouet sonore sur la croupe de la jument rêveuse, et Ses dents frappèrent Ses dents comme s'entrechoquent les épées au plus furieux de la bataille.

10. Alors Abel répandit une pincée de sel sur l'agneau doré à point, puis il se prosterna et il invoqua l'Éternel : « Seigneur, daigne goûter de ce mets digne de Toi seul qu'a préparé pour Toi Ton très indigne serviteur. »

11. Car Abel était un peu lèche-cul.

12. L'Éternel Dieu mordit dans la tendre chair de l'agneau.

13. Et Son visage s'épanouit à la limite de l'épanouissement, et Son cœur se dilata à la limite de la dilatation,

14. Et Il mangea tous les agneaux, jusqu'au dernier, et Son estomac fut rempli à la limite de la plénitude,

15. Et Ses bretelles se tendirent à la limite de la tension,

16. Et l'Éternel Dieu dit : « Cela est bon. »

17. Et comme les glandes salivaires de l'Éternel continuaient à saliver à la limite de la salivation, Abel égorgea aussi les brebis, et il les fit cuire, et il égorgea le vieux bouc, et il le fit cuire,

18. Et tout cela plut à l'Éternel, et Il mangea les brebis et le vieux bouc, et Il dit : « C'est très bon. »

19. Or Abel n'avait plus rien à égorger pour satisfaire l'appétit de l'Éternel Dieu, son Seigneur, et il fut bien embarrassé dans son cœur.

20. Mais l'Éternel dit : « Je crois que cela suffira pour aujourd'hui. » Et l'Éternel rota.

21. Et ce fut le premier coup de tonnerre.

22. Alors l'Éternel Dieu S'essuya la bouche avec Sa barbe, et il dit à Abel : « Ton oblation M'a plu. Je l'agrée. Offre-Moi souvent des agneaux en oblation, et Je les agréerai, et même des vieux boucs, mais dans ce cas augmente le temps de cuisson en proportion.

23. Et Je ferai pleuvoir sur toi la rosée de Mes bénédictions, et aussi sur tes fils et sur les fils de tes fils,

24. Et surtout, n'oublie pas d'y mettre de l'ail. »

●

1. Or Caïn vit cela.

2. Et le chagrin noircit sa vue, et son âme fut comme la rave que ronge le ver, et son cœur se couvrit de poils, et son haleine enfanta des mouches à viande, et son urine brûla le roc et le fit bouillonner en dégageant du gaz carbonique, et l'esturgeon migrateur, à la saison du frai, remonta à force nageoires le fleuve impétueux de ses larmes pour aller pondre dans les lacs amers de ses yeux l'opulent caviar aux reflets de ténèbres.

3. Et Caïn sentit sa fatigue, et la douleur dans ses mains.

4. Et aussi dans ses reins, car la terre était basse.

5. Et il voyait Abel, tout rose et tout bouclé, qui jouait du pipeau sous un frais ombrage, tandis que ses moutons paissaient l'herbe fleurie.

6. Et Caïn se dit en son cœur : « Je n'ai pas de chance. J'aurais pu tomber sur un Dieu végétarien. »

7. Or l'Éternel n'aime pas que la créature pleure et se lamente sur son propre sort. Car Dieu est l'auteur de toutes choses,

8. Et se plaindre de son sort, c'est se plaindre de Dieu.

9. L'Éternel dit à Caïn : « Pourquoi es-tu triste, et pourquoi ton visage est-il abattu ?

10. Si tu fais le bien, l'inquiétude n'habitera pas ton cœur. »

11. Caïn dit : « Qu'est-ce donc qui est le bien, ô Éternel, si ce n'est pas ce que m'ont enseigné mes parents, à savoir : tirer ma nourriture de la terre à la sueur de mon front et rendre hommage à l'Éternel, mon Seigneur ? »

12. L'Éternel dit : « Ce qui est bon pour l'Éternel ton Dieu, ce qui réjouit Son cœur et fait épanouir Sa divine face, cela est le bien. Les raves et les poireaux ne font pas s'épanouir Ma divine face. Les raves et les poireaux ne sont pas le bien. Les visages abattus ne réjouissent pas Mon cœur. Ils ne sont pas le bien.

13. Et puis, Je ne sais pas pourquoi Je perds Mon divin temps à discuter avec un homme à cheveux rouges.

14. J'ai horreur des hommes à cheveux rouges.

15. Les hommes à cheveux rouges ne sont donc pas le bien. »

16. Et l'Éternel s'en alla humer le parfum des broches d'Abel, et Caïn fut plus triste encore qu'auparavant,
17. Car ses cheveux, en effet, étaient rouges.
18. C'est depuis ce jour-là que les types à cheveux rouges sont toujours pris en grippe dès la première minute par les pions, les adjudants, les gardes-chiourme et les Dieux,
19. Alors que les jolis blonds bouclés comme des pâtres grecs sont toujours les chouchous de ces personnes haut placées.
20. C'est la vie.

●

1. Après cela, Caïn pensa beaucoup dans le dedans de sa tête. Et puis, ayant pensé, il parla à Abel, son frère. Et Caïn dit à Abel : « J'ai une idée. »
2. Caïn dit encore : « Mon idée est telle : Tes agneaux plaisent au Seigneur. Mes légumes ne Lui plaisent pas. Mais si nous unissions dans le même jus mes légumes et la viande de tes agneaux, nous pourrions obtenir quelque chose de bien meilleur encore que tes agneaux tout seuls, et cela réjouirait davantage encore le Seigneur notre Dieu, et Il t'aimerait davantage encore, et Il m'aimerait, moi, un tout petit peu,
3. Peut-être... »
4. Mais Abel rit de son joli rire clair, et ses jolies dents bien rangées brillèrent dans le soleil,
5. Et il dit à Caïn : « Mêler le jus de mes tendres agneaux au jus de tes raves poilues ?
6. Non, mais, ça va pas ? »

7. Caïn dit : « Je me permets d'insister, ô mon frère. Quelque chose dans mon cœur me dit que nous pourrions obtenir des mets très succulents en associant ta viande et mes légumes. Je crois, par exemple, que la cuisse bien rôtie de l'agneau gagnerait à être mangée avec des haricots flageolets cuits dans son jus. La viande des jeunes veaux, coupée en rectangles et cuite lentement avec de la farine de froment, de la crème de lait, des petits champignons et quelques herbes aromatiques, donnerait, je le pressens, un plat merveilleux. J'ai aussi une idée en ce qui concerne le lard des cochons et les choux[1]... »

8. Mais Abel s'en fut en dansant et en soufflant dans son pipeau, et Caïn sentit le fiel déborder de son foie,

9. Et il alla se cacher sous les larges feuilles d'une citrouille qui était sa seule amie, et il pleura longtemps, et les limaces rouges, croyant à la pluie, rampèrent, heureuses, sur sa face mouillée de larmes et de morve, et elles entrèrent dans la bouche de Caïn, et Caïn ne les chassa point, car il ne pouvait pas, dans la nuit noire, discerner ce qui était une limace et ce qui était sa langue.

10. Or l'Éternel voyait cela, et il continuait à agréer les offrandes d'Abel et à repousser du pied les offrandes de Caïn,

11. Rien que pour voir ce qui allait arriver.

---

1. Il ressort de ce passage que Caïn est incontestablement l'inventeur du gigot aux flageolets, de la blanquette de veau et du petit salé aux choux, alors qu'Abel n'aurait inventé, tout au plus, que le méchoui. Abel fut peut-être le premier rôtisseur, mais Caïn fut le premier gastronome.

1. Or il arriva ceci :
2. Caïn parla encore une fois à Abel et le pria instamment d'unir leurs offrandes afin que la saveur de la viande se renforçât de la saveur des légumes et qu'ainsi le Seigneur y prît davantage d'agrément, mais Abel, encore une fois, lui rit au nez.
3. Alors Caïn dit : « O toi, sale petit morveux, sale petit lèche-cul, sale petit fayot, sale petite pédale souffleuse de flûtiau de mon cul, prends garde ! Le fiel a débordé de mon foie, mes veines charrient du goudron, ma rate crache du vitriol, les boyaux de ma tête fument par mes oreilles, mes narines soufflent des feux de Bengale, le dessous de mes pieds se garnit de gros clous, mes griffes poussent à vue d'œil et mon zob rentre à l'intérieur de lui-même comme l'escargot avant l'orage. Pour la dernière fois, sale petit enfoiré, acceptes-tu ma proposition ? »
4. Et Caïn ramassa un bâton, et ce bâton était très lourd, et il y avait dessus de gros nœuds très durs.
5. Alors Abel dit : « Non, mais, regardez-la-moi, celle-là ! Si tu crois me faire peur, gros cul-terreux plein d'ampoules ! Le Seigneur est avec moi, je suis Son petit ami, et si tu essaies de me faire du mal, Sa droite s'abattra sur toi, et Il te déculottera, et Il te donnera une fessée,
6. Et prout ! »
7. Et Abel tourna le dos, et il souffla dans son pipeau, et un air plein de moquerie et de pieds-de-nez sortit du pipeau.

8. Alors Caïn leva le bâton, et le bâton tomba sur la tête d'Abel, et Abel avala son pipeau, et il fit « Couic ! », et il tomba dans les pâquerettes, et il fut mort.

9. Or Caïn ne savait pas qu'Abel était mort. Il ne savait pas qu'on pouvait mourir. Il ne savait même pas ce que c'était que la mort. A cette époque-là, personne encore n'était jamais mort. Adam et Ève n'étaient même pas encore vieux.

10. Caïn fut très content d'avoir donné une bonne leçon à ce petit con. Il se dit en son cœur : « Ça le fera réfléchir, ce petit con. »

11. Et il retourna biner les salsifis.

12. Mais voilà que l'Éternel parla à Caïn : « Caïn ! Caïn ! Qu'as-tu fait de ton frère ? »

13. Et la voix de l'Éternel était comme sept cents fois sept cents cloches d'airain, mais Caïn fit comme s'il n'avait pas entendu.

14. Alors l'Éternel dit encore : « Caïn ! Caïn ! Qu'as-tu fait de ton frère ? »

15. Et Sa voix, cette fois, était comme sept mille fois sept mille tonnerres, mais Caïn fit comme s'il n'avait pas entendu.

16. Alors l'Éternel prit un râteau, et il plaça le râteau sur le chemin de Caïn, les dents en l'air, et Caïn marcha sur les dents du râteau, et le manche du râteau frappa le nez de Caïn, et Caïn eut très mal, et il leva la tête pour voir quel était l'empafé qui s'amusait à ces tours de con, et voici : il vit l'Éternel, son Seigneur et son Dieu, qui Se tenait devant lui.

17. Et Caïn se frotta le nez, et il dit : « C'est malin, Seigneur ! »

18. Alors l'Éternel dit : « Qu'as-tu fait de ton frère ? »

19. Et Caïn dit : « Vous ne me l'avez pas donné à garder, Seigneur. »

20. Et l'Éternel dit : « Voilà. Tu as tué ton frère. Et la voix de son sang crie de la terre jusqu'à Moi. »

21. Et Caïn dit : « Qu'est-ce que c'est, "tuer", Seigneur ? »

22. Et l'Éternel dit : « Tuer, c'est faire mourir avant le terme fixé par Ma sagesse. »

23. Et Caïn dit : « Peut-on donc faire quelque chose qui ne soit pas fixé par Votre sagesse, Seigneur ? »

24. Et l'Éternel dit : « Tout est prévu par Ma sagesse. Car Je suis l'Éternel, ton Dieu, et rien ne M'est ignoré et rien ne M'est impossible. »

25. Et Caïn dit : « Alors, Seigneur, si Votre sagesse sait tout, Elle savait que Votre refus de mes offrandes ferait bouillir mon sang et sauter le couvercle de mon cœur, et Elle savait aussi que Votre préférence pour mon frère Abel ferait arriver ce qui est arrivé. Et si Votre Toute-Puissance peut tout, Elle pouvait changer tout cela et faire que le mal se tourne en bien. Et qu'est-ce que je viens faire là-dedans, moi ? »

26. Et l'Éternel dit : « Tu es un raisonneur. »

27. Et Caïn dit : « C'est Vous qui m'avez donné la raison, Seigneur. »

28. Et l'Éternel dit : « Tu es un révolté. »

29. Et Caïn dit : « C'est Vous qui m'avez poussé à la révolte, Seigneur. »

30. Et l'Éternel dit : « Tu es un assassin. »

31. Et Caïn dit : « Je ne savais pas ce que c'est qu'assassiner. Je ne suis donc pas coupable. Je ne savais même pas que les gens pouvaient mourir. Vous, Vous le saviez, Seigneur. »

32. Et l'Éternel dit : « Tu seras maudit. Et tes fils seront maudits, et les fils de tes fils seront maudits. La terre ne te rendra plus son fruit quand tu la laboureras. Tu seras vagabond et fugitif sur la Terre. »

33. Et Caïn dit : « Vous n'y allez pas avec le dos de la cuillère, Seigneur. »

34. Caïn dit encore : « Pitié, Seigneur ! J'ai eu une enfance malheureuse. »

35. Et l'Éternel dit : « Tu as de la chance. Moi, Je n'ai pas eu d'enfance du tout. »

36. Et Caïn dit : « Enfin, quoi, Seigneur, ça Vous avance à quoi, de me maudire ? Ça ne le fera pas revenir. Et mes enfants, hein, qu'est-ce qu'ils Vous ont fait, mes enfants ? »

37. Et l'Éternel dit : « Que veux-tu, J'aime bien maudire les gens. »

●

1. L'Éternel dit : « Quiconque tuera Caïn sera puni sept fois au double. » Et l'Éternel mit une marque sur Caïn, afin que quiconque le trouverait ne le tuât point.

2. Alors Caïn se retira de devant la face de l'Éternel, et il s'en alla en un lieu éloigné, et il connut sa femme.

3. Or Adam et Ève n'avaient eu d'enfants que Caïn et Abel. Abel était mort. Ils eurent ensuite Seth, mais beaucoup plus tard. Et Seth, lui aussi, était un mâle. Puis Ève eut d'Adam d'autres fils

et même des filles, mais encore beaucoup plus tard dans la suite des ans et des âges.

4. Pourtant Caïn, s'étant enfui de devant l'Éternel, connut tout de suite une femme[1].

5. Or il n'existait à ce moment-là dans toute l'étendue du monde créé par Dieu qu'une seule femme,

6. Et cette femme était Ève, et Ève était la mère de Caïn.

7. Or Ève aimait tendrement ses deux fils, Abel et Caïn. Cependant elle aimait davantage encore Caïn, car Caïn était farouche, et son visage était comme le cul d'un sanglier, et ses cheveux étaient rouges, et Adam, son père, se moquait de lui à cause de cela, et l'Éternel aussi le dédaignait et le punissait.

8. Et le cœur de Caïn s'était fait petit et dur comme un caillou, et Ève souffrait parce que Caïn souffrait.

---

[1]. Cette circonstance n'a pas manqué de frapper les précédents commentateurs de la Bible et de leur causer un certain embarras. Existait-il donc sur la Terre d'autres êtres humains que ceux que Dieu avait créés ? Mais alors, d'où sortaient-ils ? Avaient-ils été créés par d'autres dieux ? Le Dieu de la Bible n'aurait-il donc été qu'un dieu local parmi une multitude d'autres dieux locaux ? La Bible, dans ce cas, serait le récit des aventures du dieu des Hébreux, petit dieu de tribu qui ne prétendait nullement à l'universalité. Et alors, « se retirer de devant la face de l'Éternel » signifierait : quitter le territoire soumis au dieu des Hébreux pour aller sur le domaine d'un autre dieu, créateur d'autres hommes. D'ailleurs, Dieu lui-même n'a-t-il pas dit : « Ils ont mangé le fruit de la science du bien et du mal, et voilà : ils sont comme nous autres, connaissant le bien et le mal. » Cela, et d'autres passages aussi, a troublé beaucoup de gens. C'est parce que leur foi était de qualité médiocre. Si Dieu vous dit qu'il est unique, c'est vrai, même s'il a dit le contraire quelques chapitres plus tôt. Non, mais !

9. Et lorsque Caïn eut tué Abel, Ève hurla à la lune parce que son fils était mort, et puis elle hurla encore à la lune lorsque Dieu eut maudit Caïn et l'eut chassé de devant Sa face.
10. Et ainsi Ève n'eut plus de fils du tout.
11. Or Ève savait qu'Adam, et elle-même, et les fils qu'elle aurait d'Adam, deviendraient chaque jour plus vieux et plus vieux, et plus faibles, et plus tremblants, et plus horribles à voir, et qu'après avoir arraché à la terre avare leur pain de chaque jour ils mourraient à la fin d'une maladie très douloureuse et très répugnante, ou d'un rocher sur la tête, ou d'un loup affamé, ou noyés dans l'eau, ou n'importe comment.
12. Car ainsi l'a voulu l'Éternel dans Son infinie bonté.
13. Ève savait aussi que la seule consolation que puisse trouver la créature, elle la trouvera dans la créature.
14. Or, Ève avait Adam, et Adam avait Ève, et ainsi chacun n'était-il pas seul, et encore pouvaient-ils avoir ensemble des enfants qui auraient eux aussi des enfants.
15. Mais Caïn était seul, et il vieillirait seul, et il mourrait seul.
16. Alors, Ève courut vers l'endroit où se trouvait Caïn. Et cet endroit était le pays de Nod, à l'Est d'Eden.
17. Or Caïn vivait dans un lieu farouche,
18. Et sa peau était comme celle de l'hippopotame qui se roule dans la boue et se sèche au soleil, car il ne se lavait jamais,
19. Et l'œil de Caïn était jaune, et son nez était couvert de pustules, car il se nourrissait de choses immondes,

20. Et sa feuille de vigne était déchirée et n'avait plus de pli, car il ne la lavait ni ne la repassait.

21. Ève vit cela, et elle dit : « Mon pauvre petit ! »

22. Alors elle lava Caïn, et elle lui prépara du bouillon, et elle lui reprisa sa feuille de vigne, et elle le peigna, et elle mit une couronne de lierre sur ses cheveux rouges,

23. Et lorsque vint la nuit, elle fut sa femme devant l'Éternel.

24. Et elle conçut de lui, et elle enfanta Hénoch.

25. Et elle conçut encore, et elle enfanta plusieurs fils et plusieurs filles de Caïn.

26. Et puis Ève s'en alla, et elle était contente d'avoir mis un peu d'ordre dans les affaires de son grand fils, et elle retourna auprès d'Adam, et Adam fut content de cela car il commençait à en avoir assez de la chèvre, surtout pour la conversation.

27. Ainsi était assurée la postérité de Caïn. Caïn épousa ses filles et ses fils épousèrent leurs sœurs, et c'étaient tous de bons lurons et de grands voleurs de poules.

28. Hénoch engendra Hirad, qui savait faire bouger ses oreilles ; Hirad engendra Méhujaël, qui avait deux nombrils ; Méhujaël engendra Méthusçaël, qui inventa l'art de siffler dans ses doigts ; Méthusçaël engendra Lémec, qui mangeait le camembert avec de la mayonnaise, et qui pour cela est le père des Belges.

29. Et Lémec prit deux femmes : le nom de l'une était Hada, ce qui veut dire : « Femme numéro un, » le nom de l'autre était Tsilla, ce qui veut dire : « T'en auras s'il en reste. »

30. Et Hada enfanta Jabal-Caïn, qui fut le père de ceux qui demeurent dans les tentes de toile et qui vendent des tapis à la terrasse des cafés ou des cacahouètes aux matches de football.
31. Et le nom de son frère fut Jubal-Caïn, qui fut le père de ceux qui touchent le violon et qui ont de grandes moustaches pour chatouiller les dames dans le cou.
32. Et Tsilla enfanta Tubal-Caïn, qui fut le père de ceux qui forgent les objets d'airain et de fer sans se taper sur les doigts.
32 *bis*. Et Tubal-Caïn enfanta Delfeil de Ton, qui nous emmerde encore aujourd'hui.
33. Et tous, échevelés, livides, au milieu des tempêtes,
34. Ils couraient derrière Caïn, car Caïn fuyait l'Œil.
Quel œil ?
Vous le saurez dans le prochain chapitre.

CHAPITRE 3

> *RÉSUMÉ DES CHAPITRES PRÉCÉDENTS.*
> *Adam engendra Seth, qui engendra Enos, qui engendra Chénan, qui engendra Mahalaléel, qui engendra Jéred, qui engendra Hénoch, qui engendra Mathusalem, qui engendra Lémech, qui engendra Noé.*

1. Or il arriva que, lorsque les hommes eurent commencé à se multiplier sur la terre, et qu'ils eurent engendré des filles,
2. Les fils de Dieu, voyant que les filles des hommes étaient belles de leur visage,
3. Et que leurs croupes aussi étaient belles,
4. Et aussi leurs mamelles,
5. Et aussi leurs cuisses,
6. Et aussi la chose entre leurs cuisses,
7. La chose sept et sept fois secrète,
8. La chose sept et sept fois terrible,
9. La chose sept et sept fois délectable,
10. La chose sept et sept fois bénie,
11. La chose sept mille et sept cent mille fois maudite,

12. La chose qui flamboie dans la nuit des cuisses closes,
13. Et qui odore son parfum,
14. Et qui crie son cri muet,
15. La chose qui fut la fleur précieuse du jardin d'Eden, par Ève dérobée et puis cachée au plus secret d'elle-même afin de tromper les chérubins à l'épée de lumière,
16. Les fils de Dieu, voyant tout cela, choisirent parmi les filles des hommes et en prirent pour concubines,
17. Se réservant pour eux les plus belles, c'est-à-dire celles dont la croupe était le plus à l'image de l'Éternel,
18. Et ne laissant aux hommes que les traîne-mamelles, les ventre-en-sac, les cagneuses, les goitreuses, les brèche-dents, les pieds-bots, les goutte-au-nez, les pue-la-pisse, les merde-au-cul, les crânes-d'œuf, les poitrails d'ours, les quinteuses, les croûteuses, les lépreuses, les bosselées de hernies, les boursouflées de fibromes, les encordées de varices, les suintantes de pus et les couvertes de mouches,
19. Celles à qui l'herbe croissait entre les dents et celles dont la matrice pendait entre les genoux, celles qui avaient un bec-de-lièvre double et celles qui en avaient encore un autre à la vulve, ce qui faisait quatre,
20. Celles qui rotaient à table et celles qui pétaient au lit,
21. Et aussi les fortes-en-gueule, les langues-de-vipère, les pousse-au-crime, les griffe-aux-yeux,
22. Et aussi les ruine-ménage, les brûle-ragoût, les paniers percés, les tire-sa-flemme, les dort-en-chiant, les pas-grasses-à-lécher-les-murs,

23. Et aussi les saute-au-zob et les baise-à-regret, celles qui forniquent comme des truies et celles qui forniquent comme des tenailles,
24. Voilà ce que les fils de Dieu laissèrent aux hommes pour leurs ébats et leur rafraîchissement. Cela était bien assez bon pour les fils d'Adam.
25. Or les hommes, voyant quel était leur lot, commencèrent à perdre le goût de l'œuvre de chair,
26. Et, plutôt que de s'accoupler ventre à ventre à ces cloaques d'épouvante et de putréfaction,
27. Ils arrosèrent la terre de leur semence,
28. Puis ils s'enfuirent loin des femelles de calamité, et ils se cachèrent dans les forêts profondes, et ils s'enfoncèrent dans les tanières des bêtes sauvages, et voilà pour eux.
29. Cependant, les fils de Dieu, s'étant approprié les filles des hommes, les belles, les douces, les pétries de lait et de roses, s'en délectèrent entre eux dans la plénitude de la délectation et copulèrent avec elles dans les infinies variétés de la copulation.
30. Et, ayant fait, les fils de Dieu se dirent dans leur cœur : « Cela est bon. »
31. Et puis ils recommencèrent,
32. Mais de l'autre côté.

●

1. Or voici ce que c'était que ces fils de Dieu, que les hommes, en leur langage, appelaient les anges.
2. Car « Ange » est un mot hébreu qui veut dire : « Fils du patron ». Et ce mot veut dire égale-

ment : « Tu vas voir ta belle petite gueule comment je vais te l'arranger si je te reprends à foutre tes sales pattes d'oiseau rare sur ma femme. » Ça dépend sur quelle syllabe on met l'accent tonique.

3. Or, par-delà les gouffres du temps et les abîmes de la durée,
4. Par-delà l'éternité même,
5. Avant les soleils,
6. Avant le chaos,
7. Avant l'espace,
8. Avant la matière,
9. Avant la présence et l'absence,
10. Avant la mémoire,
11. Lorsqu'il n'y avait que l'incréé
12. Et l'attente du souffle de Dieu,
13. Les anges étaient là.
14. Aussi loin que s'envolât la mémoire de l'Éternel Dieu au-dessus de l'Océan des siècles,
15. Les anges étaient là.
16. Et l'Éternel, qui est Toute-Mémoire, ne Se rappelait pas les avoir créés.
17. Et cela n'a rien d'étonnant,
18. Car la mémoire elle-même, Il ne l'avait créée qu'ensuite,
19. Ce qui était idiot, mais mettez-vous à Sa place : il ne pouvait pas ne pas être idiot avant d'avoir créé l'intelligence.
20. A moins encore que les anges n'eussent point été créés par l'Éternel, ce qui est après tout une hypothèse à envisager, ne serait-ce que pour le principe.

21. Mais cela, l'Éternel savait bien que ce ne pouvait pas être, puisque toute existence procède de Lui, et que rien ne peut être qu'Il ne l'ait créé,
22. Par définition.
23. Il fallait donc qu'Il ait créé les anges,
24. Peut-être sans y penser,
25. Ou sans le faire exprès,
26. Ou peut-être en rêvant dans Son sommeil,
27. Qui sait ?
28. Enfin, bon, les anges étaient là.
29. Or, les anges sont au-dessus des hommes, car les hommes sont de chair, qui est périssable,
30. Alors que les anges sont purs esprits, comme l'Éternel Lui-même.
31. Mais, alors que l'Éternel avait créé l'homme à Son image, ce qui permet à l'homme de savoir à tout moment comment est fait l'Éternel son Dieu sans se fatiguer à regarder en l'air,
32. Nul ne sait à l'image de qui avaient été créés les anges,
33. Sauf l'Éternel, naturellement, mais ceci est Son secret.
34. Or les fils de Dieu, les anges, étant purs esprits, ne supportent point les vicissitudes de la matière vile, et les lois qui les régissent sont d'autres lois, et la science qui les connaît est une autre science, et leur physique une autre physique, et leur chimie une autre chimie.
35. Or voici quelle est la physique des anges, la voici telle qu'elle est assurément. Elle passe de mille fois mille coudées l'entendement de l'homme, qui est un entendement infirme en sa nature, et ces choses sont pour l'homme exces-

sivement merveilleuses, car rien n'est impossible à l'Éternel, car l'Éternel est Saint, car l'Éternel est Dieu.

36. Et, premièrement, les anges sont invisibles à l'œil de l'homme, car l'œil de l'homme est obscurci en dedans par une taie que l'Éternel y a mise. Cependant il arrive qu'il plaise à l'Éternel de permettre à certains hommes justes parmi les justes et de mœurs chastes parmi les gens de mœurs chastes d'apercevoir les anges. Pour apercevoir un ange, il suffit à l'homme juste et de mœurs chastes de tremper l'ange dans le goudron puis de le rouler dans les plumes en prononçant sept fois les mots sacrés qui rendent visibles les choses invisibles. Alors l'ange paraîtra devant ses yeux, et il arrivera ce qu'il arrivera.

37. Et, deuxièmement, un ange n'est pas limité dans son étendue, et ses dimensions sont celles de l'espace qui le contient. Chaque ange remplit l'univers tout entier, et pourtant les légions des anges sont innombrables comme les sauterelles quand il y a beaucoup de sauterelles. Car les anges s'emboîtent les uns dans les autres comme les cornets où les marchands des rues servent la crème glacée, ce qui est très pratique pour les ranger quand on ne s'en sert pas. Et aussi un ange peut très bien tenir dans une bouteille, mais il faut d'abord lui poser un grain de sel sur la queue.

38. Et, troisièmement, les anges se déplacent à la vitesse de la lumière. Mais ils ne regardent jamais où ils vont, alors ils se cognent dans tous les murs, et finalement ils n'avancent pas si vite que ça.

39. Et, quatrièmement, dans le vide, tous les anges tombent dans la soupe avec la même vitesse.

40. Et, cinquièmement, les anges ont deux pôles Nord et pas de pôle Sud. Quand un ange passe, le cercle de famille se met à tourner en sens inverse des aiguilles d'une montre et le carré de l'hypothénuse se couvre de poils du côté du Nord.

41. Et, sixièmement, les anges sont des mammifères, bien qu'ils aient des ailes. La baleine aussi est un mammifère, mais elle cache ses ailes derrière son dos car elle est très modeste. Si l'on plonge la tête dans la mer, on voit très bien que la baleine vole à l'envers. L'âne aussi est un mammifère, malgré son vol un peu lourd. Les anges se moquent de l'âne, mais l'âne les emmerde, car il sait faire bouger ses oreilles. Les anges ne savent pas faire bouger leurs oreilles. Seuls, l'âne et l'Éternel savent faire bouger leurs oreilles.

42. Et, septièmement, tout ange plongé dans l'eau bouillante reçoit une poussée verticale dirigée de bas en haut, et il fonce droit vers l'Étoile polaire, et on l'entend très bien crier quelque chose en langage d'ange. Et l'eau où l'on a trempé l'ange devient bénite, et quiconque boira de cette eau à l'exclusion de tout autre liquide n'aura jamais le nez rouge.

43. Et, huitièmement, quand deux anges communiquent par leurs bases, c'est celui qui tourne le dos qui a tout le profit et l'autre qui a tout le travail. Leur jeter un seau d'eau.

44. Et, neuvièmement, les anges sont plus légers que l'air. C'est pourquoi un ange ne vaut pas un fer à repasser pour faire le pli d'un pantalon. Et celui qui s'attache un ange au cou

avant de se jeter à l'eau ne mourra **pas** noyé, mais pendu, à la surprise générale.

45. Et, dixièmement, les anges aiment dormir allongés au soleil sur les murs. Il faut faire très attention, quand on colle une affiche, de ne pas emprisonner un ange dessous.

46. Et, onzièmement, préparé en civet, l'ange a exactement la saveur du lapin. Il faut toujours demander à voir la tête.

47. Et, douzièmement, les anges n'ont pas de besoins naturels, car les purs esprits n'ont pas de besoins naturels. Les anges n'ont donc pas d'orifices humiliants, ni de tuyauterie copulatoire. Et, n'ayant pas d'anus, les anges n'ont pas de raie au milieu du bas de leur dos. Ils ont une seule fesse. Cette fesse est parfaitement ronde, ce qui est plus joli que le séant de l'homme, et aussi plus facile à tenir propre.

48. Or, voyant tout cela, et quelle était la perfection des anges, l'Éternel Se dit en Son cœur que peut-être Il eût mieux fait de Se recréer Lui-même à l'image des anges plutôt que de créer l'homme à Sa propre image. Mais ceci est Son affaire.

49. C'était là l'histoire naturelle des anges, tels qu'ils sont en leur nature et en leurs propriétés.

●

1. Or, lorsque l'Éternel n'avait pas encore créé le monde avec ses habitants, les anges étaient déjà semés dans l'infini des cieux, et ils passaient leur temps à chanter les louanges de l'Éternel,

2. Et ils chantaient selon leurs voix, les unes aiguës, les autres graves, les autres entre les deux, et ils s'accompagnaient sur la harpe équinoxiale et le psaltérion retroussé,
3. Et aussi sur le luth à queue-d'aronde, la turlurette requinquée, la viole escarpolique et la synecdoque à rouet,
4. Et aussi sur le clavicorde d'enfilade, le hautbois à double volute, le xylophone sacro-iliaque, la cymbale traversière et le clavecin demi-entravé,
5. Et aussi l'orbe gréco-romaine, le trombone sacerdotal, le mirliton dérouleur et la cornemuse à pompons.
6. Et Dieu aimait cela, cela Lui était bon.
7. Car on a beau savoir qu'On est l'Éternel, ça fait toujours plaisir de Se l'entendre dire, surtout avec un orphéon qui fait pom-pom-pom.
8. Et, de plus, l'Éternel, dans Son infinie bonté, avait voulu que le plaisir d'être loué Lui fût donné par des créatures, afin que ces créatures connussent à leur tour le plus grand des plaisirs que puisse connaître une créature, à savoir : le plaisir de donner du plaisir à son Créateur. Car la créature est ainsi faite. Et cela n'est pas étonnant, puisque Dieu l'a faite comme ça.
9. Or tout cela est un peu compliqué, mais lorsqu'on est l'Éternel Dieu on comprend très bien tout,
10. Et c'est le principal.
11. Donc, les fils de Dieu, les anges, convoitèrent les filles des hommes, et ils descendirent jusqu'à elles, et ils s'unirent à elles charnellement par luxure et concupiscence.

12. Or les anges ne sauraient pratiquer l'œuvre de chair par les voies habituelles aux hommes, ce qui fait que la fornication angélique est une fornication extraordinaire.
13. Et les filles des hommes connurent le plaisir au profond de leur chair, et ce plaisir fut un très haut plaisir,
14. Et elles ne voulurent plus du plaisir que dispensent les fils d'Adam, et elles dirent aux hommes, leurs compagnons devant l'Éternel : « Voici. Nous avons goûté ce que nous avons goûté. Et nous n'en sommes pas rassasiées. Mais vous n'êtes plus pour nous, ô créatures de petits moyens. Nous crachons sur vous et sur vos petits moyens. Allez vous unir aux musaraignes et aux souris des champs, celles-là sont vos compagnes, celles-là sont à vos mesures ! »
15. Or voici. En ce temps-là, il y avait des géants sur la terre, et cela après que les fils de Dieu se furent unis aux filles des hommes et qu'elles leur eurent donné des enfants. Et ces enfants sont ces puissants hommes qui de tout temps ont été des gens de renom.
16. Or, après un peu de temps, les anges, les fils de Dieu, commencèrent à trouver qu'une femme ou mille femmes, c'est toujours de la femme.
17. Cependant, ils étaient toujours plus avides de copulation. Alors, ils regardèrent en bas vers la terre. Ils virent d'autres créatures, des bêtes de toutes sortes suivant leur espèce, et ils les ravirent à leurs mâles naturels, et ils assouvirent leur luxure par toutes les portes de l'assouvissement, et elles conçurent, et elles enfantèrent leur fruit, et ce furent ces puissantes bêtes qui de tout temps ont été des animaux de renom.

18. La chatte enfanta le tigre cruel. La taupe timide enfanta le mammouth qui dîne d'une forêt. La femelle du petit lézard vert enfanta le dinosaure au dos couvert de villes et de provinces. La truite vagabonde enfanta la baleine qui, de son nez, écarte les continents gênant sa route. Le morpion enfanta la langouste, la groseille enfanta la citrouille, la pomme de terre enfanta l'hippopotame, la chenille enfanta le char d'assaut, le vermisseau enfanta le boudin noir, le chien crevé enfanta la mouche verte, le radis rose enfanta l'obus de 420, l'allumette enfanta l'incendie et le bouton de col tombé sur le rail enfanta la catastrophe ferroviaire.

19. Et l'Éternel, voyant que la malice des hommes était très grande sur la terre, et que toute l'imagination des pensées de leur cœur n'était que vers le mal,

20. Il Se repentit d'avoir fait l'homme sur la terre, et Il en eut un grand déplaisir dans Son cœur.

21. Et l'Éternel dit : « J'exterminerai de dessus la terre les hommes que J'ai créés, depuis les hommes jusqu'au bétail, jusqu'à tout ce qui rampe, même jusqu'aux oiseaux des cieux. Car Je Me repens de les avoir faits. »

22. Car telle est la logique de l'Éternel. Et telle aussi Sa justice.

23. Et c'est une logique très bonne.
    Et aussi une justice très bonne.

24. A condition d'être l'Éternel.

1. Mais Noé trouva grâce devant l'Éternel.
2. Noé fut un homme juste et plein d'intégrité en son temps, et il marchait avec Dieu.
3. Et ni ses femmes, ni ses filles, ni les femmes de ses fils ne copulèrent ni ne forniquèrent avec les anges, les fils de Dieu,
4. Ni ses servantes, ni ses cousines, ni sa maman, la très vieille, la presque sourde, la tout à fait édentée,
5. Ni ses génisses, ni ses chamelles, ni ses brebis, ni sa chatte, ni les punaises de son lit,
6. Car toutes les femelles de la maison de Noé étaient laides de leur visage à glacer la semence dans les bourses du mâle,
7. Et la puanteur de leur haleine eût décroché les astres du firmament si elles n'eussent été toujours muselées afin de ne pouvoir souffler vers le haut,
8. Et la chose entre leurs cuisses était comme une province dévastée par la guerre et l'incendie.
9. Or il en avait toujours été ainsi dans la maison de Noé, par une grâce spéciale du Seigneur.
10. Et Noé eut trois fils : Sem, Cham et Japhet.
11. Or la terre était corrompue devant Dieu, et remplie d'extorsion.
12. Dieu donc regarda la terre, et voici, elle était corrompue. Car toute chair avait corrompu sa voie sur la terre.
13. Et l'Éternel Dieu dit à Noé : « La fin de toute chair est venue devant Moi. Ainsi Je les détruirai avec la terre.
14. Fais-toi une arche de bois de gopher. Tu feras l'arche par loges, et tu l'enduiras de bitume par-dedans et par-dehors,

15. Et au-dessus de la porte tu écriras : "Sam-Su-Phy",
16. Et tu la mettras sur l'eau, et l'eau ne la pénétrera pas, et elle recevra de la part de l'eau une poussée verticale dirigée de bas en haut égale au poids du volume d'eau déplacé,
17. Et ainsi elle n'ira pas par le fond, mais elle flottera sur l'eau, et vous flotterez aussi, toi et les tiens, et tout ce qui sera dans l'arche,
18. A moins que tu ne te sois trompé quelque part.
19. Et voici. Je ferai venir un déluge d'eaux sur la terre, pour détruire toute chair qui a esprit de vie en soi sous les cieux. Et tout ce qui est sur la terre expirera.
20. Mais J'établirai Mon alliance avec toi, et tu entreras dans l'arche, toi, tes fils, ta femme et les femmes de tes fils avec toi.
21. Et de tout ce qui a vie d'entre toute chair, tu en feras entrer de chaque espèce dans l'arche, pour les conserver en vie avec toi, à savoir le mâle et la femelle.
22. Ugh. J'ai dit. »
23. Ainsi parla l'Éternel. Et Noé dit : « Et les poissons, Seigneur ? »
24. Et l'Éternel dit : « Quoi, les poissons ? »
25. Et Noé dit : « La fin des poissons n'est-elle pas venue devant Vous ? Les poissons n'auraient-ils pas corrompu leur voie dans l'eau ? »
26. Et l'Éternel pensa dans Son cœur : « Tiens, c'est vrai, ça ! » Et Il dit à Noé : « Il Me semble que tu raisonnes ! Serais-tu moins pur que Je n'ai cru d'abord, et moins juste, et moins plein d'intégrité en ton temps, et ne marcherais-tu

pas avec Moi d'un aussi bon pas qu'il M'avait semblé ? »

27. Et Noé dit : « Oh, Seigneur, n'allez pas croire ! Je disais ça comme ça. C'était une idée stupide, je le vois bien maintenant, et remplie de présomption. Certainement les poissons mourront noyés, s'il plaît à Votre Sagesse qu'ils oublient qu'ils savent nager. Je voulais seulement savoir si je dois construire des bassins dans l'arche et les remplir d'eau pour les poissons. »

28. Et l'Éternel dit : « Tu ne construiras pas de bassins pour les poissons. Car les poissons sont restés purs et nets et leur voie n'a pas été corrompue. Va, maintenant, et travaille à l'arche. J'ai dit. »

29. Et Noé dit : « Et les baleines, Seigneur ? »

30. Et l'Éternel dit : « Quoi, les baleines ? »

31. Et Noé dit : « J'introduirai un couple de baleines dans l'arche, Seigneur, le mâle et la femelle, afin qu'elles soient sauvées selon Votre Loi, car la baleine n'est pas un poisson, mais un quadrupède mammifère, puisqu'elle appartient à l'embranchement des Vertébrés, qu'elle possède un système de régulation qui maintient constante sa température interne, que son corps est couvert de poils, bien que rares, qu'elle est vivipare et qu'elle allaite ses petits. Mais les autres baleines nageront dans les eaux de Votre saint Déluge, Seigneur, et elles ne se noieront pas, et elles ricaneront bêtement de leurs compagnes dans l'arche et de moi et de ma famille qui seront bien serrés à cause de ces deux-là, Seigneur. »

32. Et l'Éternel dit : « Si ton cœur est pur, tu ne seras point inquiet. Car l'Éternel ton Dieu y pourvoira. »

33. Et Noé dit : « Comme c'est vrai, Seigneur ! En attendant, qu'est-ce que je fais avec les baleines ? »

34. Et l'Eternel dit : « Tresse deux liens bien serrés de peau de zébulon, tresse-les de cent coudées. Tu attacheras les baleines avec ces liens, devant l'arche, et elles tireront l'arche. Et maintenant, va travailler. J'ai dit. »

35. Et l'Éternel Se dit en Son cœur : « Qu'est-ce que Je suis intelligent ! Je me demande où Je vais chercher tout ça ! »

36. Et Noé dit : « Je me demande où Vous allez chercher tout ça, Seigneur. » Et il dit encore : « Mais le petit oiseau ? »

37. Et l'Éternel dit : « Quel petit oiseau ? »

38. Et Noé dit : « Le petit oiseau, Seigneur. Vous savez bien, celui qui vit sur la baleine, et qui mange les bribes de nourriture entre les dents de la baleine, et qui s'envole dans l'air quand la baleine plonge, et qui se pose à nouveau sur elle quand elle remonte du fond de la mer. Et comme la baleine ne reste jamais longtemps au fond de la mer, le petit oiseau a toujours de quoi se poser avant d'être fatigué de voler, et il a toujours de la nourriture, et la baleine l'aime beaucoup car il lui tient la bouche propre, et donc le petit oiseau ne sera pas noyé par Votre pieux Déluge, ô Seigneur. »

39. Or l'Éternel commençait à sentir les soupapes de la patience trépider dans Son cœur.

40. Et le courroux amassé dans Sa glande à courroux escaladait l'escalier de Ses vertèbres et commençait à boursoufler les boyaux de Sa tête,

41. Et Ses paupières à grand-peine contenaient la foudre prête à jaillir de Ses yeux,
42. Et Son foie s'enroulait en spirale, et Sa bile montait en mayonnaise, et Ses reins tournaient à grande vitesse autour de leur axe,
43. Et Sa rate se dilatait, et Son coccyx se dévissait, et Son sternum se dégommait, et Ses genoux étaient bien trop mous, Son côlon bien trop long, Ses intestins bien trop fins, Son estomac raplaplat,
44. Et les anges, dans les cieux, scandaient de leurs grandes voix : « Com-men-cez ! Com-men-cez ! Ri-deau ! Le-Dé-luge ! Le-Dé-luge ! » Et beaucoup chantaient sur un air très mélodieux : « Aux chiottes, Noé ! Aux chiottes, Noé ! Aux chiottes ! »
45. Alors l'Éternel lâcha les eaux du Déluge, juste un petit peu.
46. Et Noé cessa de questionner, et il se hâta de construire l'arche et de faire toutes les choses que l'Éternel lui avait ordonnées, et il se tapait souvent sur les doigts, car il était cultivateur, pas charpentier de marine.

●

1. En l'an six cent de la vie de Noé, au second mois, au dix-septième jour du mois, en ce jour-là les fontaines du grand abîme furent rompues, et les bondes des cieux furent ouvertes.
2. En ce même jour-là, Noé, Sem, Cham et Japhet, fils de Noé, entrèrent dans l'arche, et leurs femmes avec eux,
3. Et il vint de toute chair qui a en soi esprit de vie un couple à Noé dans l'arche, à savoir le mâle et la femelle,

4. Et même les dinosaures, qui ont deux cents coudées de long, il en vint un couple, et des tyrannosaures, et des titanosaures, et des harengosaures,
5. Et même des escargots, qui sont à la fois mâle et femelle,
6. Et même des microbes de la dysenterie, qui se suffisent à eux-mêmes et se séparent en deux moitiés en soupirant « Maman ! »,
7. De tous ceux-là il vint un couple, puis l'Éternel ferma l'arche.
8. Alors le Déluge se répandit pendant quarante jours sur la terre, et les eaux se renforcèrent, et l'arche flottait au-dessus des eaux.
9. Et Noé était au sec dans l'arche, et toute la famille de Noé, et tous les animaux aussi étaient au sec, mais le mouvement des eaux sous l'arche n'était pas bon pour eux, et les éventails de leur cœur palpitèrent de travers, et ils furent malades, et leur estomac se vida par leur bouche, et leurs boyaux aussi se vidèrent, et leur vessie, et ils furent couverts de tout cela, et ils en eurent jusqu'aux narines de leur nez, sauf les girafes, naturellement, et cela dura quarante jours, et puis encore cent cinquante jours après ceux-là, ce qui fait beaucoup de jours.
10. Et toute chair qui se mouvait sur la terre expira, tant les oiseaux que le bétail, et les bêtes sauvages, et les reptiles qui se traînent sur la terre, et tous les hommes.
11. Toutes les créatures qui étaient sur le sec et qui avaient respiration en leurs narines moururent,
12. Et l'Éternel vit cela, et Il dit : « Cela est bon. » Et Il dit : « Cela est juste. »

13. Et les anges, les fils de Dieu, chantèrent les louanges de l'Éternel, et jamais ils n'avaient tant rigolé.

●

1. Or, un peu de temps après ce temps-là, l'Éternel était loin de la Terre. Il était parti organiser des Déluges sur toutes les planètes où Il avait créé des créatures à Sa ressemblance dans l'infini des cieux, et c'étaient de très beaux Déluges, car Il commençait à prendre le tour de main. Il y avait des Déluges d'eau bouillante, et des Déluges de purée de marrons, et des Déluges d'enclumes de forgeron, et l'Éternel allumait des éclairages de toutes les couleurs, ce qui faisait encore plus beau.

2. Et les anges chantaient les louanges du Seigneur, et ils disaient : « Encore, Seigneur, encore ! »

3. Or, un jour d'entre les jours, un petit chérubin tout bouclé dit à l'Éternel : « Seigneur, ne serait-il pas temps d'aller voir ce qu'il en est de Votre premier Déluge, celui que Vous fîtes sur la petite planète Terre, et de savoir si cet homme, Noé, celui qui est juste, chaste, et qui a le nez tout rouge, a survécu à Votre Déluge ? »

4. Alors, Dieu se souvint de Noé et des bêtes qui étaient avec lui dans l'arche. Et Dieu fit passer un souffle sur la terre, et les fontaines de l'abîme furent fermées, et les bondes des cieux furent obturées, et les eaux diminuèrent.

5. Et l'arche s'arrêta sur le mont Ararat, et Noé ouvrit la fenêtre de l'arche, et il lâcha le pigeon pour voir s'il y avait du sec quelque part.

6. Mais Noé eut beau guetter, il ne vit pas revenir le pigeon. Car le pigeon avait fait le tour du monde et il était rentré dans l'arche par l'autre côté, par la fenêtre de derrière.

7. Alors Noé attendit encore sept jours, et il lâcha le deuxième pigeon.

8. Et sur le soir le pigeon revint. Et voici : il avait dans son bec une branche d'olivier, et elle était couverte d'olives. Alors Noé fut content, et il tordit le cou au pigeon, et ils le mangèrent avec les olives. Et Noé dit : « Ça ne vaut pas les petits pois, mais faut faire avec ce qu'on a. »

9. Et au vingt-septième jour du second mois, l'Éternel parla à Noé, et il lui dit : « Sors de l'arche, tu le peux, la terre est sèche. »

10. Et Noé donc sortit. Et il tomba dans l'eau, et il étouffa, et il fut presque noyé, et l'Éternel rit à en éclater, et tous les anges rirent à en éclater.

11. Et l'Éternel dit à Noé : « Je viens de créer le tour de con. N'est-ce pas que c'est amusant ? »

12. Et Noé bâtit un autel à l'Éternel, et il prit de toute bête nette, et il en offrit un sacrifice à l'Éternel.

13. Et l'Éternel flaira une odeur qui l'apaisa, et c'était une bonne odeur d'entrailles fumantes, et l'Éternel daigna l'agréer, et Il Se dit en Son cœur : « Je ne maudirai plus la terre. Car l'imagination du cœur de l'homme est mauvaise dès sa jeunesse, et si Je les détruis tous d'un seul coup, qu'est-ce que Je vais faire dimanche prochain ? Mieux vaut les asticoter un à un et bien leur en faire baver. »

14. Et les anges chantèrent : « Gloire au Seigneur au plus haut des cieux ! »
15. Et Dieu dit à Noé : « Je mets Mon arc dans la nuée afin qu'il soit le signe de l'alliance entre Moi et vous. »
16. Et les enfants de Noé regardèrent l'arc, et c'était un bel arc, et ils dirent : « Seigneur, Votre arc est plus grand que le jardin de notre sœur, mais il est moins rouge que le nez de notre père. »
17. Or Noé commença à planter la vigne, car il croyait qu'il avait inventé la pomme de terre.
18. Et il but du vin, et il crut que c'était de la purée de pommes de terre, et il fut soûl comme une vache, et il crut que la purée ne lui réussissait pas, et il appela tout le monde, et il souleva sa robe pour leur montrer où il avait mal, et ils virent ce qu'ils virent.
19. Et Cham ricana bêtement, car ce que Noé montrait était aussi rouge que son nez.
20. Mais ses frères, Sem et Japhet, prirent un manteau, et ils en couvrirent la nudité de leur père sans la regarder.
21. Et Noé sut ce que Cham avait fait, car Sem et Japhet étaient de sales petits rapporteurs.
22. Et il maudit le petit Canaan, fils de Cham, qui n'était pas là et n'avait rien vu, et il bénit Sem et Japhet.
23. Et Noé vécut encore trois cent cinquante ans, sans dessoûler.

CHAPITRE 4

> *RÉSUMÉ DES CHAPITRES PRÉCÉDENTS.*
> *Dieu est bon. Les créatures sont méchantes.*
> *Dieu souffre. Trouvera-t-il un jour le bonheur ?*

1. En ce temps-là, toute la terre avait un même langage et une même parole.
2. En ce temps-là, l'homme était le frère de l'homme, personne n'était l'étranger de personne, et il n'y avait pas de nations,
3. Ni de frontières, donc.
4. Et il n'y avait pas de douaniers,
5. Ni de contrebandiers, donc.
6. Et il n'y avait pas d'armées,
7. Ni de guerres, donc.
8. En ce temps-là, quand les mâchoires de la colère mordaient les entrailles de l'homme, quand sa bile se changeait en moutarde et montait enfler les narines de son nez, quand devant ses yeux le monde devenait rouge, quand dans sa bouche la salive prenait l'amertume de la fiente et moussait comme l'écume de la mer en furie,

9. Alors l'homme regardait autour de lui, et voici : il voyait sa femme, ou son vieux père, ou son chien.
10. Et il frappait sa femme, ou son vieux père, ou son chien,
11. Ou les trois ensemble,
12. Parfois avec ses mains, parfois avec ses pieds, et parfois avec un gourdin, cela dépendait de la grandeur de sa colère et de l'étendue de l'injustice qui lui avait été faite.
13. Et il frappait jusqu'à ce que la fatigue tirât son bras vers le bas plus fort que la colère ne le tirait vers le haut, et puis il s'en allait dormir en remerciant l'Éternel d'avoir, dans Sa bonté, créé la femme, le vieux père et le chien,
14. Et la femme remerciait l'Éternel d'avoir créé la fatigue, et aussi d'avoir limité le nombre des dents de la femme à trente-deux, ce qui fait qu'on ne pouvait pas lui en casser trente-trois,
15. Et le vieux père remerciait l'Éternel d'avoir créé la mort, qui est l'espoir et le rafraîchissement des vieillards,
16. Et le chien maudissait l'Éternel d'avoir mis dans son cœur de chien un amour à toute épreuve pour son maître, et il rêvait qu'il attrapait la rage et la donnait à son maître, sans le faire exprès, naturellement.
17. Ainsi tout était au mieux, car la colère est malsaine et la fatigue est bonne.
18. Et tant qu'on ne casse que des femmes, des vieux pères et des chiens, ça n'est pas bien grave, c'est fait pour ça.

●

1. Or il arriva que les hommes issus de la postérité de Noé devinrent excessivement nombreux par l'effet de la copulation, et ils couvrirent la face de la Terre de leur multitude, et ce fut comme s'il n'y avait pas eu le Déluge.
2. Et ceux-là ne craignaient point un autre Déluge, car l'Éternel avait mis sur eux Son alliance et Sà promesse, et eux avaient mis leur foi en la parole de l'Éternel,
3. Et aussi ils avaient appris à nager, ça ne peut pas faire de mal.
4. Or ils trouvèrent une campagne au pays de Sçinhar, et c'était une bonne campagne, et ils y habitèrent.
5. Et ils se dirent l'un à l'autre : « Allons, faisons des briques et les cuisons au feu ! Et ils eurent des briques, et le bitume leur fut au lieu de mortier.
6. Et ils se dirent encore : « Bâtissons une tour dont le sommet soit jusqu'aux cieux. Ainsi serons-nous plus près de l'Éternel notre Dieu, notre séjour sera proche de Son séjour et, le dimanche, nous nous mettrons à notre balcon, et Lui aussi se mettra à Son balcon, et nous pourrons bavarder entre nous comme de bons voisins. Certainement cela sera agréable à l'Éternel et réjouira Son cœur.
7. Or cela nous coûtera un long labeur et de grandes fatigues, mais nous sommes prêts à endurer cela pour que l'Éternel soit content, et l'odeur de notre sueur Lui sera douce, et le bruit joyeux des crânes éclatant sous les briques qui tombent des échafaudages Lui sera doux. »
8. Ainsi firent-ils, mais bien présomptueuse est la créature qui prétend deviner ce qui plaira à l'Éternel.

9. Or l'Éternel entendit un grand bruit de truelles, de scies et de marteaux qui montait de la plaine de Sçinhar jusqu'à Lui, et Il dit : « Descendons et voyons ce qu'ils font. »

10. Alors l'Éternel descendit, et Il regarda, et voici : Il vit la tour que bâtissaient les fils des hommes.

11. Et les hommes se pressaient sur la plaine comme des fourmis noires, et la brique montait sur la brique, et l'étage s'ajoutait à l'étage, et la tour se perdait dans la nuée, et son sommet était déjà si proche de la voûte du ciel que les ouvriers se cognaient aux étoiles lorsqu'ils se redressaient.

12. Or ils n'avaient pu réussir cela que par leur parfait accord et leur grande discipline. Et leurs truelles se levaient toutes ensemble comme une seule truelle, et ils chantaient d'une seule voix une seule chanson, et lorsque, tournés vers l'Orient comme le veulent les rites, ils crachaient tous ensemble dans leurs mains, la Terre faisait un petit bon et tournait plus vite.

13. L'Éternel vit tout cela. Il vit aussi que la tour était presque achevée, et Il Se dit en Son cœur : « Pas de ça ! »

14. Et l'Éternel Se dit encore : « Confondons leurs langages afin qu'ils ne se comprennent point les uns les autres. »

15. Et l'Éternel leva Sa dextre, et Il dit : « Qu'il en soit ainsi ! » et il en fut ainsi.

16. Soudain le maçon parla italien, le terrassier parla portugais, l'homme de peine parla arabe, le contremaître parla auvergnat, l'ingénieur parla algèbre, l'architecte parla seizième, le

commanditaire parla américain, le banquier parla hébreu, la putain parla français, le bec-de-lièvre parla du nez et le décorateur parla des fesses.

17. Et si le compagnon disait au manœuvre : « O manœuvre, passe-moi le fil à plomb ! », alors le manœuvre lui versait un seau de bitume bouillant sur la tête.
18. Et si le peintre, du haut de son échelle, disait à l'apprenti : « O apprenti, tiens bon le pinceau ! », alors l'apprenti enlevait l'échelle.
19. Et si l'ouvrier disait à l'entrepreneur : « O patron, ne pourrais-tu élever légèrement mon salaire, car la vie devient toujours plus chère et ma postérité toujours plus innombrable, si bien que, la nuit, les mâchoires affamées de mes enfants claquent et m'empêchent de dormir », alors l'entrepreneur lui faisait donner cinquante coups de fouet là où ça fait le plus mal.
20. Et tout cela, en vérité, parce qu'ils ne se comprenaient plus les uns les autres.
21. Et voici que l'un se mit à mesurer par pieds et par pouces, l'autre par coudées royales et par zobs de brasseur, l'autre par queues de cerises et par aunées de boudin, l'autre par pommes à genoux et par mains de ma sœur, l'autre par crottes de biques sacerdotales, par clopinettes des mers du Sud, par jets de salive contre le vent ou par bâtons merdeux C.G.S.
22. Alors la mesure ne fut plus égale à la mesure, et le mur pencha, et le pignon fit la grimace.
23. Et chacun traita chacun d'étranger, de métèque, de sale boche, de vache espagnole, de macaroni de mes deux, de youtre pourri, de parisien tête de chien, de yankee go home,

d'enfoiré de chinetoque, de bâtard d'un polak avec une truie vérolée, de raton, de bicot, de bougnoule et de sous-développé,

24. Et ils se prirent aux cheveux, et l'homme fut un loup pour l'homme, et le frère tordit les testicules au frère,
25. Et la truelle ouvrit des ventres, et la pioche piocha des yeux, et la sandale glissa sur les tripes répandues,
26. Et l'un criait : « Porca Madonna ! » et l'autre criait : « Damned ! »,
27. Et ils jetèrent leurs outils, et ils se dispersèrent par toute la Terre,
28. Car ainsi l'avait voulu l'Éternel.
29. Alors la brique ne se haussa plus sur la brique, l'étage ne monta plus sur l'étage, et les oiseaux du ciel firent leur nid dans les chapiteaux des fières colonnes,
30. Et la racine descella la pierre, et l'arbre jaillit du mur,
31. Et le vent souffla son sable, et le nuage cracha sa pluie,
32. Et voici : il n'y eut plus de tour, le temps l'avait mangée.
33. C'est pourquoi ce lieu fut appelé Babel, ce qui veut dire : « Cause à mon cul, ma tête est malade. »

●

1. C'est ici la postérité de Sem, fils de Noé.
2. Sem, âgé de cent ans, engendra Arpacsad, qui eut du renom devant l'Éternel car il pouvait manger douze œufs durs pendant que sonnaient les douze coups de midi, et sans boire.

3. Arpacsad engendra Sçélah, qui inventa l'art de s'essuyer avec ses doigts puis d'essuyer ses doigts aux murs.

4. Sçélah engendra Héber, qui léchait la confiture de ses tartines et laissait le pain.

5. Héber engendra Péleg, qui était si fort qu'il pouvait rendre droit un tire-bouchon rien qu'en tirant dessus.

6. Péleg engendra Réhu, qui n'avait qu'un testicule et ne se rappelait plus où il l'avait mis.

7. Réhu engendra Sérug, qui, le premier, eut l'idée de remplacer les briques par des plumes dans les édredons.

8. Sérug engendra Nacor, qui vendit les charmes de sa mère pour s'acheter des billes.

9. Nacor engendra Taré, qui inventa de mettre un anneau dans le nez des cochons afin qu'on puisse reconnaître facilement le côté qui mord.

10. Taré engendra Abram, Nacor et Haran, qui fit le premier tour du monde à cloche-pied dans l'espoir de devenir célèbre, mais personne ne le regarda et ce fut son frère Abram qui devint célèbre. Alors Haran mourut de chagrin, et c'est bien fait pour lui

11. Et Abram et Nacor prirent des femmes à l'âge où la chose les démangea. Le nom de la femme d'Abram fut Sarah, et le nom de la femme de Nacor fut Milca, mais dans l'intimité Nacor l'appelait Mimile.

12. Or la femme d'Abram était stérile, et elle n'avait point d'enfant, et c'est pourquoi on l'appela Sarah, ce qui veut dire : « Tu craches ta semence dans le creux d'un vieux saule, ça

fait le même effet et ça coûte moins cher à nourrir. »

●

1. Or l'Éternel dit à Abram : « Sors de ton pays et de la maison de ton père, sors dehors si tu es un homme,
2. Et va au pays que Je te montrerai,
3. Et Je ferai sortir de toi une grande nation. Je te bénirai. Je bénirai ceux qui te béniront, et Je maudirai ceux qui te maudiront, et Je bénirai ceux qui maudiront ceux qui béniront ceux qui maudiront ceux qui te béniront, et comme ça jusqu'à ce que la langue M'ait fourché. »
4. Et Abram dit : « Vraiment, Éternel, c'est trop. Je ne sais si je dois... »
5. Mais l'Éternel dit : « J'ai dit. Va. »
6. Et Abram dit : « Bon, bon, Éternel. D'accord, Éternel. Je partirai demain matin. » Et il se tourna du côté du mur, et il recommença à ronfler.
7. Et Sarah, sa femme, celle au ventre sec, celle à la matrice pleine de ronces et de cailloux, celle dont la vulve faisait « Pfui ! » devant le membre du mâle et lui recrachait sa semence au visage, Sarah osa enfin respirer,
8. Car Abram, ce soir-là, avait mangé de l'ail.
9. Et Abram donc sortit, comme l'Éternel lui avait dit, et avec lui Sarah, sa femme, et Lot, son neveu.
10. Et ils marchèrent longtemps, et les déserts succédèrent aux déserts, et les années aux années,

11. Mais heureusement Sarah avait emporté des œufs durs.
12. Or ils arrivèrent dans un pays, et c'était le pays de Canaan, et c'était un très bon pays, et il y avait des Cananéens dedans,
13. Et les Cananéens étaient gras, et leurs joues étaient comme des buissons de roses, et leurs caleçons étaient de soie, et ils pétaient dedans.
14. Et leurs femmes étaient blanches et tendres, et chacun de leurs seins remplissaient deux mains d'homme, et leur sexe était comme un petit pain au lait,
15. Et elles étaient toujours jeunes, car on n'attendait pas qu'elles fussent vieilles pour les jeter aux chiens.
16. Alors l'Éternel apparut à Abram, et Il lui dit : « Je donnerai ce pays à ta postérité. »
17. Et Abram dit : « Oh, merci, Seigneur ! » Et il dit encore : « Mais n'y a-t-il pas déjà des Cananéens dedans ? »
18. Et l'Éternel dit : « Je ne suis pas le dieu des Cananéens. Je suis ton dieu à toi. Tes descendants réduiront les Cananéens en bouillie et ils leur prendront leur pays. En attendant, habite ici, il y fait bon, et regarde un peu partout, ça servira plus tard. »
19. Et Abram dit : « Seigneur, les Cananéens ne sont-ils pas aussi des enfants de Noé, puisque tous les autres sont morts dans Votre Déluge ? »
20. Et l'Éternel dit : « Certes, ils le sont. »
21. Et Abram dit : « Seigneur, n'avez-Vous pas mis Votre alliance sur toute la postérité de Noé, et

ne leur avez-Vous pas promis de ne plus les exterminer, et Votre arc ne brille-t-il pas aussi sur Canaan ? »

22. Et l'Éternel dit : « Il est vrai que J'ai, dans Mon infinie bonté, promis de ne plus leur envoyer Mon Déluge, et certes Je fus trop faible, mais, que veux-tu, On ne Se refait pas.

23. Mais Je n'ai rien promis en ce qui concerne les petites contrariétés comme la guerre, la famine, la peste, l'incendie et l'ongle incarné. »

24. Et l'Éternel dit encore : « Pour les Cananéens, Mes projets sont qu'une race de pillards et d'assassins les dépouillera et les massacrera, et c'est ta race que J'ai choisie pour cela. »

25. Et Abram dit : « Oh, merci, Seigneur ! » Et il dit encore : « Mais pourquoi moi ? »

26. Et l'Éternel dit : « Et pourquoi pas toi ? »

27. Et l'Éternel dit encore : « J'ai décidé, dans Mon infinie sagesse, d'avoir un chouchou afin de distraire Mon infini ennui. C'est toi qui es passé le premier devant Ma vue. Autant toi qu'un autre. Tu es mon chouchou. Es-tu content ? »

28. Et Abram dit : « Est-ce que j'ai le choix, Seigneur ? »

29. Et l'Éternel dit : « Non. »

30. Alors Abram dressa un autel à l'Éternel, car c'est toujours ce qui se fait dans ces cas-là quand on est poli et bien élevé, et il offrit à l'Éternel un sacrifice, et il eut soin de n'égorger que des bêtes nettes, car si l'Éternel a créé des bêtes nettes et des bêtes non nettes, c'est qu'Il avait Ses raisons.

31. Ceci s'appelle la vocation d'Abram, qui plus tard changea de nom et s'appela Abraham, mais nous n'en sommes pas encore là.

1. Or il advint que la famine se mit au pays où vivait Abram, et alors Abram décida de descendre en Égypte pour y demeurer quelque temps, car autour de lui les gens mouraient de faim en grande quantité, et cela lui gâtait tout son plaisir de se mettre à table.

2. Or, comme Abram était sur le point d'entrer au pays d'Égypte, il dit à Sarah, sa femme : « Voici. Je sais que tu es une belle femme,

3. Et quand les Égyptiens t'auront vue, ils diront : N'est-ce pas un crève-cœur et une honte à la face du ciel que de voir une magnifique créature d'amour comme celle-là chevauchée par un vieux cochon comme celui-ci ? Et alors ils me tueront, et ils assouviront leur luxure sur toi. »

4. Et Abram dit encore : « Dis-leur donc, je te prie, que tu es ma sœur, la fille de mon père, et que je suis ton petit frère, afin qu'ils me laissent vivre pour l'amour de toi, et que même je sois bien traité d'eux lorsqu'ils assouviront leur luxure sur toi. »

5. Alors Abram coupa sa barbe, et il se vêtit en garçonnet, et il mit son pouce dans sa bouche, et il courut derrière un cerceau comme font les petits enfants.

6. Or cela lui coûta beaucoup, car il entrait alors dans sa quatre-vingt-dixième année et ses jambes n'étaient plus ce qu'elles avaient été.

7. Et Sarah veillait sur lui comme une sœur attentive, et elle séchait ses pleurs lorsqu'il s'était fait mal en tombant, et elle lui donnait une fessée lorsqu'il avait fait ses besoins dans sa culotte.

8. Et ainsi les Égyptiens crurent que c'était là une sœur avec son petit frère, et ils virent qu'elle était fort belle, et ils lui proposèrent la botte,

9. Ce qui, en langue égyptienne, est une formule élégante pour convier une dame à venir admirer les hiéroglyphes peints au plafond, car la dame s'allonge sur une botte de paille pour voir plus commodément.

10. Or, tandis que Sarah admirait les hiéroglyphes, elle sentit que le maître de maison avait profité de son admiration pour introduire en elle ce qu'il y avait introduit,

11. Et elle voulut échapper à l'infâmante étreinte,

12. Mais Abram, qui courait tout autour d'eux derrière son cerceau, lui fit signe avec sa tête, et ce signe voulait dire : « Laisse-le faire, ô Sarah, sans quoi il va me faire du mal. »

13. Alors Sarah obéit à son époux, et l'Égyptien se délecta d'elle dans la plénitude de la délectation,

14. Trois fois de suite.

15. Et il fut tellement content qu'il lui donna une pièce d'or, et il donna aussi un caramel à son petit frère.

16. Et il dit aux autres Égyptiens combien il avait eu de plaisir avec la femme étrangère, et ceux-là aussi voulurent se délecter avec elle,

17. Et chaque fois ils lui donnaient une pièce d'or, et ils donnaient un caramel au petit frère,

18. Ou parfois une sucette.

19. Or la renommée de la belle étrangère vint aux oreilles de Pharaon, qui était le roi du pays d'Égypte,

20. Et Pharaon ordonna qu'on lui amenât l'étrangère, et on l'amena dans la maison de Pharaon.

21. Lorsque l'œil de Pharaon tomba sur la belle Sarah, il fit trois galipettes sur son trône, et puis il fit trente-trois fois trois tours en courant autour de la salle du trône, et puis il marcha au plafond, et puis il dansa la grande danse sacrée qui fait déborder le Nil quand le moment est venu qu'il déborde, et puis il plongea sa main sous les jupes de Sarah et il lui dit : « Tu es belle. »

22. Et de l'autre main il tapota la joue d'Abram, et il dit : « C'est ton petit frère ? Il est mignon. » Mais c'était seulement pour entretenir la conversation.

23. Et Pharaon se délecta dans Sarah par toutes les arabesques de la délectation, et il fut content, et il lui fit de grands présents,

24. Et il fit du bien à Abram à cause d'elle. De sorte qu'Abram eut des brebis, des bœufs, des ânes, des serviteurs, des servantes, des ânesses et des chameaux.

25. Mais l'Éternel frappa de grandes plaies Pharaon et sa maison, à cause de Sarah, femme d'Abram.

26. Et ces plaies les affligeaient en leurs parties secrètes, et le feu de ces plaies les cuisait, et ils se grattaient,

27. Et ils se dirent entre eux : « Certainement c'est à cette femme étrangère que nous devons ce feu qui nous brûle. »

28. Or Pharaon vit que le petit Abram se grattait, et Pharaon appela Abram, et il lui dit : « Je sais

maintenant qu'elle n'est pas ta sœur, mais bien ta femme, puisqu'elle t'a donné le même mal qu'à nous.

29. Pourquoi as-tu dit : C'est ma sœur ? Maintenant, je n'en veux plus. Voici ta femme, prends-la, et va-t'en. »

30. Et il donna charge à ses gens d'aller reconduire Abram, et sa femme, et tout ce qui leur appartenait, et tout ce que leurs doigts avaient touché, car ils avaient semé le germe du mal cuisant sur tout cela.

31. Et Abram retourna se gratter en Canaan, et les Égyptiens restèrent à se gratter chez eux.

CHAPITRE 5

> *RÉSUMÉ DES CHAPITRES PRÉCÉDENTS.*
> *Dieu s'est fait un petit ami. Il s'appelle*
> *Abram. Mais Sarah, l'épouse d'Abram, est*
> *stérile. Ce couple sympathique saura-t-il*
> *surmonter ses contradictions dialectiques*
> *ou sombrera-t-il dans l'alcoolisme ?*

1. Abram donc étant sorti d'Égypte, il monta vers le midi, et sa femme Sarah aussi, et aussi Lot, son neveu.
2. Et il emportait avec lui tout ce qu'il possédait, tout ce qu'il avait amassé par la générosité de Pharaon pour les beaux yeux de Sarah, sa femme, et aussi par la générosité des dignitaires de la cour de Pharaon pour Sarah.
3. Et c'étaient en vérité de grandes richesses en bétail, en serviteurs, en argent et en or.
4. Pourtant Sarah était de taille plutôt menue, mais il a bien raison, celui qui a dit : « Une petite courageuse vaut mieux qu'une grande feignante. »
5. Et le neveu Lot, qui marchait avec Abram, possédait lui aussi des brebis en grand nombre, et des bœufs, et des tentes,

6. Car c'était lui aussi un homme juste parmi les justes, et lui aussi marchait dans les voies du Seigneur,

7. Et lui aussi était marié, et lui aussi savait s'en servir.

8. Or leur bien à tous deux était si grand que le pays ne pouvait les nourrir ensemble, car leurs troupeaux serrés écrasaient la plaine, et la dent tranchait l'herbe plus vite que l'herbe ne croissait,

9. Et la plaine, sous le poids des bestiaux, s'enfonçait de trois pouces par jour dans les profondeurs de la terre,

10. Et lorsque tous les bœufs meuglaient ensemble, alors les étoiles se décrochaient du ciel, et elles tombaient dans la soupe, et la soupe prenait un goût de brûlé, et Abram la recrachait avec courroux, et il jetait son écuelle au visage de Sarah, sa femme, et il disait : « O Sarah, ô fille de l'ulcère et de la gangrène, ô noirceur, ô pouffiasse ! Sache qu'ici ce n'est pas le palais de Pharaon et sache que désormais c'est de tes mains qu'il te faut travailler ! » Alors il la frappait du pied avec force sur la partie de son corps devenue de peu de valeur, et il allait manger au restaurant,

11. Ce qui, à la longue, fatigue l'estomac.

12. Or il advint que leurs troupeaux furent tellement à l'étroit que la laine des moutons d'Abram s'emmêla avec la laine des moutons de Lot, et lorsque l'on voulut les démêler et savoir lequel était auquel, ce fut toute une histoire,

13. Ce qui excita une querelle entre les bergers d'Abram et les bergers de Lot, et les bergers se battirent entre eux à coups de mouton, et

Abram fut mécontent de cela, car ils abîmaient les gigots, qui sont le morceau le plus friand et de meilleur rapport.

14. Et Abram dit à Lot : « Je te prie, ô fils de mon frère Haran, qu'il n'y ait point de dispute entre toi et moi, ni entre mes bergers et les tiens.

15. Tout le pays n'est-il pas à ta disposition ? Sépare-toi, je te prie, d'avec moi. Partageons-nous l'espace dans la justice et l'équité. Si tu choisis la gauche, je prendrai la droite, et si tu choisis la droite, je te casserai la gueule.

16. Réfléchis donc, et vois où est le meilleur pour toi.

17. Et puis sors de ce pays-ci, ô fils de Haran, sors[1]. »

18. Et Lot réfléchit, et voici : il choisit la gauche, et c'était la plaine du Jourdain.

19. Abram, donc, demeura au pays de Canaan, et Lot s'en alla dans la plaine, et il y dressa ses tentes jusqu'à la ville de Sodome.

20. Or les habitants de Sodome étaient méchants, et c'étaient de grands pécheurs contre l'Éternel,

21. Car tous les péchés rigolos que l'Éternel avait créés et mis en réserve pour les siècles à venir afin d'en réjouir Son cœur et d'en dilater Sa rate au fur et à mesure que les fils des hommes les découvriraient,

22. Tous ces péchés-là les gens de Sodome les avaient découverts d'un seul coup, car ils étaient très ingénieux dans le mal,

---

1. Juste un tout petit ! Je le ferai plus.
   Dieu*.
* Bon, ça passe pour cette fois, mais n'y revenez pas.
   Cavanna.

23. Et ils les avaient tous essayés à la fois, car ils disaient : « Profitons-en aujourd'hui, demain on trouvera autre chose. »
24. Et l'Éternel en conçut du dépit dans Son cœur, et Il Se dit en Lui-même « Attendez un peu, Mes gaillards ! »

●

1. Or, il arriva, au temps d'Amraphel, roi de Sçinhar, d'Arjorch, roi d'Ellazar, de Khédor-Lahomer, roi d'Elam, et de Tagadah, roi de Tsohin-Tsohin,
2. Que ces rois-là eurent une guerre contre Bérah Fesses-de-Pêche, roi de Sodome, contre Birsah Double-Zob, roi de Gomorrhe, contre Sçinah Plein-la-Bouche, roi d'Adma, contre Sçemeber Pue-des-Pieds, roi de Tséboïm, et contre Tsohar, roi de Bélah, qui n'était qu'un petit merdeux et qui marchait derrière les autres.
3. Tous ceux-ci se joignirent dans la vallée de Siddim, qui est maintenant la mer salée,
4. Car ils avaient été assujettis pendant douze ans à Khédor-Lahomer, roi d'Elam, grand conquérant devant l'Éternel. Mais, à la treizième année, ils s'étaient dit entre eux : « Ça va comme ça. »
5. Et ils s'étaient révoltés, et ils avaient dit aux officiers de Khébor-Lahomer : « Raca ! », ce qui signifie : « Allez dire à votre maître qu'il aille se faire cuire un œuf », et ils les avaient couverts de crachats, et ils les avaient peints en vert, et ils leur avaient planté une plume dans le derrière, et ils les avaient fessés, et ils les avaient chassés.
6. Et ils s'étaient dit entre eux : « Ce jour est un grand jour parmi les grands jours. Qu'il soit désormais notre Fête Nationale. »

7. Et ils avaient mis leurs beaux habits, et ils avaient défilé, et ils avaient fait des discours, et ils avaient offert des sacrifices à l'Éternel,

8. Afin que ce jour fût exalté parmi les jours et qu'il eût du renom à la face des siècles.

9. Et aussi ils s'étaient soûlés, et ils avaient forniqué, et ils avaient attaché des casseroles à la queue des vieillards, et ils avaient allumé des pétards dans l'anus des femmes adultères,

10. Mais là, c'était pour le plaisir.

11. Donc, ceci arriva la treizième année.

12. La quatorzième année, Khédor-Lahomer accourut pour les punir avec les autres rois qui s'étaient joints à lui,

13. Et, chemin faisant, ils battirent les Mohrpiôns dans la forêt de Pubisç, ils traquèrent les Hasçtikoths au plus profond de Kamen-Beehr, ils occupèrent les Ghônoh-Kochs dans la vallée de Blennoraj,

14. Et tous les pays des Hémorrhoïtes aux tentes de pourpre, ils le ravagèrent,

15. Et ils saignèrent les Gonorrhéens aux lèvres pâles, et ils écrasèrent les Arachides, et ils pillèrent les Galerih-Laphaïeth. Tout cela, ils le firent !

16. Alors Bérah, roi de Sodome, Birsah, roi de Gomorrhe, Bikôh, roi des Rantanplanhs, Zan, roi de Rhéglisç, Liehbig, roi du Pohtaj, Pompidouh, roi des Khôns, et Tsohar, roi de Bélah, celui qui marchait le dernier parce qu'il n'était qu'un petit merdeux,

17. Tous ils sortirent et rangèrent leurs troupes dans la vallée de Siddim, contre Khédor-Lahomer et les rois ses alliés.

18. Or, pendant que leurs troupes s'alignaient face aux ennemis, le roi de Sodome et le roi de Gomorrhe, qui ne se quittaient jamais car ils s'aimaient tendrement, s'enfuirent par-derrière, l'un dans l'autre.

19. Et il y avait beaucoup de puits de bitume dans la plaine, et la nuit était noire, et le bitume aussi, et ils ne virent pas où cessait la nuit et où commençait le bitume, et ils tombèrent dans le bitume, toujours l'un dans l'autre,

20. Et c'est pourquoi ce lieu fut depuis appelé Gag, car quelqu'un qui tombe dans le bitume ça fait toujours rire, et encore plus s'il y en a deux, et encore plus s'ils sont rois.

21. Alors leurs gens se sauvèrent dans la montagne, et les rois vainqueurs prirent toutes les richesses de Sodome et de Gomorrhe, et tous leurs vivres. Puis ils se retirèrent.

22. Ils prirent aussi Lot, fils du frère d'Abram, qui demeurait dans Sodome, et ils s'en allèrent.

23. Lorsque Abram eut appris que le fils de son frère était prisonnier, il prit avec lui trois cent et dix-huit de ses serviteurs, et il poursuivit ces rois, il les poursuivit jusqu'à Dan.

24. Et il se jeta sur ces rois pendant la nuit, lui et ses serviteurs. Et il les battit, car l'Éternel était avec lui. Or il était en pantoufles et en chemise de nuit, et ses serviteurs avaient pour armes des balais et des serpillières,

25. Alors que les rois avaient une armée innombrable, et des épées, et des cuirasses, et des casques aux fiers cimiers.

26. Mais l'Éternel n'a-t-il pas dit : « Celui qui M'a avec lui, il n'a pas besoin de s'en faire, celui-

là » ? Or l'Éternel ne parle jamais pour ne rien dire.

27. Et Abram ramena toutes les richesses prises par les rois, et il ramena Lot, avec ses biens, les femmes et le peuple.

28. Et alors le roi de Sodome vint au-devant de lui, avec le roi de Gomorrhe, l'un dans l'autre, et ils étaient tout noirs.

29. Car le bitume ne s'en va qu'avec du beurre, or ils avaient oublié d'en emporter avec eux à la guerre, et ça leur apprendra.

30. Et vint aussi Melchisédech, roi de Salem. Et Melchisédech fit apporter du pain et du vin,

31. Car c'était l'heure de son petit quatre heures.

32. Et Melchisédech trempa le pain dans le vin, et il suça le pain lorsqu'il fut devenu bien mou.

33. Car il n'avait plus de dents, et il se nourrissait de choses molles, et il les suçait entre ses gencives avec un joli bruit.

34. Alors Abram dit à Melchisédech : « Ne me béniras-tu point, ô bon vieillard ? »

35. Or l'âge avait altéré l'ouïe de Melchisédech, et les hirondelles faisaient leurs nids dans les poils de ses oreilles.

36. Et il crut qu'Abram lui demandait un peu de son pain à sucer, et il répondit à Abram : « Pache ton chemin, chale morveux ! »

37. Car il prononçait mal, ayant la bouche pleine de bonne mie de pain bien molle.

38. Et Abram se crut béni, et il fut heureux, et il dit : « Merci, ô vénérable aïeul. Est-ce que je te dois quelque chose ? » Et Melchisédech répondit : « Diche pour chent. »

39. C'était toujours ce qu'il répondait, à tout hasard, lorsqu'on lui posait une question.
40. Et Abram lui donna la dixième partie de tout le butin qu'il avait pris.
41. Or c'était un peu cher pour une simple bénédiction, mais, en ce temps-là, la messe n'était pas encore inventée.

●

1. Or Sarah, femme d'Abram, ne lui avait point donné d'enfant. Mais elle avait une servante égyptienne, nommée Agar.
2. Et Sarah dit à Abram : « Voici. L'Éternel m'a rendue stérile,
3. Et mes ovaires sont secs, et ils sonnent comme des grelots,
4. Et mon ventre est un tiroir sans polichinelle,
5. Et la toison entre mes cuisses est une pelouse interdite aux enfants.
6. Or, viens, je te prie, vers ma servante, et féconde-la. Peut-être aurai-je des enfants par elle.
7. Mais ne cours donc pas si vite, j'ai encore quelque chose à te dire.
8. Or voici, aie bien soin, cependant, de ne pas oublier que c'est pour moi que tu la féconderas, et pense à moi pendant tout ce temps-là. »
9. Et Abram obéit à la parole de Sarah. Il vint donc vers Agar, et Agar l'attendait, et elle s'était vêtue de soie transparente, et elle avait mis ses bracelets de cuivre sonores, et elle avait répandu sur elle le nard odorant et l'ylang-ylang capiteux,
10. Et même elle s'était lavé les pieds.

11. Et Abram se coucha sur Agar, et il posa sur le visage d'Agar un tableau peint à l'huile que lui avait donné Sarah, et cette peinture était le portrait de Sarah, et il était si merveilleusement ressemblant qu'Abram ne put féconder Agar, car à la vue de ce portrait sa semence se glaça dans ses œufs, et son membre s'enroula sur lui-même comme la langue du caméléon.
12. Mais enfin Agar fit ce qui devait être fait, et voici : elle conçut.
13. Et Agar, voyant qu'elle avait conçu, méprisa Sarah, sa maîtresse.
14. Et elle allait parmi les servantes, disant : « Je ne suis pas comme une telle, dont les entrailles n'enfantent que le vent,
15. Et mon sexe n'est pas comme un vieux chapeau aux bords pendants,
16. Et la peau de mes cuisses ne claque pas au vent comme du linge qu'on a mis à sécher sur les brancards d'une charrette,
17. Et quand mon seigneur m'honore de sa copulation, ce n'est pas un pet que je dépose dans le berceau,
18. Comme une telle qui fait tant la fière. »
19. Or tout cela fut rapporté à Sarah, et elle en fut courroucée dans son cœur, car il était bien vrai qu'elle était comme ceci et comme cela, et comme le vieux chapeau, et comme le linge sur les brancards,
20. Ayant alors tout près de quatre-vingts ans.
21. Or il n'existe au monde qu'une seule chose plus humiliante pour une épouse que d'être stérile,
22. Et c'est d'être vieille et stérile.

23. Alors Sarah dit à Abram : « L'outrage qu'on me fait rejaillit sur toi. Que l'Éternel soit juge entre nous. C'est elle ou moi. Choisis. Si c'est elle, je m'inclinerai. Je m'en irai.
24. Et j'emporterai avec moi les troupeaux, les serviteurs, les tapis, les chameaux et la petite théière jaune.
25. Car tout cela, c'est moi qui te l'ai apporté. »
26. Alors Abram réfléchit, et puis il répondit à Sarah : « Voici. Ta servante est entre tes mains. Traite-la comme il te plaira. » Alors Sarah commença à flanquer à Agar des coups de pied dans le ventre, et Agar s'enfuit de devant elle.
27. Mais l'ange de l'Éternel la trouva au désert, près d'une fontaine, et il lui dit : « Agar, servante de Sarah, d'où viens-tu ? Où vas-tu ?
28. Et elle répondit : « Puisque vous êtes l'ange de l'Éternel, vous savez bien tout ça. Et si vous ne le savez pas, c'est que vous ne l'êtes pas. Et paf. »
29. Et l'ange lui dit : « Retourne chez ta maîtresse, et t'humilie sous elle. »
30. Et Agar dit : « Non, mais, ça va pas ? »
31. Et l'ange dit : « Allons, Agar, moi aussi je sais ce que c'est que de servir en maison bourgeoise. Crois-tu que le Patron, là-haut, n'a pas ses mauvais moments ? Ah, là, là... »
32. Et Agar dit : « Oui, mais vous, vous avez des ailes. Dites, on peut toucher ? C'est vraiment des plumes ? C'est doux, dans le creux, ça sent le duvet. Oh, comme vous êtes fort !...
33. . . . .
34. Croyez-vous que je vais pondre un œuf ? »

35. A ce moment, on entendit le tonnerre, et l'ange dit : « Ça, c'est le Patron qui m'appelle. Qu'est-ce que je te disais ? Pas une minute tranquille. Bon. Où en étais-je ? Oui. L'Éternel me charge de te dire ceci : Je multiplierai tellement ta postérité qu'elle ne se pourra compter,

36. Et Je ferai sortir de toi une grande nation. »

37. Et Agar dit : « Oh, l'Éternel dit ça à toutes les femmes. »

38. Et l'ange dit encore : « Tu enfanteras un fils et tu l'appelleras Ismaël. »

●

1. Puis, Abram étant âgé de quatre-vingt-dix-neuf ans, l'Éternel lui apparut, et Il lui dit : « Mon alliance est avec toi. Tu deviendras le père d'une multitude de nations. »

2. Et Abram répondit : « Vous m'avez déjà dit tout ça, Seigneur. Sans Vous offenser, Vous Vous répétez. »

3. Et l'Éternel dit : « Hmmm... Mouais. Je donnerai à ta postérité tout le pays de Canaan. Ça, c'est un beau cadeau, j'espère ! »

4. Et Abram dit : « Vous me comblez, Seigneur. Mais, voyez-Vous, un bon tiens vaut mieux que deux ta postérité l'aura. Alors, si Vous aviez un peu de petite monnaie sur Vous, ça ira comme ça, je Vous tiens quitte du reste. »

5. Et l'Éternel dit : « Même des rois sortiront de toi. Hein, hein ? Des rois ! Hé, tu m'écoutes ? »

6. Et Abram soupira, et il dit : « Bon. D'accord, Seigneur. Des rois. Et ben, dites donc ! Vous me gâtez. Des rois ! Pûûû, la la... »

7. Et l'Éternel dit : « Tu es content ? »

8. Et Abram dit : « Fou de joie, Seigneur. Fou de joie. Et maintenant, si Vous permettez, je me souviens que j'ai laissé du lait sur le feu... »

9. Et l'Éternel dit : « Mais attention. Je te comble de Mes dons, mais il faut que tu n'adores que Moi. Je suis le Dieu jaloux, n'oublie jamais ça. Je suis aussi le Dieu capricieux. Et d'abord, tu ne t'appelleras plus Abram, mais Abraham. »

10. Et Abraham dit : « C'est la même chose. »

11. Et l'Éternel dit : « Non. Il y a un h aspiré. »

12. Et Abraham dit : « Ah, il est aspiré ? C'est difficile, ça. »

13. Et l'Éternel dit : « tu colles ta langue contre ton palais, en bas, et tu souffles fortement avec la gorge, la bouche ouverte. »

14. Et Abraham dit : « Vos desseins sont impénétrables, Seigneur. Enfin, s'il n'y a que ça pour Vous faire plaisir, je m'exercerai. Abratcham... Abratcham... Il me semble que ça vient, Seigneur ! »

15. Et l'Éternel dit : « Ce n'est pas tout. »

16. Et Abraham dit « Ah, non ? »

17. Et l'Éternel dit : « En témoignage de l'alliance que Je fais avec vous, toi et ta postérité vous en porterez le signe dans votre chair, à savoir : tout mâle d'entre vous aura la chair de son prépuce tranchée. Et cela s'appellera la circoncision. »

18. Et Abraham dit : « Je n'aurais jamais pensé à cet endroit-là, Seigneur. Par contre, j'ai une verrue

sur le nez qui me fait loucher. Vous ne pensez pas, comme signe de Votre alliance ?... »

19. Et l'Éternel dit : « Ne cherche pas à Me tromper, Abraham. Je verrai fort bien si tu M'offres une verrue ou si tu M'offres un prépuce. Car la verrue sent la verrue et le prépuce sent le prépuce. Or l'odeur des prépuces frais coupés M'est douce. »

20. Alors Abraham prit son fils Ismaël, et tous ceux qui étaient nés dans sa maison, et tous ceux qu'il avait achetés de son argent, tous les mâles. Et il circoncit la chair de leur prépuce, comme Dieu lui avait dit,

21. Et comme il n'était pas exercé à ces choses il avait la main un peu lourde, et aux premiers qu'il circoncit il ôta parfois le gland avec le prépuce, et même le membre avec le gland, et même les testicules avec le membre, et même une fois un morceau de fesse. Mais ils virent bien qu'il ne le faisait pas méchamment, et ils ne lui en gardèrent pas rancune.

22. Or Abraham était âgé de quatre-vingt-dix-neuf ans lorsqu'il échangea son prépuce contre un h aspiré.

●

1. Puis l'Éternel apparut à Abraham dans les plaines de Mamré, comme il était assis à la porte de sa tente pendant la chaleur du jour.

2. Or, levant ses yeux, il regarda, et voici : trois hommes parurent devant lui. Et dès qu'il les eut aperçus, il courut au-devant d'eux et il se prosterna à terre.

3. Puis il s'en fut en hâte dans la tente, et il dit à Sarah : « Prends de la farine, dépêche-toi, et

fais des gâteaux, et offre de ces gâteaux à ces trois types,

4. Car l'un de ces trois types est l'Éternel Dieu, notre Seigneur, mais je n'arrive pas à savoir lequel. »

5. Puis Abraham courut à son troupeau, il y prit un veau tendre et bon, et il le donna à un serviteur, qui se hâta de l'égorger et de le faire cuire.

6. Cependant la vache, mère du veau, pleurait son enfant si joli, et elle pensait dans sa tête de vache que chaque fois que les hommes veulent honorer leur Dieu, ce sont les tendres veaux au mufle rose qui en font les frais.

7. Pourtant les vaches, elles, ne sacrifient pas les petits des hommes pour honorer le Dieu des vaches.

8. Ce qui montre bien que le Dieu des hommes est plus fort que le Dieu des vaches.

9. Lorsqu'ils eurent bien mangé, l'un des trois hommes dit : « Je reviendrai vers toi dans un an. A ce moment-là, Sarah, ta femme, aura un fils. » Et Sarah écoutait à la porte de la tente.

10. Or Sarah était fort vieille et avancée en âge, et il y avait très longtemps qu'elle ne voyait plus ce que les femmes ont accoutumé de voir et qu'elle ne souillait plus ce que les femmes malpropres ont accoutumé de souiller.

11. Et Sarah rit en elle-même, disant : « Mon ventre est maintenant comme un sac vide, et il prend entre mes jambes comme un tablier de forgeron, et je le traîne derrière moi dans la poussière du chemin, et je marche dessus, et je tombe, et ça fait rire les imbéciles, et c'est là-

dedans que mûrirait un petit enfant ? Hé ben... »

12. Et elle rit encore, disant : « Et qui me l'introduirait, cet enfant ? Certes ce ne pourrait être Abraham, mon époux, car l'âge a rendu son instrument aussi mol et sans ressort que le poireau qui a longtemps bouilli pour la soupe du laboureur. »

13. Or l'Éternel voit très bien à travers les parois des tentes, et même jusqu'à une épaisseur assez considérable. Et l'Éternel dit à Abraham : « Pourquoi a-t-elle ri ? »

14. Et Sarah dit : « C'est pas vrai. J'ai point ri. »

15. Mais Il dit : « Tu as ri, tricheuse ! Allons, recommençons depuis le début. » Et l'Éternel prit Sarah au menton, et Sarah prit l'Éternel au menton, et tous deux chantèrent ensemble :

16. « Je te tiens, tu me tiens, par la barbichette. Le premier qui rira aura une tapette. »

17. Et puis ces trois hommes se levèrent, et Abraham marcha devant eux pour les conduire. Et, chemin faisant, ils regardèrent vers Sodome.

18. Et l'Éternel dit : « Ce veau était excellent, et les gâteaux aussi, bien qu'un peu lourds. Je n'aurais pas dû en reprendre huit fois. Je crois que Je vais faire une petite promenade jusqu'à Sodome, où justement J'ai une petite affaire à régler, afin d'aider Ma digestion et de faire Mon rot. »

19. Et l'Éternel vit Sodome, et Il dit : « Le cri de Sodome et de Gomorrhe est augmenté, et leur péché est très grave. Ces cochons-là ne pensent qu'à ça. Ils ont même inventé des péchés auquel Je n'avais pas pensé. A cause d'eux,

Mon Livre sacré, Ma Bible, ne peut pas être mis entre toutes les mains. Et puis, tiens, puisque Je suis de bonne humeur, Je vais envoyer Mon feu du ciel là-dessus et les griller tous, jusqu'au dernier. »

20. Alors Abraham se prosterna, et il dit : « O Éternel, certainement Ton projet est un très bon projet, et moi je ne suis que poussière et que rognures d'ongles. Pourtant voici que je prends la hardiesse de Te parler pour Te présenter une objection qui est venue dans ma tête contre Ton projet, et certainement c'est Toi qui as mis cette objection dans ma tête afin que je Te la présente, et c'est pourquoi j'ose Te la présenter. »

21. Et l'Éternel, entendant cela, avait d'abord froncé le sourcil, et il avait levé Sa dextre terrible pour changer Abraham, l'insolent, le mal élevé, en bouse de vache, et puis Il avait entendu la suite, et Il S'était dit : « En effet, si cet insecte a pu concevoir une idée dans sa tête d'insecte, ce ne peut être que parce que Je l'ai mise là. Et si cette idée est une mauvaise idée, alors Je le changerai en quelque chose de sept fois pire qu'une bouse de vache. Et si cette idée est meilleure que la Mienne, alors Je le changerai en quelque chose de septante fois sept cent mille fois pire. »

22. Et l'Éternel, le Seigneur Dieu, dit à Abraham : « Parle. Je t'écoute avec bonté. » Et Il S'installa pour écouter à son aise en croquant des cacahouètes.

23. Alors Abraham dit : « Voici l'idée que Vous avez mise dans ma tête, Seigneur :

24. Peut-être se trouve-t-il, dans la ville de Sodome,

cinquante justes qui louent le Seigneur et qui paient le denier du culte. Ne serait-il pas dommage de griller ceux-là avec les autres ?

25. Car alors, nous autres justes, nous serions encore moins nombreux, et les louanges que Vous receuriez seraient bien diminuées, et nous ne pourrions acheter que des bas morceaux pour Vous offrir en sacrifice sur Vos autels. Je sais que les bas morceaux donnent le meilleur bouillon, mais Vous, Vous n'aimez que les grillades, Seigneur. »

26. Et l'Éternel dit : « Et si Je trouve cinquante justes dans Sodome, comment ferai-je pour griller les autres et pas ceux-là ? »

27. Et Abraham dit : « Ça, c'est Votre problème, Seigneur. »

28. Et l'Éternel dit : « Et puis, tiens, Je ne fais pas le détail. Si tu trouves cinquante justes, Je pardonnerai à toute la ville. Allez, c'est dit »

29. Et l'Éternel pensa dans Son cœur : « Cinquante justes ! Sacré Abraham, va ! Tu Me feras toujours rire. »

30. Et Abraham dit : « O Éternel, je ne suis que suie et fiente de crapaud. Pourtant, j'ose Vous dire : Peut-être manquera-t-il cinq justes. Qu'est-ce que c'est que cinq de plus ou de moins ? Cinq, ça va ça vient. Hein, Éternel, hein ? »

31. Et l'Éternel dit : « Va pour quarante-cinq. » Et Il Se dit en Son cœur : « Tu parles ! »

32. Et Abraham se prosterna encore plus bas, et il dit : « O Éternel, je ne suis que sciure pour le chat et crotte de nez desséchée. Pourtant, daignez m'écouter : S'il ne s'en trouvait que quarante ? On peut en faire des choses, avec qua-

rante justes ! En les mettant bout à bout, on obtient une Akadémih[1]. »

33. Et l'Éternel dit : « D'accord pour quarante. » Et Il Se dit en Son cœur : « Je suis bien tranquille ! »

34. Et Abraham s'aplatit tout à fait dans la poussière, et il dit : « O Éternel, je ne suis que poil du cul d'un singe hurleur et que jus de menstrue couvert de mouches vertes. Pourtant, hmm, bon, eh bien... Trente, Seigneur ! C'est un joli nombre, trente. C'est presque trente-trois, et trente-trois est un nombre sacré. Dites, Seigneur, dites ? »

35. Et l'Éternel dit : « D'accord, mais c'est mon dernier prix. Et j'y perds. »

36. Et Abraham prit une bêche, et il creusa un trou, et il se mit dans le trou afin de se prosterner encore plus bas, et il dit : « O Éternel, je ne suis que raclure de croûte sous l'ongle d'un eczémateux et que molaire cariée tombée par mégarde de la bouche du boulanger dans la pâte. Pourtant... »

37. Mais l'Éternel dit : « Dix. Pas un de moins. »

38. Et l'Éternel bâilla, et Il rota, et Il se leva, et Il s'en alla, car Il avait mangé toutes les cacahouètes.

---

1. Ce mot, probablement du babylonien archaïque, n'a jamais pu être expliqué. De modernes exégètes, groupés autour du Révérend Père François Mauriac, se sont efforcés d'y appliquer la méthode expérimentale. S'étant réunis au nombre de quarante justes, ils ont essayé entre eux toutes les combinaisons possibles dans l'espace, sans autre résultat appréciable jusqu'ici que quelques fractures du col du fémur. Les mathématiciens estiment que le nombre total des combinaisons est de 3 872 milliards de milliards. Il sera atteint en l'année 1873293 de l'ère chrétienne, le 3 mars, à sept heures trente-six. D'après une antique tradition, à ce moment précis surviendra la fin du monde.

CHAPITRE 6

RÉSUMÉ DES CHAPITRES PRÉCÉDENTS.
Dieu a beaucoup de chagrin : les habitants de Sodome sont exactement aussi pervertis qu'il les a faits.

1. Or les gens de Sodome ne savaient pas que leurs jours étaient comptés au tribunal de l'Éternel,
2. Et plus que jamais ils se vautraient dans le stupre, et ils se barbouillaient de turpitudes,
3. Et chacune des minutes de leurs jours était une insulte à la face du Créateur,
4. Et tout l'intérêt de leur cœur n'était que vers le plaisir de la chair,
5. Et tout le calcul de leur tête n'était que vers l'invention de nouveaux moyens pour tirer de leurs glandes d'en bas des secousses extraordinaires.
6. Et ils savaient pratiquer la fornication de trente-deux fois trente-deux mille façons, et toutes étaient différentes, et beaucoup étaient fort jolies, et certaines étaient difficiles.
7. Et ils avaient dressé de cela un répertoire très

exact, et ils l'avaient gravé sur la pierre avec le burin bien affûté, et ils l'avaient mis sur la place qui était au milieu de leur ville,

8. Et c'était très bien dessiné, et l'on comprenait bien tout.
9. Cela, ils l'avaient fait afin que chacun pût à tout moment choisir une copulation d'entre les copulations, et s'en inspirât, et s'en délectât.
10. Et rien de ce qui était immonde ne leur était étranger, et toutes les horreurs, ils s'en léchaient les doigts,
11. Même l'inceste sur un lit de confiture de fraises,
12. Même la bestialité en grimpant sur le tabouret à traire,
13. Même le détournement de mineure dans un berceau à bascule,
14. Même l'adultère en écossant les petits pois pour la soupe,
15. Même la coprophagie à la petite cuillère,
16. Même la partouze dans une fosse à purin,
17. Même la flagellation au son de la flûte et du psaltérion,
18. Même la délectation solitaire dans un melon juste un peu trop mûr,
19. Même la masturbation avec un gant de crin,
20. Même la nécrophilie dans des cadavres de femmes respectables et qui n'avaient pas mérité un tel outrage.
21. Tout cela, ils savaient le faire, et même sans les mains, et même sur un seul pied,
22. Mais le plaisir qu'ils prisaient par-dessus tous les plaisirs, c'était celui qu'ils ramassaient dans le cloaque excrémentiel,

23. Le plaisir mille et dix mille fois sale, l'abomination des abominations,

24. Celui qui fait de l'homme une femme et de la femme un superflu.

25. Et c'est pourquoi, dans les siècles des siècles, ce crime restera attaché au nom exécrable de Sodome, et lorsque l'on dira d'un tel : « Celui-là est un sodomite »,

26. Alors les petits enfants riront de lui, et ils lui feront un bras d'honneur, et ils lui jetteront des pierres.

27. Or le parfum de Sodome rampait sur la campagne, et c'était un parfum de rut, et c'était un parfum de latrines,

28. Et, l'ayant humé, soudain l'ânon timide rompait son licol, et il se jetait sur le lion superbe, et il le sodomisait à la face du ciel.

29. Voici donc ceux de Sodome, les voici tels qu'ils étaient, et c'étaient en vérité de grands pécheurs.

30. Et ce n'est pas parce que l'Éternel les avait créés tels qu'ils devaient se croire tout permis,

31. Car l'Éternel a mis le vice dans le cœur de l'homme afin de lui faire mériter la vertu.

32. Et ceux-là chez qui il a mis davantage de vice sont Ses préférés, et leur vertu sera d'autant plus grande,

33. A condition, naturellement, qu'ils acceptent la règle du jeu.

34. Or, ce qui, plus que toute autre chose, irritait le courroux de l'Éternel et faisait bouillir Sa bile dans le chaudron de Son foie,

35. C'était de voir que les joues des gens de Sodome étaient rouges, et leur œil brillant, et leur santé excellente, et qu'ils ne cessaient de rire et de chanter que pour faire l'amour, c'est-à-dire fort souvent.
36. Or, en face de Sodome, de l'autre côté de la vallée, il y avait une autre ville, et cette ville était Gomorrhe.
37. Et ceux de Gomorrhe aussi étaient de grands pécheurs,
38. Et eux aussi avaient un vice spécial, et ce vice était encore plus abominable que la sodomie, qui était le vice de Sodome, et l'on appelait ce vice la gomorrhie.
39. Et la gomorrhie est un vice tellement abominable qu'on n'a jamais su exactement ce que c'est.
40. Tant pis.

●

1. Or l'Éternel avait dit à Abraham : « Soit. S'il se trouve dix justes dans Sodome, Je ne la détruirai point, et pour l'amour de ces dix-là, Je ferai grâce à toute la ville. C'est dit. Tope là,
2. Et cochon qui s'en dédit ! »
3. Mais il ne trouva point dix justes dans Sodome.
4. Pourtant Abraham chercha partout, et à tous ceux qu'il vit il demanda avec courtoisie s'ils étaient justes.
5. Et lorsqu'il demandait cela, ces hommes lui répondaient grossièrement, et à leur tour ils lui demandaient pourquoi il n'était pas en train de sodomiser quelqu'un ou quelque chose, comme ils le faisaient eux-mêmes,

6. Au lieu d'enquiquiner le monde avec ses questions et ses statistiques.

7. A la fin de ce jour, Abraham était bien las, et bien couvert de crachats et d'immondices, et il avait perdu son pari avec l'Éternel.

8. Or ce n'était pas très joli de la part de l'Éternel de parier avec Sa créature, car le pari est un jeu de hasard, et si l'Éternel donne le mauvais exemple, où allons-nous?

9. Mais surtout, c'était plutôt malhonnête de Sa part, puisque le résultat, Il le connaissait d'avance,

10. Car l'Éternel sait tout,

11. Mais qu'est-ce qu'Il peut être tricheur!

12. Donc Abraham ne trouva dans toute la ville qu'un seul juste, et celui-là était Lot, le propre neveu d'Abraham,

13. Comme par hasard.

14. Or, sur le soir, deux anges de l'Éternel vinrent à Sodome. Et Lot prenait le frais devant sa porte, et la brise du soir pénétrait sous sa robe, et elle caressait les poils de ses mollets, et elle rafraîchissait les endroits ordinairement mal aérés de l'intimité de l'homme, et elle en chassait les mouches et les lézards.

15. Et Lot vit venir les anges, et il se leva pour aller au-devant d'eux, et il se prosterna devant eux, visage en terre,

16. Et sa croupe pointait vers le firmament, et sa robe était déchirée, et par le trou les anges virent ce qu'ils virent, et ils sentirent ce qu'ils sentirent, et cela les étonna à la limite de l'étonnement,

17. Car les anges n'ont pas l'arrière-train fendu, n'ayant point d'orifice pour évacuer les immondices, et ils n'avaient jamais vu pareille chose,

18. Et ils pensèrent que cet homme s'était assis par mégarde sur une hache bien aiguisée, et cela les fit rire de leur joli rire d'anges.

19. Cependant Lot leur dit : « Voici, je vous prie, mes seigneurs, retirez-vous dans ma maison, et logez-y cette nuit. Lavez aussi vos pieds, et mettez les patins, car on vient de cirer. »

20. Et les deux anges répondirent : « Merci infiniment, ô homme juste au derrière fendu. Mais nous craignons de déranger,

21. Et puis nous préférons ne pas pénétrer dans une maison où on laisse traîner des haches sur les sièges.

22. Nous dormirons donc dans la rue. »

23. Mais Lot les pressa tant qu'à la fin ils se retirèrent chez lui. Et il leur prépara un festin, et il fit cuire des pains sans levain, et ils mangèrent.

24. Et Lot les regardait manger, et il se disait dans son cœur : « Ces anges ne savent pas que je les ai reconnus. Certainement l'Éternel me les envoie pour me tenter, et si je les traite bien, et s'ils sont contents de mon hospitalité, ils vont me donner trois souhaits à choisir,

25. Ou bien me transformer en belle jeune fille, peut-être. »

26. Et Lot se dit encore : « Mais, pour de purs esprits, quel coup de fourchette ! Je me demande où ils mettent tout ça. »

27. Mais voilà qu'au-dehors les hommes de la ville, les hommes, dis-je, de Sodome, accoururent et environnèrent la maison, tous depuis le plus jeune jusqu'aux vieillards, tout le peuple mâle, depuis un bout jusqu'à l'autre.

28. Et ils appelèrent Lot, et ils lui dirent : « Hé, toi, l'étranger, où sont ces deux beaux garçons qui sont venus ce soir chez toi ? Fais-les sortir, afin que nous les sodomisions ! »

29. Alors Lot sortit de sa maison en se glissant par la porte entrebâillée, et il referma la porte derrière lui, et il leur fit face, et il prit soin de garder son dos collé à la porte, surtout en bas.

30. Et il leur dit : « Je vous en prie, mes frères, mes bien chers frères, ces hommes sont mes invités, ne leur faites point cela, ce ne serait pas convenable.

31. Et puis, si tôt après manger, c'est mauvais pour la digestion. »

32. Mais ces furieux ne voulurent rien entendre, et ils crièrent plus fort : « Les deux types ! Les deux types ! » et ils faisaient des gestes afin que l'on comprît ce qu'ils comptaient leur faire, et ils disaient : « Hop, là ! Crac ! »

33. Lot leur dit : « Mais ce sont des anges du Seigneur Dieu, des anges de l'Éternel ! »

34. Alors, ils crièrent : « Hosannah ! Nous n'avions encore jamais sodomisé d'anges ! Hosannah ! Hosannah ! Hop, là ! Crac ! »

35. Et leur foule était comme la mer en furie, et leur voix était comme le tonnerre, et leurs zobs se dressaient vers les étoiles comme une forêt de lances.

36. Alors Lot leur dit : « Voici. J'ai deux filles. Elles n'ont point encore connu l'homme. Je vous les amènerai, et vous les traiterez comme il vous plaira, pourvu que vous ne fassiez point de mal à ces anges, car ils sont mes hôtes. »

37. Mais les Sodomites firent : « Pouah ! » et ils crachèrent à terre.

38. Et puis ils dirent : « Ce métèque est venu habiter chez nous et manger notre pain, et voilà maintenant qu'il veut nous donner des leçons ? Tant pis pour lui, il y passera aussi ! »

39. Et ils se jetèrent sur Lot, et ils le violentèrent, crac. Et ils y furent volés, car Lot était fort âgé et aussi tendre qu'une vieille charrue qui rouille au coin d'un champ,

40. Et puis, ayant fait, ils commencèrent à battre la porte afin de l'effondrer.

41. Mais alors les deux anges mirent leurs mains sur Lot, et ils le firent rentrer dans la maison, et ils fermèrent la porte.

42. Ensuite, ils frappèrent d'éblouissement les Sodomites en rut qui se pressaient dehors, tous, depuis le plus petit, qui tétait encore sa mère, jusqu'au plus vieux dans sa voiture d'infirme, de sorte qu'ils furent aveugles et tournèrent en rond sans trouver la porte.

43. Et Lot fut content de cela, mais il pensa dans son cœur que les anges auraient pu avoir cette idée-là un tout petit peu plus tôt.

●

1. Les anges dirent à Lot : « As-tu ici quelqu'un de ta famille ? Un gendre, ou des fils, ou des filles, ou quelque autre de tes proches ? Fais-les sortir de cette ville,

2. Car nous allons la détruire, l'Éternel nous a envoyés pour cela. » Et les anges retroussèrent les manches de leurs robes d'anges, et ils crachèrent dans leurs mains.

3. Lot, donc, parla à sa femme, et à ses filles, et aux fiancés de ses filles, et il leur dit :

4. « Allons-nous-en d'ici, car il va se passer des choses entre l'Éternel et les gens de Sodome. Or cela ne nous concerne pas, nous n'avons rien à faire là-dedans.

5. Éloignons-nous donc de ce lieu, et laissons-les s'expliquer entre eux. Nous reviendrons quand ils en auront terminé, et nous verrons bien qui aura gagné. »

6. Mais les deux jeunes gens, futurs gendres de Lot, crurent que Lot disait cela parce qu'il avait un dessein sur eux, et ils lui dirent :

7. « O vieux furoncle, ô fiente de hibou malade, tu dis cela afin de nous éloigner de ce lieu, car tu crains que nous ne prenions goût aux mœurs de par ici, et que nous ne négligions tes filles, ou que nous ne les visitions que par la porte dérobée, et qu'ainsi nous ne te frustrions de ta descendance.

8. Et certes, si tu as pensé cela, tu as pensé juste, car voici : nous avons goûté aux façons de Sodome, et nous les avons trouvées délectables, et nous nous sommes unis par mariage l'un avec l'autre, et quant à tes pisseuses, tu peux répandre du sucre dessus et te les mettre où tu voudras.

9. Et prout ! »

10. Cependant, l'aube du jour était venue, et les anges voyaient que Lot tardait à se mettre en chemin. Alors ils prirent Lot par la main, et ils

prirent aussi sa femme et ses deux filles, et ils les menèrent hors de la ville.

11. Et l'un des anges dit à Lot : « Sauve-toi sur la montagne, ne t'arrête en aucun endroit avant d'y être, et surtout ne regarde point derrière toi. Car l'Éternel vous épargne, toi et les tiens, pour l'amour d'Abraham.

12. Mais dépêche-toi, car nous sommes déjà en retard, et nous devons avoir tout détruit avant ce soir. Or, si tu es encore près d'ici lorsque tombera le feu du ciel, tant pis pour toi, nous ne faisons pas le détail. »

13. Et Lot se hâta vers la montagne, et le feu du ciel commença à tomber sur Sodome et sur Gomorrhe aussi. Il tomba de la part de l'Éternel du soufre et du feu, et tout brûla fort bien,

14. Maisons, arbres, hommes et femmes,

15. Et aussi les petits enfants, qui n'avaient pas encore eu le temps de goûter au péché,

16. Et aussi les vaches et leurs veaux, les brebis et leurs agneaux, les chattes et leurs chatons, et les petits oiseaux, et toutes les autres bêtes, qui ne savaient même pas ce que c'était que le péché,

17. Mais mieux vaut l'injustice que le désordre, telle est la Loi de l'Éternel.

18. Et il monta vers le ciel une fumée noire et grasse, et une odeur de grillade couvrit la plaine, et un cri fit trembler la terre,

19. Et ce cri était fait de mille et mille cris de douleur, et si l'on prêtait l'oreille très attentivement on y entendait aussi quelques cris de plaisir, et ceux-là étaient poussés par les masochistes, lesquels moururent en riant,

20. Ce qui gâta un peu la satisfaction de l'Éternel.

21. Et Sodome fut détruite, et Gomorrhe fut détruite, et aussi toute la plaine alentour, avec ses villes et leurs habitants, et le germe de la terre fut détruit, et la terre elle-même, et jusqu'au roc sous la terre.

22. Alors l'Éternel fut content, et les cotylédons de Son cœur se gonflèrent et s'épanouirent comme ceux du haricot sur le coton humide.

23. Car ce pays-là était désormais pur de tout péché, et c'était un pays parfaitement juste,

24. Tout au moins jusqu'à ce qu'il ait fini de refroidir.

●

1. Or l'ange de l'Éternel avait dit à Lot et aux siens : « Ne regardez point derrière vous. » Et ainsi fit Lot, et ses filles aussi.

2. Mais la femme de Lot regarda derrière soi, et elle fut aussitôt changée en une statue de sel.

3. Lorsque Lot se retourna, il ne vit plus sa femme derrière lui, et il fut inquiet de cela dans son cœur, car c'est elle qui portait le panier avec le pique-nique.

4. Alors Lot coupa une branche d'arbre, et il s'en fit un gourdin, et il retourna en arrière afin d'encourager sa femme à marcher plus vite.

5. Et il la vit. Elle était de sel et brillait dans le soleil.

6. Lot vit cela, et il dit : « Voici. D'abord l'Éternel sauve cette femme parce qu'elle sut se garder pure et chaste tout au long de sa vie parmi les

sollicitations du plaisir, et puis, pour un seul petit coup d'œil par-dessus l'épaule, voici qu'Il la punit maintenant aussi durement que les autres.

7. Or je ne puis croire que l'Éternel, dans Sa sagesse, tienne la curiosité pour un vice plus détestable que tous les crimes de Sodome.

8. Je pense plutôt que, dans Son infinie bonté, Il s'est avisé que j'avais oublié d'emporter du sel. Ceci est donc une attention délicate de Sa divine Providence.

9. Sois-en remercié, Seigneur. Cette journée est déjà bien assez triste comme ça sans que je doive encore manger mes œufs durs sans sel. »

10. Et Lot gratta un peu de sel de sur sa femme, et il prit le panier du pique-nique, et il continua son chemin vers le haut de la montagne, ses deux filles le suivant en traînant les pieds.

●

1. Lot donc parvint en haut de la montagne, et sur le soir il se retira dans une caverne avec ses filles.

2. Et l'aînée dit à la plus jeune : « Voici que l'Éternel a détruit toute vie sur la face de la terre,

3. Et qu'il n'y a plus de jeunes gens pour s'unir à nous selon la coutume, et nous faire ce qui se fait, et nous introduire ce qui s'introduit, et voilà : nos ventres resteront secs, et jamais nos mamelles ne pendront fièrement jusqu'à nos genoux.

4. Or il faut pourtant que nous conservions la race de notre père. Viens, petite sœur, donnons-lui du vin, et puis nous coucherons avec lui. »
5. Elles donnèrent donc du vin à boire à leur père cette nuit-là. Et l'aînée vint, et elle coucha avec son père.
6. Or, elle était vierge, et elle avait reçu une éducation excellente, et elle ne connaissait rien à ces choses. Elle constata qu'il n'est pas aisé de s'unir charnellement à un homme ivre mort, et qui chante bêtement des chansons obscènes, et qui vomit partout, à moins d'aider la nature comme savent le faire les prostituées aux lèvres peintes.
7. Mais elle avait de la bonne volonté, et sa petite sœur avait de l'imagination, et à elles deux elles réussirent à ranimer ce qui était engourdi, à réchauffer ce qui était gelé, à déterrer ce qui était enfoui, à magnifier ce qui était humilié, à rendre terrible ce qui était craintif, à faire chanter ce qui était muet, à faire bondir ce qui était accroupi,
8. Et enfin l'aînée cria « Papa ! », et elle reçut avec dévotion la semence précieuse, et sa petite sœur cria « Bravo ! », et elle battit des mains.
9. Or le vieux Lot ne s'était aperçu de rien. Et s'il ouvrait un œil de temps à autre, et s'il gémissait d'un air content, ce devait être à cause d'un rêve qu'il faisait,
10. Car il n'aurait certainement pas permis de telles choses, et il n'aurait pas manqué de donner la fessée aux deux petites vilaines.
11. La nuit suivante, elles donnèrent encore du vin à boire à leur père, et cette fois la plus jeune

coucha avec lui. Et Lot ne s'aperçut de rien, et s'il sursauta deux ou trois fois, et s'il poussa plusieurs petits cris, ce devait être à cause des puces qui le tourmentaient.

12. L'aînée enfanta un fils, et elle l'appela Moab. Et la plus jeune aussi enfanta un fils, et elle aurait pu l'appeler Noab, ou Loab, ou Roab, pour que l'histoire soit bien symétrique. Mais elle était très contrariante et elle l'appela Ben-Hammi, ce qui n'a ni queue ni tête.

13. Or ces deux enfants étaient hideux à voir, et complètement idiots, et ils bavaient, et ils mordaient, et ils faisaient leurs ordures partout, car ils étaient mongoliens, comme le sont souvent les enfants engendrés par des vieillards.

14. Mais les deux filles de Lot ne comprirent vraiment l'étendue de leur malheur que lorsqu'elles quittèrent ce pays et virent que partout ailleurs le monde était rempli de beaux jeunes hommes pleins de sève,

15. Et qui n'étaient plus pour elles, les sales, les souillées, les maudites, les ventres à plis, les mamelles pendantes.

16. Et alors, bon, elles continuèrent à être les épouses de leur vieux père, et si Lot en mourut plus tôt qu'il n'aurait dû, du moins mourut-il heureux.

17. Cependant, du haut des cieux, l'Éternel voyait cela, et Il pensait dans Son cœur que vraiment ç'avait été une très bonne idée, du point de vue de la morale et des bonnes mœurs, d'avoir épargné le seul juste qu'il y eût dans Sodome.

CHAPITRE 7

RÉSUMÉ DES CHAPITRES PRÉCÉDENTS. Sodome et Gomorrhe sont détruites : une bonne chose de faite. Pour que la promesse de Dieu soit tenue, Abraham, centenaire, fait l'amour à Sarah, qui ne l'est pas moins. Sarah enfante Isaac. La mère et l'enfant se portent bien. On ne désespère pas de sauver le père.

1. Il arriva, après ces choses, que l'Éternel voulut éprouver Abraham.

2. Il appela donc : « Abraham ! » et Abraham répondit : « Voilà, voilà ! »

3. Alors l'Éternel dit : « Comment vas-tu, Abraham ? »

4. Et Abraham répondit : « Comment je vais, Seigneur ? Vous le savez aussi bien que moi, comment je vais, et même mieux que moi, et même Vous savez déjà comment j'irai demain, car Vous êtes toute science,

5. Enfin, quoi ! »

6. Et l'Éternel dit : « Et la conversation, alors ? »

7. Et Abraham répondit : « Là, c'est différent, Seigneur. Il fallait le dire tout de suite, Seigneur. La conversation, c'est une chose de politesse, ça. Je ne voudrais certes pas passer pour un malpoli, Seigneur, alors je Vous réponds :

8. Ma foi, on fait aller, Seigneur, on fait aller. A part les rhumatismes que Vous m'avez envoyés, et la vieille bronchite qui vient me visiter de Votre part chaque printemps depuis trente ans, et la dernière dent que Vous avez daigné laisser dans ma mâchoire du bas et qui ne me sert qu'à avoir mal aux dents et à me mordre la langue,

9. A part aussi l'amour qu'il Vous a plu de laisser brûler dans mon vieux cœur pour les filles jeunes, et fraîches de joues, et douces de lèvres, et petites de tétons, et blanches de croupe, et lisses de ventre,

10. A part aussi cette pauvre vieille Sarah que Votre toute-bonté m'a conservée pour ma délectation et mon rafraîchissement, et qui est tellement courbée par les ans que son visage est à la hauteur de son derrière, si bien que l'observateur superficiel ne peut reconnaître à quelle extrémité il a affaire, car les deux sont aussi ridées, et aussi jaunes, et aussi chauves, et aussi moustachues, et aussi pleines de caca dans les creux,

11. A part ça, ça va, Seigneur. Et chez Vous, on tient le coup ? »

12. Et l'Éternel dit : « Bof, vois-tu, ce sacripant de Lucifer Me donne du souci... »

13. Et Abraham dit : « M'en parlez pas, Seigneur, les enfants, au jour d'aujourd'hui, ah, là là... Et maintenant, Vous m'excuserez, Seigneur, c'est pas que je Vous mette à la porte, mais voyez-

Vous, nous autres créatures d'en-bas, nous n'avons pas beaucoup de temps pour la causette, vu que Vous nous avez créées et mises au monde pour gagner notre pain à la sueur de notre front, je ne dis pas ça pour avoir l'air de reprocher quoi que ce soit à qui que ce soit, remarquez, mais enfin, faut être juste, si Vous venez tout le temps nous déranger, il n'y aura pas beaucoup de sueur aux fronts ni de pain en branches. »

14. Et Abraham se remit à sa besogne. Et sa besogne était de compter les richesses que lui avait rapportées la faveur de l'Éternel, et ces richesses étaient immenses, et elles s'accroissaient encore chaque jour.

15. Or il en était aux troupeaux de moutons. Et chaque fois qu'il commençait à compter les moutons, il s'endormait. Chaque fois.

16. Si bien qu'Abraham n'avait jamais pu compter ses moutons jusqu'au bout. Et il se disait en son cœur : « A quoi bon avoir des moutons si l'on ne sait pas combien on en a ?

17. Car celui qui ne sait pas combien il a de moutons, c'est comme s'il n'avait pas de moutons. Voilà ce que je dis, moi. » Et il se rendormait.

18. Donc Abraham s'était remis à compter ses moutons. Alors l'Éternel toussa : « Hm, hm ! », et puis Il dit sévèrement : « Abraham ! »

19. Et Abraham dit : « Treize mille huit cent quarante-trois moutons et un mouton, ça fait treize mille huit cent quarante-cinq moutons... Oui, Éternel ? Tout de suite, Éternel ! Je suis à vous, Éternel ! Le temps de tracer treize mille huit cent quarante-cinq bâtons sur le mur, Éternel... Là. »

20. Et l'Éternel dit : « Abraham, j'ai envie d'un sacrifice. »
21. Et Abraham dit : « Vous n'avez qu'à parler, Seigneur. » Et il dit encore : « Je me permettrai cependant de Vous faire remarquer que Vous en avez déjà eu un ce matin, un gros même, un de douze bœufs bien gras, plus cinquante agneaux, plus cinquante chevreaux, plus deux cents poulets, plus une girafe qui passait par là en touriste,
22. Et comme dessert des pruneaux au jus pour faire aller.
23. On se demande où Vous mettez tout ça, Seigneur.
24. Ce n'est pas pour dire, mais quand, dans Votre infinie justice et Votre infinie bonté, Vous condamnâtes nos premiers parents, et nous avec, à gagner notre pain à la sueur de notre front, il n'était pas question que Votre bœuf aussi serait gagné à cette sueur-là. »
25. Alors l'Éternel dit : « Mon cœur est rassasié de ces nourritures épaisses. Mon palais veut un mets plus délicat, Mes narines veulent un fumet plus rare. »
26. Et Abraham dit : « Peut-être un bon couscous avec des merguez ? »
27. Et l'Éternel dit : « L'Éternel ne vit pas seulement de couscous. »
28. Or l'Éternel rougissait, et Il baissait les yeux, et Il tortillait un coin de Sa grande barbe blanche autour de Son doigt.
29. A la fin, l'Éternel parla. Et Il dit ceci :
30. « Abraham, voici. Je veux que tu Me donnes en sacrifice ton fils, ton unique, celui que tu aimes. »

31. Et Abraham dit : « Isaac ? »
32. Et l'Éternel dit : « Isaac. »
33. Et Abraham dit : « Eh ben... »
34. Et l'Éternel dit : « C'est une épreuve. »
35. Et Abraham dit : « Ah, voilà. C'est une épreuve. »
36. Et l'Éternel dit : « Une épreuve pour savoir qui tu aimes le mieux : Isaac ou Moi. »
37. Et Abraham dit : « Alors, j'ai le droit de choisir ? »
38. Et l'Éternel dit : « Naturellement, tu as le droit, sans quoi il n'y aurait pas besoin d'épreuve. Il suffirait que Je mette dans ton cœur plus d'amour pour Moi que pour Isaac. »
39. Et Abraham dit : « Ne Vous gênez surtout pas. »
40. Et l'Éternel dit : « Merci. Vois-tu, Abraham, il M'est venu dans Mon cœur l'envie d'être aimé pour Moi-même. Ça doit être le printemps. Alors, J'ai mis dans ton cœur un peu de libre arbitre. Ça veut dire que tu as le droit de choisir. »
41. Et Abraham dit : « Je choisis vraiment qui je veux, Seigneur ? »
42. Et l'Éternel dit : « Vraiment. Car tu as le libre arbitre. »
43. Et Abraham dit : « Et ce libre arbitre, Vous me le donnez pour toujours ? »
44. Et l'Éternel dit : « Pour toujours. Maintenant, sais-tu ce qu'on fait, Abraham, quand on est un bon petit Abraham qui a son libre arbitre et qu'on aime bien l'Éternel son Dieu ? »
45. Et Abraham dit : « Voyons voir. »

46. Et l'Éternel dit : « Eh bien, on dit à l'Éternel : ''Tenez, Éternel, voici. Vous m'avez donné le libre arbitre, c'est-à-dire que j'ai le droit de choisir en toute liberté. Eh bien, en toute liberté je choisis de Vous rendre mon libre arbitre, et de refuser la liberté, et de ne faire que ce qu'il Vous plaira.'' Ça, ça serait un bon petit Abraham ! »

47. Et l'Éternel dit encore : « Et sais-tu ce qui leur arrive, aux bons petits Abraham ? Il leur arrive que leurs troupeaux s'empilent jusqu'aux étoiles, que leurs moutons ont tous cinq pattes, que leurs vaches donnent du chocolat tout chaud et de la glace à la pistache, que leurs poules pondent des rubis, des diamants et de jolis presse-papiers en verre avec une fleur dedans, que leur postérité n'est que de rois, de conquérants et de fonctionnaires payés au mois avec la retraite au bout, que leurs vieilles Sarah meurent quand elles commencent à sentir mauvais et qu'elles sont remplacées par des vierges de miel et de crème. Enfin, tu vois, des choses comme ça. »

48. Et Abraham dit : « Je vois. Maintenant, supposons — attention, je dis : supposons —, supposons un petit Abraham qui dirait : On peut causer, Seigneur. Il y a peut-être moyen de s'arranger, hein ? De couper la poire en deux, un peu de bonne volonté de part et d'autre, ce genre de choses... »

49. Et l'Éternel dit : « Il aurait tout à fait le droit de parler ainsi. C'est le libre arbitre. Seulement, naturellement, il se débrouillerait tout seul avec la fièvre aphteuse, et avec les voleurs, et avec l'incendie, et avec la famine, et avec le phylloxéra, et avec la petite vérole, et avec les

Philistins, et avec l'ulcère variqueux, et avec les scènes de ménage. Comme les copains. Y'a pas de miracle. »

50. Et Abraham dit : « C'est Votre dernier mot, Seigneur ? »

51. Et l'Éternel dit : « C'est. »

52. Et Abraham dit : « Vous êtes dur, en affaires, Seigneur. »

53. Et l'Éternel dit : « Je suis. »

54. Et Abraham dit : « Que Votre volonté soit faite, Seigneur. »

55. Et l'Éternel dit : « Merci pour la permission.

56. Et maintenant, va. Prends Isaac et emmène-le au pays de Morija afin de Me l'offrir en holocauste sur une montagne que Je te désignerai. »

57. Cependant Abraham ne partait pas, et il se grattait la tête, et l'on voyait bien que quelque chose le troublait dans son cœur. A la fin, il dit : « Et Sarah, Seigneur ? »

58. Et l'Éternel dit : « Quoi, Sarah ? »

59. Et Abraham dit : « Que dirai-je à Sarah, la mère d'Isaac ? »

60. Et l'Éternel dit : « Ça, c'est ton problème. »

61. Et Abraham dit : « On voit bien que Vous n'êtes pas marié, Seigneur. » Et puis il s'en alla en donnant des coups de pied aux cailloux du chemin.

●

1. Abraham, donc, s'étant levé de bon matin, bâta son âne et ordonna à Isaac de se préparer.

2. Et il dit à Isaac de fendre du bois, et il mit le bois sur les épaules d'Isaac, et il y mit aussi quelques grosses pierres bien commodes sur lesquelles il avait l'habitude de procéder aux sacrifices, et il accrocha à sa ceinture le grand couteau à sacrifices, et il prit du feu dans un petit pot de terre, et ils se mirent en route, l'âne portant Abraham, Isaac marchant derrière.

3. Or Sarah vit cela, et elle demanda : « Où emmènes-tu l'enfant ? »

4. Et Abraham dit : « Je le trouve un peu pâlot, ces temps-ci. Je l'emmène faire un petit tour, respirer le bon air, tout ça, quoi. »

5. Et Sarah dit : « Fais bien attention. Surtout qu'il ne marche pas dans les flaques, il est si fragile. Et toi, Isaac, n'oublie pas ton cache-nez, mon mignon. Prends garde aux courants d'air. Regarde soigneusement à droite et à gauche avant de traverser le désert, ces caravanes vont comme des folles. N'oublie pas qu'un troupeau de moutons peut en cacher un autre. Attention aux sables mouvants : marche toujours derrière ton père. S'il s'enlise, bouche-toi les oreilles et reviens vite me dire de ne mettre que deux couverts. Ne tire pas les sonnettes des serpents. Si tu rencontres un tigre, salue-le poliment. Si tu marches sur la queue d'un crocodile, ne te trompe pas de bout. Si tu vois un scorpion, mords-le le premier. Attention à la constipation. Fuis les femmes aux bijoux, celles qui rendent fou, ce sont des enjôleuses. Prends garde aux flots bleus qui font pleurer les mères. Mâche bien tes aliments. Tiens-toi droit. N'urine jamais contre le vent. Viens ici que je

compte tes cheveux. S'il en manque un seul à ton retour, ton père en entendra parler. Allez, et amusez-vous bien. »

6. Et Sarah les regarda partir, et elle se tenait debout devant la porte, et elle tenait dans ses mains le gros rouleau de bois de cèdre odoriférant des monts du Liban avec lequel elle aplatissait la pâte des pains sans levain, et elle ne bougea plus de là jusqu'au retour d'Abraham et d'Isaac.

●

1. Au troisième jour, Abraham, levant les yeux, vit au loin le lieu où ils allaient.

2. Alors ils commencèrent à gravir la montagne. Et Isaac avait chaud, et l'âne aussi avait chaud. Et Isaac dit : « Mon père, j'ai chaud. » Et l'âne ne dit rien.

3. Cependant Isaac pensait ceci dans son cœur : « Je vois bien que mon père va offrir un sacrifice à l'Éternel. Voici le bois, voici le feu, voici le couteau, voici les pierres de l'autel. Mais les rats de la vieillesse ont rongé le fromage de sa mémoire, et voilà : il a oublié d'emporter le principal, c'est-à-dire la victime consacrée. Et moi, je ne lui dirai rien. Et quand nous serons arrivés au lieu du sacrifice, il s'apercevra de cela, et il arrachera les poils de sa barbe, et alors je rigolerai bien. » Et l'espiègle Isaac pouffait de sa bonne farce.

4. Or ils arrivèrent au lieu désigné par l'Éternel. Et Abraham bâtit l'autel, et il disposa le bois. Cependant Isaac pouffait de plus en plus fort, et il avait beaucoup de mal à empêcher son rire d'éclater à la face du ciel.

5. Puis Abraham prit Isaac, et il le lia avec un lien solide, et il le coucha sur le bois. Alors Isaac rit tellement qu'il ne lui fut plus possible de se contenir, et son rire éclata, et il effraya un vautour qui s'était perché sur sa tête pour être là le premier afin de gober les yeux. Car c'était un vautour délicat.

6. Puis Abraham saisit le couteau, et il cracha sur la lame, et il l'affûta soigneusement sur une des pierres de l'autel. Alors le rire d'Isaac devint un formidable rire, et ce rire roula par les montagnes comme le tonnerre de l'Éternel.

7. Et, entendant ce rire, les oiseaux du ciel se mirent à rire aussi, et ils se convulsèrent de rire et tombèrent sur la terre, et les lapins se roulèrent de rire et dévalèrent la pente jusque dans la mer, et les poissons se noyèrent de rire, et le serpent se noua de rire, et les cailloux se fendirent de rire, et la banane s'éplucha de rire, et la datte se dénoyauta de rire, et l'ours fit pipi de rire dans sa fourrure, et les animaux ruminants entassèrent du rire dans leur estomac à double fond pour se le ruminer tranquillement le soir à l'étable, et la reine des abeilles proclama qu'un bon rire vaut un pot de miel.

8. Or toute la Création riait à cause du rire d'Isaac, sauf trois personnes qui ne riaient point. Et voici qui étaient ces trois-là :

9. D'abord il y avait Abraham. Et Abraham ne riait point car il courait tout autour d'Isaac, et il levait le couteau du sacrifice, et il criait : « Comment veux-tu que je t'égorge proprement si tu remues tout le temps ? Cesse de remuer immédiatement ou je te flanque une gifle ! »

10. Et puis il y avait l'âne. Et l'âne ne riait point car il pensait dans son cœur d'âne : « Bof... Tout ça, c'est de ces petites agaceries entre les hommes et leurs dieux, et au bout du compte le petit merdeux ne sera pas sacrifié, et le dieu de ce vieux con enverra un ange pour arrêter son bras, et l'ange substituera une autre victime à la place du petit merdeux, et c'est encore une bête innocente qui en fera les frais, et comme je n'aperçois parmi ces cailloux aucune bête innocente et de taille avantageuse sinon moi-même, je ne trouve vraiment pas qu'il y ait de quoi rire. »

11. Et puis il y avait l'Éternel. Et l'Éternel pensait dans Son cœur : « Pourquoi ce petit merdeux rit-il bêtement, au lieu de trembler, et de suer d'angoisse, et de crier "Maman !", et de faire ses besoins sous lui ? Une victime sans larmes, c'est comme du veau sans moutarde. Et puis, ce vieux con n'a aucun sens de la pompe ni de la majesté qui conviennent à ces choses. J'aime les belles cérémonies, Moi. Si on retire la poésie, la liturgie, l'encens, la musique, toutes ces petites attentions charmantes, qu'est-ce qui reste ? Un abattoir, voilà ce qui reste. Pouah, ce gâchis M'a coupé l'appétit. »

12. Et l'Éternel appela un ange qui traînait par là, et il lui dit : « Fais-Moi cesser cette cochonnerie. Immédiatement. Exécution. »

13. Et l'Éternel tourna le dos, et Il s'en alla, par là, faire pousser un cancer très joli sur l'œil d'une fiancée.

●

1. Alors l'ange de l'Éternel cria du haut des cieux, disant : « Abraham ! Abraham ! » Et Abraham répondit : « Qu'est-ce que c'est encore ? Vous ne voyez pas que je suis occupé ? »

2. Et il continua à frapper de son couteau pour atteindre le cou d'Isaac, et il frappait comme un fou, et Isaac riait et gigotait, et les coups de couteau tombaient à côté, et Abraham jurait, et écumait, et blasphémait, et s'arrachait la barbe, et sous son couteau les bûches volaient en blonds copeaux.

3. Enfin l'ange de l'Éternel lui arrêta le bras, et il lui dit : « Ça va comme ça ! L'Éternel me dit de te dire qu'Il est satisfait. Ce n'est pas ta faute si tu n'as pas réussi, car le cœur y était. »

4. Et Abraham dit : « L'Éternel est bien bon, mais moi j'ai fait tout ce chemin pour Lui offrir un sacrifice, et maintenant je ne vais pas m'en retourner comme ça. » Et il regarda autour de lui, et l'âne se dit dans son cœur : « Ça y est. Ça va être ma fête. »

5. Mais l'ange de l'Éternel dit à Abraham : « Regarde dans ce buisson. Il y a une surprise pour toi. » Et Abraham regarda, et voici : il y avait un bélier qui s'était empêtré les cornes dans le buisson. Et Abraham prit le bélier, et il l'offrit en holocauste.

6. Et l'âne, de soulagement, fit trois braiements, trois ruades et trois pets.

7. Alors l'Éternel Dieu apparut à Abraham, et Il lui dit : « C'était pour rire, Abraham. Ce que Je peux être taquin ! » Et Abraham dit : « Merci, Seigneur, de ne m'avoir pas fait sacrifier l'âne. Il aurait fallu que je rentre à pied. »

8. Cependant le petit Isaac ne riait plus. Il pensait

des choses dans sa tête, et son sourcil était froncé, et son œil était noir.

9. Et l'Éternel dit encore à Abraham : « Parce que tu n'as point épargné ton fils unique, Je te bénirai, et Je te donnerai encore plus de troupeaux, et Je multiplierai ta postérité, et Je te livrerai tes ennemis..., enfin, toute la verroterie. »

10. Et Abraham fut fier, parce que son fils voyait comme il avait de belles relations et comme il était bien noté par ses supérieurs.

11. Et Isaac dit : « C'est vrai, Seigneur, Vous lui avez demandé ça ? »

12. Et Abraham dit : « Voyons, Isaac, on ne questionne pas le Seigneur Dieu ! Ne parle que si le Seigneur daigne t'interroger. Veuillez l'excuser, Seigneur ! »

13. Et l'Éternel dit à Isaac : « C'est vrai. Je lui ai demandé ça. »

14. Et Isaac dit encore : « Et il l'a fait ! »

15. Et l'Éternel dit : « Il l'a fait. »

16. Et Isaac racla sa gorge, et il cracha à la face de son père, et c'était un crachat fort épais, et il y avait du vert au milieu.

17. Et Abraham s'essuya, et il dit à Isaac : « Est-ce que tu cherches à me faire comprendre quelque chose, mon fils ? »

18. Et Isaac déjà s'en allait par le chemin, et Abraham le suivit sur l'âne, et il pensait à ses moutons qui étaient restés tout un jour sans être comptés, et ce fut la fin d'une bonne journée au grand air.

CHAPITRE 8

> *RÉSUMÉ DES CHAPITRES PRÉCÉDENTS.*
> *En sacrifiant Isaac pour se faire bien voir*
> *de Dieu, Abraham s'est retourné un ongle.*
> *Mais il va mieux, maintenant.*

1. Or l'Éternel fut satisfait parce qu'Abraham n'avait pas hésité à lui sacrifier Isaac, son fils unique, la chair de sa chair,
2. Et le miel des bienfaits de l'Éternel coula avec plus d'abondance encore sur la tête d'Abraham.
3. Et pour commencer, Sarah, l'épouse d'Abraham, mourut. Or c'était une femme juste et craignant Dieu, et jamais elle n'avait pratiqué la fornication entre les bras d'un autre homme, sauf avec l'accord de son mari et dans l'intérêt du ménage,
4. Et elle savait exactement combien de temps il convient de laisser cuire un œuf à la coque,
5. Et aussi combien de coups de tisonnier il convient de donner à la servante effrontée qui promène ses seins odorants sous le nez des patriarches fondateurs de races et de postérités.

6. Et Abraham pleura Sarah. Il la pleura tout un jour, et à la nuit il s'endormit. Mais, lorsque vint le deuxième jour, il recommença à pleurer juste à l'endroit où il s'était arrêté.

7. Or Abraham était dans la pétulance de ses cent cinquante printemps, et il avait coutume de pratiquer le coït tous les trois ans, jour pour jour, pleuve ou vente.

8. Et justement, le deuxième jour était le jour du coït d'Abraham.

9. Et Abraham sentit dans ses veines bouillir l'ardeur de son sang, et sous sa robe bander leurs ressorts les catapultes de la génération.

10. Et il se dit dans son cœur : « Or voici. La source de vie n'est point tarie en moi,

11. Et mes reins chantent au clair de lune comme deux tourterelles sur une branche de lilas,

12. Et mon membre bondit et retombe comme la gazelle que l'on a liée au piquet de la tente par les pattes de derrière,

13. Et sa tête charmante heurte mon ventre comme la branche de jasmin balancée par la brise heurte la fenêtre de la fiancée,

14. Et mes œufs débordent d'une semence généreuse,

15. Et entre mes cuisses se balancent des peuples innombrables et des nations industrieuses,

16. Et des cités aux mille coupoles, et des vainqueurs aux fiers cimiers,

17. Et des danseuses ruisselantes de poudre d'or et d'impudicité,

18. Et des têtes de philosophes couronnées de roses et fraîchement coupées,

19. Et des expositions universelles, et des concours de pêche à la ligne, et des grandes ventes-réclames,

20. Et des civilisations riches en arts, en lettres, en vertus et en sauces qu'on laisse longuement réduire à feu doux et qui donnent aux rots des parfums somptueux et décadents.

21. Tout cela. Or ces gens-là, les étranglerai-je avant même qu'ils n'aient été conçus ? Tiendrai-je avaricieusement serrés les cordons des bourses de la fécondité ?

22. Et n'est- il point gravement coupable aux yeux de l'Éternel, celui qui laisse sa semence s'aigrir en lui et tourner au vinaigre ?

23. Et ne voit-il pas sa verge se flétrir et sa face se couvrir de boutons ? »

24. Alors, vers le milieu du jour, Abraham prit une autre femme, et elle se nommait Kéturah, c'était là son nom.

25. Et Abraham s'alla coucher avec Kéturah, et ils firent ce qu'ils firent, et au matin il pleurait encore, mais d'un œil seulement.

26. Car Kéturah avait les joues douces et les cuisses fraîches, et les scorpions n'avaient point fait leur nid dans les plis de son ventre,

27. Et ses seins étaient lourds, et ils sentaient bon, et ses aisselles aussi sentaient bon, mais plus fort, et aussi son sexe.

28. Or, tout cela, Abraham le savait, car Kéturah était auparavant une servante d'entre les servantes de la maison d'Abraham,

29. Et malgré les marques cuisantes du tisonnier dans sa tendre chair, elle n'avait jamais perdu courage.

30. Et voici : en ce jour, Kéturah était l'épouse d'Abraham, et elle était aussi la maîtresse des tentes innombrables, et des troupeaux infinis, et des petites cuillères en argent.
31. Et il a bien raison, le sage, quand il dit : « Aide-toi, l'Éternel t'aidera. »
32. Et il n'a pas tort non plus, le poète, quand il chante, en s'accompagnant sur le bânh-djôh mélodieux, ces stances bien rythmées :
33. « Plus puissante que l'éléphant, plus dure que le granit, plus impétueuse que le bélier, plus trapue que le cèdre trois et trois fois centenaire, plus rouge que le coquelicot, plus violette que la violette, plus éclatante que l'airain bien astiqué, plus sombre que l'aubergine en sa maturité glorieuse, telle est la verge du jouvenceau à son printemps,
34. Mais c'est sur la verge fripée du vieillard que l'avisée construit le palais splendide du repos de ses vieux jours,
35. Tag-tagada-tsoin, hur, hur ! »

●

1. Et Kéturah conçut d'Abraham, et elle enfanta Zimrânh, Joksçânh, Médânh, Madiânh, Jysçbak et Sçuah.
2. Et Joksçânh engendra Sçébah et Dédânh, et Dédânh engendra Assçurim, Létusçim et Léummim.
3. Et les enfants de Madiânh furent Hépha, Hépher, Hanoch, Abidah, Eldaha.
4. Or tous ceux-là étaient assis en rond, et ils attendaient en mangeant des pastèques qu'Abraham mourût, afin de se partager l'héritage.

5. Mais Abraham portait encore en lui des années plus nombreuses que les trous dans la robe de celui qui s'est assis sur un porc-épic,

6. Et de toute façon il avait résolu dans son cœur de laisser tout son bien à Isaac.

7. Mais cela, il ne l'avait dit à personne, et surtout pas à Kéturah, son épouse,

8. Et surtout pas aux fils issus de Kéturah, ceux qui attendaient assis en rond et qui crachaient les pépins des pastèques dans un grand chaudron d'airain en faisant le bruit d'une grosse pluie. Ceux-là n'auraient pour toute fortune et héritage que leurs noms à coucher dehors, et tant pis pour eux.

9. Et Kéturah, chaque soir, lavait les pieds las d'Abraham dans l'eau limpide, et cette eau sanctifiée elle la mettait de côté pour la soupe, et elle essuyait les pieds d'Abraham de ses longs cheveux soyeux, et elle lui cuisinait des petits pâtés très bons et faciles à mâcher même sans dents, la pauvre conne.

●

1. Un jour d'entre les jours, Abraham fit venir devant lui le plus ancien des serviteurs de sa maison, et il lui dit ceci :

2. « O Eliézier, serviteur fidèle, apprends quel est le souci de mon cœur et l'insomnie de mes nuits.

3. Mon petit Isaac, mon fils préféré, m'a posé dernièrement certaines questions au sujet des fleurs, des papillons et des choux où poussent les bébés. Or, cela donne à penser à mon cœur de père.

4. Car je vois bien que son âme innocente s'ouvre au grand mystère de la Création, et je pense que le temps est venu de l'instruire, quoique avec prudence, sur ces choses, car voilà qu'il va sur ses quarante ans,

5. Et aussi qu'il serait bon de songer à le marier.

6. Or il n'est point question qu'il épouse une fille de par ici. Car ce sont des impudiques et des fornicatrices, et de cela je puis témoigner, car à toutes j'ai proposé la fornication, et toutes, les impubères et les édentées, de la Mer Morte jusqu'à la Mer Bleue, ont accepté ma fornication, et même plusieurs m'ont un peu aidé.

7. Donc, va jusqu'au lointain pays où je suis né, la Mésopotamie où sont encore ceux de ma race. Dis-leur qu'Abraham, fils de Taré, a réussi dans la vie, et demande pour son fils la fille la plus belle et la plus riche.

8. Va, et choisis-la avec grand soin, et regarde dans sa bouche si ses dents sont solides, et par l'examen attentif de son linge intime devant la fenêtre, assure-toi qu'elle est tout à fait vierge, et n'omets point de mordre chaque écu de sa dot pour savoir s'il n'est pas en plomb.

9. Va donc, mon fidèle serviteur, et bois une gorgée d'eau avant de partir, car la route sera longue. »

10. Alors Eliézer mit sa main sous la cuisse d'Abraham, et il la posa sur la virilité d'Abraham, et il fit le serment de lui obéir en tous points.

11. Et il prit dix chameaux d'entre les chameaux d'Abraham, et il se mit en route.

12. Or Eliézer était bien vieux, et le chameau lui donnait mal au cœur. Et dès qu'il eut tourné le

coin, il demanda à une vieille femme qui urinait debout au milieu du chemin si c'était là la Mésopotamie.

13. Or il mangeait en même temps des châtaignes trop chaudes qui lui brûlaient la bouche, et cela gênait un peu son élocution, et la vieille crut que ce vieillard propriétaire de dix chameaux lui proposait la fornication.

14. Elle répondit donc : « Certainement, mon beau seigneur. Dis seulement à ton chameau de se baisser un peu afin que je puisse te rejoindre. »

15. Or elle mâchait tout en parlant quelques cacahouètes, douze bananes, huit œufs, deux mesures de farine, une poignée de dattes, trois harengs fumés et une tête de mouton rôtie aux pistaches, car cette vieille femme était une voleuse, et elle venait de dérober tout cela à l'étalage du marchand, et elle avait tout enfoui dans sa bouche, et elle se dépêchait de mâcher et d'avaler afin qu'on ne puisse le lui reprendre, et cela gênait un peu son élocution, et Eliézer crut qu'elle lui avait répondu « oui ».

16. Et comme justement Eliézer avait décidé d'entendre « oui », cela tombait tout à fait bien.

17. Eliézer se réjouit dans son cœur d'être déjà arrivé en Mésopotamie. Il trouva que c'était un très beau pays et il réfléchit au moyen de découvrir la jeune fille la plus propre à satisfaire son maître sans avoir vraiment à se fatiguer.

18. Or voici ce qu'il fit. Il alla près d'un puits, et c'était l'heure où les filles s'y rendaient pour puiser de l'eau.

19. Et il dit : « O Éternel, fais que la jeune fille à qui je dirai : Baisse un peu ta cruche afin que

je boive ; et qui me répondra : Bois, et que tes chameaux boivent aussi,

20. Fais, ô Éternel, que cette jeune fille soit celle que Tu destines à Isaac, et fais qu'elle ne tarde pas à venir,

21. Afin que je puisse rentrer me coucher. »

22. Et avant qu'il eût achevé de parler, voici : Rébecca, fille de Bathuel, fils de Milca, femme de Nacor, sortait, portant sa cruche sur l'épaule.

23. Et elle emplit sa cruche. Alors Eliézer courut au-devant d'elle, et il lui dit : « Donne-moi, je te prie, un peu d'eau de ta cruche à boire. »

24. Et Rébecca fut étonnée, car l'eau du puits était à tout le monde, et ce vieillard à la barbe pleine de jaune d'œuf avait une gourde à la ceinture, et personne ne l'empêchait de se servir lui-même.

25. Et elle se dit en elle-même : « Certainement c'est quelque bonne fée déguisée en vieux dégoûtant, et ceci est une épreuve. Si je refuse, elle me changera en crapaud. Si je lui verse à boire, elle me fera présent d'un prince charmant, ou d'un anneau avec un joli colifichet pour y accrocher mes clefs. »

26. Alors Rébecca inclina sa cruche sur son épaule, et elle versa l'eau dans la bouche d'Eliézer en disant : « Bois, bon vieillard. Que cette eau te soit propice, te fasse le nez comme j'ai la cuisse... »

27. Et Eliézer répondit : « ... Et le menton comme j'ai le croupion. » Car il connaissait les bonnes manières.

28. Or Eliézer ne se changeait pas en bonne fée, et Rébecca, dans son cœur, se dit « Bof ! », et elle fut pour s'en aller. Alors Eliézer lui dit :

29. « O jeune fille, supposons que tu me dises : Bon vieillard, tes chameaux aussi ont soif. Je vais leur verser de ma blanche main. » Et Rébecca dit : « Mais, ô bon vieillard, tes chameaux n'ont qu'à boire dans l'abreuvoir, comme font les chameaux. »

30. Et Eliézer dit : « O jeune fille, mettons que ce soit un caprice. Dis-le, je t'en prie. » Alors Rébecca dit « Bof ! » et puis elle dit : « O bon vieillard, tes chameaux aussi ont soif. Je vais leur verser de ma blanche main. »

31. Et Eliézer dit : « Eh bien, voilà ! Maintenant, ô jeune fille, verse-leur de ta blanche main. » Et Rébecca voulut répondre : « Non mais, ça va pas ? », mais elle avait un peu peur du bâton d'Eliézer et elle versa l'eau aux chameaux.

32. Alors Eliézer se prosterna, et il rendit grâces à l'Éternel qui avait exaucé sa prière, et il se fit conduire à la maison des parents de Rébecca, et il demanda Rébecca en mariage pour Isaac, et il dit qu'Isaac aurait tant et tant de chameaux, et tant et tant de moutons, et de tentes, et de serviteurs, et la moitié des petites cuillères en argent.

33. Et les parents de Rébecca dirent : « Faut voir », mais c'était seulement pour ne pas avoir l'air d'être contents d'avoir casé leur fille, et à la fin, ils dirent : « Tope-là. »

34. Mais Eliézer dit : « Minute ! », et il ouvrit la bouche de Rébecca pour examiner ses dents, et il monta sur le dos de Rébecca pour éprouver ses reins, et il frappa le genou de Rébecca pour apprécier ses réflexes, et il donna un coup de poing dans le ventre de Rébecca pour se faire plaisir, et il soupesa les mamelles de Rébecca,

et il palpa la croupe de Rébecca, et il renifla le linge de Rébecca, et il fit courir Rébecca autour de la cour, et il mit son doigt dans ses yeux pour voir si elle n'avait pas un œil de verre, et il lui demanda « Deux et Deux ? », et il lui fit cuire un mouton, et laver une lessive, et égorger un cochon, et accoucher une vache, et poser des ventouses, et aider un ivrogne à vomir, et laver ses pieds à lui avec des huiles parfumées, et les sécher de ses longs cheveux, et danser des danses lascives, et ramasser une épingle sans plier les genoux, et éteindre un incendie, et extraire les épines d'entre les orteils sans chatouiller, et garder son honneur parmi les tentations de la luxure, et jouer du luth tout en touillant la soupe, en changeant les langes du bébé et en mâchant les bouchées de nourriture avant de les glisser dans la bouche du bon vieux serviteur de la famille devenu édenté par l'âge.

35. Et Rébecca ayant excellemment satisfait à tout, Eliézer dit « Tope là », et il lui fit présent d'un gros bracelet d'or et de pierres précieuses d'un travail exquis, et tellement lourd que, lorsqu'on l'avait au poignet, il fallait marcher avec un chameau près de soi pour poser le bras dessus.

36. Et Rébecca pensa dans son cœur que finalement elle avait à la fois le prince charmant et le porte-clefs, et elle pardonna à Eliézer de garder son apparence de vieux sale.

37. Et ils s'en furent ensemble dans la maison d'Abraham, et quand Isaac vit sur le chameau la belle fille qu'on lui apportait pour lui tout seul, il se trémoussa à la limite du trémoussement, et sa longueur rentra dans sa largeur, et

ses oreilles battirent comme les cils de la biche émue,

38. Et il courut trois fois autour de la cour, et il barrit comme l'éléphant en rut, et il marcha sur les mains, et il grimpa au plafond, et il mangea un rideau de velours, et il frappa le sol avec son derrière, et il courut se cacher dans le puits,

39. Et puis il vint devant Rébecca, et sa face était rouge comme le soleil quand il se couche derrière le mont Hermon, et il tortillait le coin de sa robe autour de son doigt,

40. Et sa virilité soulevait sa robe par-devant, et c'était comme l'étendard qui marche fièrement à la tête des armées.

41. Alors Abraham leur donna sa bénédiction, et Isaac emporta Rébecca dans la tente de Sarah, sa défunte mère, et il advint ce qu'il advint.

CHAPITRE 9

RÉSUMÉ DES CHAPITRES PRÉCÉDENTS. Depuis quelques chapitres, les aventures de Dieu ont tendance à se confondre avec les petites bisbilles de famille du père Abraham et de ses descendants. Tout ça sent la soupe aux poireaux et le pipi de chat. Dieu semble perdre le sens de la grandeur. Les divines facultés de notre héros auraient-elles baissé ? Saura-t-il se ressaisir à temps ?

1. Tout le temps que vécut Abraham fut de cent soixante et quinze ans.
2. Et puis il mourut, à la surprise générale. Et voilà pour lui.
3. Cependant Rébecca, la femme d'Isaac, était stérile. Alors Isaac alla prier l'Éternel,
4. Et l'Éternel dit quelque chose à l'oreille d'Isaac, et Isaac rougit,
5. Et le soir il dit à l'oreille de Rébecca ce que l'Éternel lui avait dit, et Rébecca rougit,
6. Et elle dit à Isaac : « Je te l'avais bien qu'il me semblait que ce n'était pas par là. Mais tu es plus têtu qu'un mulet... »

7. Et Rébecca ne fut plus stérile. Et elle conçut.

8. Or les enfants se pressaient dans ses flancs en grande turbulence, et l'on voyait leurs têtes courir sous la peau de son ventre comme des petits chats sous un tapis.

9. Et lorsque fut venu le temps d'accoucher, voici : il sortit d'abord de son ventre une grosse chenille rouge,

10. Et tous ceux qui étaient là vomirent, et leur sang se changea en yaourt, et devant leurs yeux le jour devint sale,

11. Et la sage-femme dit que c'était bien la première fois dans toute sa carrière qu'elle voyait une chose aussi choquante,

12. Et pourtant elle avait accouché des dames autrement distinguées, et même la femme d'un fonctionnaire de l'Enregistrement, une fois,

13. Et que c'était vraiment pas la peine de faire tant la fière pour venir couper la digestion aux honnêtes gens avec des horreurs pareilles,

14. Et que si elle avait su elle se serait fait payer d'avance, et qu'en tout cas c'était pas compris dans le forfait,

15. Et que sûrement ça allait lui redonner une poussée d'eczéma, vu que les émotions c'était tout ce qu'il y avait de mauvais pour son allergie, même qu'elle prenait un bain de pieds bien chaud tous les soirs avec du gros sel dedans et un verre de vinaigre, y a rien de tel pour vous faire redescendre le sang de la tête quand on est toute la journée dans les responsabilités comme voilà elle.

16. Or cette chose sortie du ventre de Rébecca était un nouveau-né, mais ce nouveau-né était

très gros, et il était couvert de longs poils, et ces poils étaient excessivement roux,

17. Si bien que l'on aurait dit un ourson gourmand tombé dans la bassine de confiture de groseilles,

18. Et puisque la sage-femme ne s'occupait pas de lui, il sortit tout seul, à quatre pattes, en chantant une chanson à boire.

19. Et derrière celui-là en sortit un autre, et c'était son frère jumeau, et il tenait dans sa main le talon du premier. C'est pourquoi on l'appela Jacob, ce qui signifie : « Celui qui tient Esaü par le talon ».

20. Et le premier, le roux, fut appelé Esaü, ce qui veut dire : « Celui que Jacob tient par le talon ».

●

1. Puis les années passèrent, et les enfants grandirent.

2. Or Esaü devint un habile chasseur devant l'Éternel, et tout le jour il courait la campagne sur les traces du gibier, et son flair infaillible savait très bien différencier les petites crottes noires de la biche aux tendres cuisses et les bouses marécageuses du rhinocéros à la corne aiguë, mais naturellement il n'avait aucun mérite à cela puisque c'était son métier.

3. Et lorsqu'il s'approchait des villages, les petits enfants couraient se cacher sous les jupes de leurs mères, car il était velu comme l'aurochs, et rouge comme le fruit du gratte-cul, et fort comme un deuxième aurochs, et mal embouché comme un prêtre qui vient de trouver un sou de plomb dans le tronc des pauvres,

4. Et l'odeur de sa transpiration était puissante, et vers le déclin du jour elle foudroyait en plein vol l'aigle royal au plus haut des cieux, et la pauvre bête s'abattait comme un sac de noix en soupirant : « A vue de nez, il doit être dix-sept heures... » C'étaient là ses ultimes paroles.

5. Mais Esaü ne savait rien de tout cela, et il se croyait très beau, car il était très bête. Et alors, bon, il était plutôt heureux.

6. Quant à son frère Jacob, il préférait rester au frais dans la cuisine à se préparer des petits plats délicats, car il était un peu porté sur la bouche.

7. Or Isaac, leur père, avait une préférence pour Esaü le chasseur, car Esaü lui rapportait du gibier de toute sorte, et Isaac aimait la venaison, surtout bien faisandée.

8. Et tout autour de la tente d'Isaac mûrissaient jour après jour sur des piquets bien droits le cuissot de daim et le râble d'antilope, et aussi le cou de girafe, et aussi la langue de rossignol, et aussi la cuisse de grenouille.

9. Et le peuple innombrable des mouches à viande bourdonnait son chant d'amour, et cela faisait dans le soleil comme une riche coupole aux reflets d'or et d'émeraude,

10. Et dans la nuit pleine d'étoiles on entendait tout à coup les mouches copulantes et disciplinées pousser bien ensemble le cri du grand orgasme des mouches,

11. Et dès l'aurore, par millions, les asticots aux yeux rieurs jouaient à leurs jeux innocents.

12. Et puis venait le jour d'entre les jours où la viande tombait toute seule sur la terre, et cela signifiait qu'elle était juste à point, et Isaac la

faisait cuire avec du vin et des petits oignons, et il se régalait.

13. Voilà pourquoi Isaac aimait Esaü.
14. Mais Rébecca n'aimait pas Esaü, car son foie lui posait des problèmes. Et puis Esaü allait toujours dans des endroits pleins de boue et d'épines, et il salissait et déchirait ses vêtements, et il fallait toujours laver et repriser pour lui,
15. Alors que son autre fils Jacob restait à la maison et aidait gentiment sa maman à écosser les petits pois. C'est pourquoi Rébecca aimait Jacob.
16. Or, un soir d'entre les soirs, Esaü rentra de la chasse, et il rampait sur le ventre, car il était fort las,
17. Et sa langue pendait hors de sa bouche, et elle était couverte de poils, car il avait fort soif,
18. Et l'on entendait de loin quelque chose dans son ventre claquer avec force comme le bec de la cigogne en colère, et cette chose était son estomac, et il était vide.
19. Or, ce jour-là, Jacob s'était préparé un plat de lentilles au jus, et il l'avait laissé sur le coin de la table juste le temps d'aller chercher quelque chose de frais à boire, et un rat était venu pour goûter aux lentilles, et il était tombé dedans, et il s'était noyé, et sa queue dépassait, et Jacob avait trouvé cela en revenant, et il n'avait plus eu envie de lentilles, et il avait pris le plat pour aller jeter les lentilles et le rat sur le tas de fumier, et voici : juste à ce moment, Esaü entra.
20. Et Esaü vit entre les mains de son frère le plat de lentilles, et il lui dit : « Donne-moi, je te

prie, de ces lentilles, mon frère, car si je ne mange pas je vais mourir. »

21. Et Jacob répondit : « Certainement, ô mon frère. De tout cœur et en toute amitié. Je ne laisserai pas mon frère mourir de faim. As-tu de quoi payer ? »

22. Et Esaü répondit : « Non. Car ma chasse fut mauvaise et je rentre bredouille. »

23. Et Jacob répondit : « C'est dommage. Je suis sûr que je te regretterai. » Et il continua son chemin pour aller jeter les lentilles sur le fumier.

24. Et soudain Jacob s'arrêta, et il se retourna, et il dit à Esaü : « Mais si, tu as de quoi payer ! » Et il dit encore : « Tu es mon aîné. C'est toi qui dois hériter de notre père. Vends-moi ton droit d'aînesse et les lentilles sont à toi. »

25. Et Esaü commença à réfléchir très fort dans sa tête, car il ne comprenait pas du premier coup les choses compliquées, alors Jacob lui dit : « Dépêche-toi de te décider si tu veux les manger avant qu'elles ne soient tout à fait froides. »

26. Et Esaü répondit : « O mon frère, que tu es bon, et que ton esprit est agile ! Voici : il n'y avait pas de solution, et j'allais mourir, et toi tu en as trouvé une parce que tu m'aimes ! »

27. Et Jacob dit : « Ne parle point tant, ô mon frère. Dis seulement oui ou non. » En même temps, il tenait le plat au-dessus du fumier, et il commençait à verser.

28. Alors Esaü dit : « Arrête, mon frère ! Je dis oui ! Arrête mon frère ! Je dis oui ! Arrête mon frère ! Je dis oui ! » et comme cela encore douze fois.

29. Et Jacob dit : « Jure-le. » Et Esaü jura. Et Jacob dit : « Lève la main et crache. » Et Esaü leva la main et sa salive tomba comme un caillou, car elle était fort sèche.
30. Et Jacob dit : « Croix de bois, croix de fer, si tu mens tu vas en enfer. »
31. Et il dit encore : « Quatre à quatre à la charrue — Quand on donne on ne rend plus — Le bon Dieu l'a défendu — Si ma tête est malade, cause à mon cul. »
32. Et puis il donna le plat de lentilles à Esaü, et Esaü mangea, et but, et rota, et se torcha la bouche de son bras, et se cura les dents avec la queue du rat.
33. Et puis il s'en alla, et il pensait dans son cœur qu'il avait bien possédé son frère Jacob, car ce petit intrigant avait cru lui vendre des lentilles contre son droit d'aînesse, et il ne savait pas qu'il y avait un rat dans les lentilles, et Esaü avait eu les lentilles et le rat pour le même prix, et ça c'était une vachement bonne affaire, tiens.
34. Et Esaü riait tout seul le long du chemin, et Jacob aussi riait tout seul, et l'Éternel, du haut des cieux, Se demandait ce qu'ils avaient tous à être contents comme ça, et sûrement ce n'était pas naturel, et ils avaient dû encore faire le mal.
35. Et Il pensa dans Son cœur qu'un petit machin genre Sodome et Gomorrhe ne serait peut-être pas une mauvaise idée, à tout hasard, rien que pour leur montrer qu'Il était au courant, si ça ne fait pas de bien ça ne peut pas faire de mal, et puis Il pensa à autre chose, bof, et il n'y eut pas de déluge cette fois-là, ni de pluie de feu, ni de choléra. Enfin, pas plus que d'habitude.

1. Or il arriva qu'Isaac à son tour prit de l'âge, et les araignées de la vieillesse tissèrent leur toile sur son visage, et les mouches de la cataracte vinrent s'y prendre les pattes, et elles lâchèrent sur ses yeux leur fiente de calamité,
2. Et, bref, il ne vit plus aussi clair qu'à vingt ans.
3. Un jour d'entre les jours, Isaac fit venir devant lui Esaü, son fils bien-aimé, et il lui dit : « O mon fils bien-aimé ! » Et Esaü se prosterna, et il répondit : « Me voici entre tes mains, ô vieux schnock. »
3. [1]Alors Isaac dit : « Sois mille et dix mille fois béni, ô mon fils respectueux. » Car les abeilles de la surdité avaient pondu leur miel dans ses oreilles.
4. Et il dit encore : « Voici. Je suis maintenant fort âgé, et j'ai beau me coucher chaque soir en espérant me réveiller le lendemain un peu moins vieux, c'est toujours le contraire qui se produit. Si je continue à vieillir comme ça, cela va finir mal, je le crains.
5. Or j'aimerais, tant que les papilles de ma langue sont encore capables de reconnaître la saveur du civet de lièvre de celle de la crotte de hibou, que tu me régales de quelque chose d'un peu sorti de l'ordinaire,
6. Comme, par exemple, deux chevreuils nouveau-nés soigneusement marinés dans les aromates, avec beaucoup d'ail et quelques clous de girofle par-ci par-là.

---

1. Tiens, il y a deux fois trois ! J'ai daigné Me tromper.
                                                      Dieu.

7. Et qu'ils soient agenouillés sur le plat dans une attitude gracieuse et amicale. Et n'oublie pas de peigner leurs longs cils, ni de noircir le tour de leurs beaux yeux à l'aide du khôl ensorceleur, ni de placer entre leurs dents de perle la tige d'une rose rouge fraîchement éclose.

8. Surtout — surtout ! — qu'ils soient bien tendres, car ma gencive ne porte plus qu'une seule dent, encore branle-t-elle et frappe-t-elle mes joues sèches et sonores comme fait le battant d'une cloche à vache.

9. Va, fils, et réveille-moi quand ce sera prêt. Alors mon cœur te bénira, et je mourrai content, et je rendrai mon âme à l'Éternel dans un rot parfumé, et tu hériteras ton héritage. Mais fais vite, car je n'en ai certes plus pour longtemps. »

10. Alors Esaü dit : « J'écoute et j'obéis. » Et puis il prit son arc et son carquois, et il partit en sifflant un air de chasse.

11. Or, pendant tout ce temps-là, Rébecca était cachée derrière le mur, et elle écoutait ce que disait Isaac à Esaü, son fils. Et lorsque Isaac eut fini de parler, elle courut trouver Jacob, son autre fils, celui qu'elle aimait.

12. Et elle dit à Jacob : « Va dans la bergerie. Rapporte-moi deux chevreaux nouveau-nés, les plus tendres que tu pourras trouver. Dépêche-toi ! » Et Jacob répondit : « J'écoute et j'obéis. » Et il rapporta de la bergerie les deux chevreaux nouveau-nés, et Rébecca les égorgea, les fit cuire et les prépara comme l'avait demandé Isaac.

13. Puis Rébecca prit les peaux des chevreaux, et elle couvrit les mains de Jacob avec les peaux,

le poil en dehors, et aussi son visage et son cou.

14. Puis elle prit les plus riches habits d'Esaü, et elle en vêtit Jacob.

15. Puis elle pila dans un mortier douze têtes d'ail, sept testicules de bouc, deux bouses de vache, huit œufs pourris, vingt-sept étrons, une mesure de corne brûlée, six putois, deux mesures de fiente de chat et plusieurs autres ingrédients très actifs, et elle enduisit Jacob de cette eau de senteur,

16. Puis elle fit une boule de poils de chevreaux, et elle enfonça la boule dans la gorge de Jacob, et Jacob dit : « Rheu... Rheu... », et sa voix était pleine de paille.

17. Et Jacob, après cela, ressemblait à Esaü, et il était vêtu comme Esaü, et il sentait l'odeur d'Esaü, et il parlait avec la voix d'Esaü.

18. Alors Rébecca mit entre les mains de Jacob le plat de chevreaux préparés juste comme les avait demandés son père et elle ordonna à Jacob d'aller les porter à son père en lui disant ceci et cela.

19. Et Jacob eut peur, et il dit : « O ma mère, si mon père s'aperçoit de cela, ouillouillouille, purée de nous autres ! » Mais Rébecca lui dit : « Que tout retombe sur moi. Va. » Et Jacob dit : « Comme ça, d'accord. » Et Rébecca le poussa dans la pièce où était son père.

20. Or Isaac dormait. Alors Jacob se tint devant lui, et il dit : « O mon père. » Et Isaac s'éveilla, et il dit : « Qui es-tu, mon fils ? »

21. Alors Jacob avala sa salive, et il dit : « Rheu... Rheu... Je suis... Tu vois bien qui je suis, ô mon

père. Ne reconnais-tu pas ton petit garçon ? Rheu... Rheu... »

22. Et Isaac dit : « O mon fils, je te reconnais et je ne te reconnais pas. Car tu pues comme Esaü, et tu es velu comme Esaü, et ta voix déchire mes entrailles comme la voix d'Esaü, et tes habits du dimanche sont couverts de taches de jaune d'œuf et de liqueur séminale comme ceux d'Esaü,

23. Cependant mon cœur est rempli de doute, car tu ne m'as pas traité de vieux schnock et de vieille vache comme a coutume de le faire Esaü, croyant que je ne l'entends pas. Or ceci me manque, ô mon fils indigne et mal embouché, car je crains que tu ne deviennes comme cette foutue mauviette de Jacob, qui serait un peu de la pédale que ça ne m'étonnerait pas. »

24. Et Jacob dit : « Rheu... Rheu... O vieille vache ! » Alors Isaac fut rassuré dans son vieux cœur, et il sourit avec sa vieille bouche, et ce ne fut pas beau à voir.

25. Et Jacob dit encore : « O vieille vache, vieux schnock, vieux con, vieil ulcère, vieux débris, vieille peau, vieux tas, vieille ordure, vieux cul, vieux laid, vieux singe, vieux caca, voici : j'ai fait ce que tu m'as commandé. Assieds-toi, empiffre-toi jusqu'aux trous de nez, et aboule ta bénédiction. Et puisses-tu en crever. Et si t'aimes pas ça, va te faire foutre. Rheu. »

26. Et Isaac fut content, et sa salive coula sur son menton, et il s'assit à table, et il noua sa serviette autour de son cou, et il dit : « Comment ! Tu as déjà trouvé du gibier ? » Et Jacob répondit : « L'Éternel m'en a fait rencontrer. »

27. Or cela était un gros mensonge, et en disant cela Jacob guettait la voûte du ciel, et il s'attendait à la voir s'ouvrir et à voir tomber sur lui la foudre de l'Éternel, et il ouvrait déjà la bouche pour dire : « Ce n'est pas moi, ô Éternel ! C'est ma mère qui a tout fait. C'est elle qu'il faut punir, elle toute seule, d'ailleurs elle est d'accord, elle me l'a même dit. »

28. Mais le ciel ne s'ouvrit pas, et Jacob comprit que tout ce qu'on lui avait raconté sur le mensonge, et sur le péché, et sur la colère de l'Éternel, c'était balivernes et compagnie. Ce qui compte, c'est d'être dans les petits papiers de l'Éternel, un point c'est tout.

29. Cependant Isaac mangeait les chevreaux. Et il eut très vite fini, car il avalait sans mâcher. Alors, il but un coup de vin, et il rota, et il dit : « Ah... Ça va mieux. »

30. Et puis il se tourna vers Jacob, et il lui dit : « Es-tu vraiment mon fils Esaü ? » Et Jacob dit : « Enfin, mon père, puisque je te le dis ! » Et Isaac dit : « Approche-toi, je te prie, et viens me baiser, mon fils. »

31. Et Jacob s'approcha de lui, et le baisa. Et Isaac sentit l'odeur qui était sur lui, et il le bénit en disant : « Voici. L'odeur de mon fils est comme l'odeur d'un champ que l'Éternel a béni,

32. Et sur lequel deux ou trois cents chevaux crevés achèvent de pourrir.

33. Que Dieu te donne la rosée des cieux, et la graisse de la terre, et une grande abondance de froment, et du meilleur vin.

34. Que les peuples te servent, que les nations se prosternent devant toi. Sois le maître de tes frères, et que les fils de ta mère se prosternent devant toi.

35. Quiconque te bénira soit béni, et quiconque te maudira soit maudit. Et quiconque s'abstiendra soit maudit à tout hasard. »

36. Et Jacob s'en alla, bien béni, et voilà pour lui.

●

1. Or il arriva, Jacob étant à peine sorti de chez son père, qu'Esaü revint de la chasse.

2. Et il était fort exténué, car il avait dû courir loin pour trouver deux petits chevreuils exactement comme ceci et comme cela, ainsi que les désirait Isaac,

3. Et aussi il était fort meurtri, car les parents des petits chevreuils étaient arrivés, et leurs cornes étaient dures, et leurs sabots tranchants.

4. Esaü, donc, fit cuire les chevreuils, et il les apprêta avec soin, et il les apporta à son père, en disant : « O mon père, ô vieille savate trouée, ô vieux pot de chambre fêlé, tiens, voilà ce que tu m'as demandé. Bourre-toi la panse, fissa, et fous-moi ta bénédiction à travers la gueule. J'ai pas que toi à m'occuper, vieux sac. »

5. Et Isaac fut troublé dans son âme. Il lui dit : « Qui es-tu donc ? » Et Esaü dit : « Je suis Esaü, pardi. On dirait que t'as encore baissé, depuis tout à l'heure. Bon. Je vais toujours commencer à compter les petites cuillères.

6. Alors Isaac comprit qu'il y avait une erreur quelque part, et il s'arracha les cheveux, et il cria : « Qui est donc celui-là qui est venu tout à l'heure, et qui était velu comme toi, et qui puait comme toi, et qui m'a dit qu'il était toi ? Qui

était-il, sinon toi ? Tu m'as déjà donné du chevreuil, et moi je t'ai donné ma bénédiction, et c'était une très belle bénédiction, jamais je ne pourrai refaire une bénédiction aussi réussie, j'aurais dû l'écrire pour l'apprendre par cœur. Est-ce que par hasard tu essaierais de me soutirer une deuxième bénédiction ?

7. Mais moi, je te préviens, je n'ai plus envie de chevreuil, plus du tout. Et même, j'en ai trop mangé, et voilà : ça ne passe pas. Bouh, je vais encore être malade... J'aurais tant voulu mourir en bonne santé ! Ote vite ce plat de chevreuil de devant ma vue, et qu'il ne soit plus jamais parlé de chevreuil en ma présence. Beuark... »

8. Et Esaü comprit que son frère Jacob avait pris la bénédiction à sa place, et l'avait emportée, et voici : maintenant, c'était Jacob qui était béni, et qui aurait l'héritage de leur père.

9. Alors Esaü jeta un cri fort grand et très amer. Et puis il dit à Isaac : « Au moins, bénis-moi aussi ! » Mais Isaac dit : « Je ne puis. Je ne donne ma bénédiction qu'en échange d'un plat de chevreuil. Or, je n'ai plus besoin de chevreuil. Je ne puis donc donner ma bénédiction. »

10. Et il dit encore, pour consoler Esaü : « Mon pauvre gars, faut te faire une raison. C'est toi le plus grand, c'est toi le plus bête. »

11. Alors Esaü pleura comme un veau, et les larmes coulèrent sur sa figure sale et devinrent toutes noires, et sa morve coula dans sa barbe, et son chien pleura avec lui, et tous les chiens du pays vinrent et pleurèrent avec son chien, et aussi les chats, et les bœufs, et les moutons, et

les chameaux, et les vieilles, et les bossus, et les boiteux, et les cocus, et les gendarmes, et tous ceux qui n'avaient rien de mieux à faire à ce moment-là.

12. Et puis Esaü eut une idée dans sa tête, et cette idée était telle : « Je vais prendre une grosse pierre, et je vais la faire tomber sur la figure de mon frère Jacob, et mon frère Jacob aura une figure toute cassée, et il mourra, et moi j'aurai l'héritage de mon père et sa bénédiction,

13. Et youpie ! »

14. Et Esaü cessa de pleurer, et il s'en alla, et voilà pour lui.

15. Mais les chiens, les chats, les vieilles, les cocus et tous les autres ne virent pas Esaü s'en aller, et ils continuèrent à pleurer, et sans doute ils y sont encore.

CHAPITRE 10

> *RÉSUMÉ DES CHAPITRES PRÉCÉDENTS.
> Par ruse et filouterie, Jacob a dépouillé son frère Esaü de son droit d'aînesse et de la bénédiction paternelle. Ces forfaits révoltants resteront-ils impunis ? Oui, car Jacob est dans les petits papiers de Dieu.*

1. Or Rébecca apprit ce qu'Esaü avait résolu dans sa tête, et elle alla trouver Jacob, et elle lui dit : « Voici. Ton frère te cherche, et ses bras sont dressés au-dessus de sa tête, et dans ses mains il tient une enclume de forgeron, et s'il te trouve il laissera certainement tomber cette enclume sur ta figure
2. Ou je me trompe fort. »
3. Elle dit encore : « Va donc te cacher quelque temps chez mon frère Laban. Quand tu reviendras, Esaü aura oublié, car sa cervelle est toute petite entre ses oreilles. »
4. Jacob donc se mit en route pour aller chez son oncle Laban. Et longtemps après qu'il fut parti, Esaü le cherchait toujours, et il tenait l'enclume de forgeron au-dessus de sa tête, et le forgeron de l'enclume courait derrière lui, et il

criait : « Mon enclume ! », et il lui donnait des coups de son lourd marteau dans le fondement, mais Esaü ne s'en préoccupait même pas, et ainsi ils couraient par tout le pays, l'un derrière l'autre, et voilà pour eux.

5. Cependant Jacob, un soir d'entre les soirs, s'arrêta pour dormir en un certain lieu. Il prit une grosse pierre pour y poser sa tête, et dans la pierre il y avait un petit trou, et il mit une petite plume de duvet dans le petit trou, et ainsi il eut un oreiller de plume, ce qui est beaucoup plus confortable, et il posa sa tête sur l'oreiller, et il s'endormit, et il rêva.

6. Or voici quel fut son rêve. Il y avait une échelle, et cette échelle était très grande. Le pied de l'échelle était sur la terre et son haut touchait aux cieux. Et sur cette échelle, tout du long, il y avait des anges qui montaient et qui descendaient. Tout cela !

7. Et en haut de l'échelle, il y avait l'Éternel. Et voici. L'Éternel dit à Jacob : « O Jacob, comprends-tu ce que signifie ce songe que Je t'envoie afin de te faire comprendre ce qu'il y a à comprendre ? »

8. Et Jacob répondit : « Béni soit le nom de l'Éternel ! J'ai tout compris, Éternel, et très bien, même. Voici : Vous voulez que j'invente l'échelle. Alors, moi, je dis : merci, Éternel. L'échelle, certes, est une chose bonne et ce sera pour la civilisation un immense progrès. L'enfant gourmand ne sera plus obligé de sauter pour atteindre les confitures sur le haut de l'armoire, le locataire du septième étage ne sera plus contraint, pour rentrer chez lui, de grimper le long de la façade en s'accrochant avec ses ongles, et le pompier aura enfin quel-

que chose à transporter sur sa belle voiture rouge aux roues agiles et aux deux notes éclatantes.

9. Et c'est moi que Vous avez choisi, ô Éternel, pour transmettre ce bienfait aux hommes, mes frères. Quel honneur, Éternel ! Je vais m'établir fabricant d'échelles, j'aurai l'exclusivité et je vais gagner beaucoup d'argent. Merci, oh, merci, Éternel ! »

10. Et Jacob dit encore : « Il y a quand même une petite chose que je n'ai pas bien comprise, Éternel. » Et l'Éternel dit : « Laquelle ? »

11. Et Jacob dit : « Pourquoi les anges montent-ils et descendent-ils sans arrêt par l'échelle, ô Éternel, si toutefois ce n'est pas trop Vous demander ? »

12. Et l'Éternel dit : « Pour le symbole, ô Jacob. Car ceci est un songe symbolique. »

13. Et Jacob dit : « Voilà, voilà. »

14. Et puis il dit : « Comme ça, évidemment, tout devient clair. Et qu'est-ce que c'est qu'un symbole, Éternel ? »

15. Et l'Éternel dit : « Hmm... Un symbole, ça veut dire que l'échelle est entre toi et Moi, et les anges qui montent et descendent, ça veut dire que si tu veux passer Me dire bonjour tu n'as qu'à grimper par l'échelle. Enfin, toute cette sorte de choses... »

16. Et Jacob réfléchit dans sa tête, et puis il dit : « Mais pourquoi les anges ont-ils besoin d'une échelle, puisque Vous leur avez donné des ailes ? »

17. Alors l'Éternel Se gratta le nez, et les anges s'arrêtèrent de monter et de descendre, et ils se regardèrent les uns les autres, tout surpris, et

puis ils pouffèrent, et puis ils regardèrent l'Éternel par en dessous, et puis ils ricanèrent en se cachant derrière leurs ailes.

18. Mais l'Éternel fronça le sourcil, et alors, bon, les anges recommencèrent à monter et à descendre en chantant les louanges de l'Éternel.

19. Et l'Éternel soupira, et Il dit à Jacob : « Nous dirons que tu serais plutôt un manuel, toi. Bof, il en faut. »

20. Et Jacob dit : « Éternel, ce songe n'aurait-il pas un sens caché ? Et ce sens ne serait-il pas que Vous renouvelez solennellement en ma faveur la promesse faite à mon grand-père Abraham et à mon père Isaac, promesse par laquelle Vous m'assurez que ma race dominera la terre et que ma postérité sera fertile en rois, en empereurs, en milliardaires, en danseuses nues, en veaux à deux têtes et quantité d'autres hommes remarquables ? »

21. Et l'Éternel soupira encore, et Il dit : « Mettons que ce soit ça et n'en parlons plus. » Et l'Éternel S'en alla, et on voyait bien qu'Il avait l'air un peu fatigué.

22. Alors Jacob se retourna de l'autre côté, et il mit son pouce dans sa bouche, et il se rendormit, et au matin il prit la pierre qui avait été son oreiller, et il en ôta la plume d'oiseau qu'il y avait mise, et il rangea la plume dans son balluchon pour la prochaine nuit, et il dressa la pierre sur le sol, et il versa de l'huile sainte[1], et il consa-

---

1. L'huile sainte était une huile sur laquelle avaient été prononcées les paroles sacrées de la consécration. Le rite exigeait une huile provenant du premier jet des olives de la première récolte d'un olivier de sept ans, cueillies de la main gauche à l'aide d'une faucille d'or par une vierge intacte et non souillée aux

cra la pierre à l'Éternel en souvenir de la promesse que lui avait faite l'Éternel.

23. Et il dit : « Si Dieu est avec moi, et s'Il me garde de tout mal pendant mon voyage, et s'Il me donne pendant toute ma vie du pain, et de la viande, et des habits, et des belles femmes, et de grandes richesses, et la santé, et aussi quelques bons copains qui connaissent beaucoup d'histoires drôles que je ne connais pas, et qui jouent au pôh-ker[1] assez bien pour que la partie soit intéressante mais pas assez bien pour que je ne gagne pas à tous les coups, et aussi du beau temps chaque fois que j'aurai envie d'aller à la pêche,

24. S'Il fait tout cela, alors certainement l'Éternel sera mon Dieu. Et alors cette pierre que j'ai dressée en commémoration sera Ta maison, ô Éternel. Et je Te donnerai un petit quelque chose sur tout ce que Tu m'auras fait gagner. Et Tu auras un jour de sortie par semaine, et un tablier neuf aux étrennes, et le droit de finir les plats à la cuisine.

25. Voilà comme je suis, moi : le cœur sur la main.

26. Mais par contre, ô Éternel, si Tu me laisses me débrouiller tout seul dans la vie comme n'importe quel autre mortel, alors gare à Tes fesses ! Ce ne sont pas les Dieux qui manquent. »

27. C'est ainsi que Jacob prit Dieu à l'essai.

28. Et il décida, en souvenir de ce jour, de donner à ce lieu le nom de Béthel, ce qui signifie « Ici

premiers rayons de l'aurore du septième jour du mois de Tamouz, et devenue nettement trop rance pour être utilisée dans la salade.

1. Antique jeu hébreu.

ou en face, c'est bien la même chose », alors qu'auparavant ce lieu s'appelait Luz, ce qui ne veut rien dire du tout.

29. Puis Jacob se moucha dans ses doigts, une fois à droite, une fois à gauche, puis il se gratta les aisselles, puis il se racla la gorge, puis il cracha contre le vent,

30. Puis, sa toilette ainsi faite avec un soin particulièrement poussé, il se mit en route.

31. Et sur sa tête une cigogne avait fait son nid, et le noble oiseau se tenait là-haut, debout sur une jambe, dans le soleil levant, et l'on voyait bien que Jacob n'était pas n'importe qui.

●

1. Or, avant que Jacob eût quitté le toit paternel, sa mère Rébecca lui avait dit ceci : « Sache, ô mon fils, que, pour te rendre d'ici au lieu qu'habite ton oncle Laban, mon frère, il faut, si tu marches en droite ligne sans jamais dévier à droite ni à gauche ne fût-ce que de la largeur d'une crotte de chien, que tes pieds accomplissent exactement septante fois septante mille pas, plus trois pas et un petit pas. Rien de plus, rien de moins. »

2. Et Jacob avait mis cela derrière son front, et il l'avait gravé sur l'os de sa mémoire avec le stylet de sa sagacité.

3. Et tout le long du chemin il avait compté ses pas, et, chaque fois que son pied se posait devant son autre pied, il disait : « Cela fait tant de pas et un pas et un pas. » Et, de même que l'archer à l'œil prompt et à l'épouse avide de primes de rendement fait une encoche sur le

bois de son arc à chaque ennemi qu'il abat, de même Jacob, du tranchant acéré de son couteau au manche fécond en lames ingénieuses et repliables, modèle très pratique recommandé pour la vie au grand air, taillait à chaque pas une encoche dans le gras de son membre viril.

4. Le soir venu, il comptait les encoches, et voici : s'il y avait tant et tant d'encoches, cela voulait dire qu'il avait fait tant et tant de pas. C'était un très bon système, bien plus intelligent même que celui de l'archer, car il ne risquait pas, lui, de perdre en chemin son membre viril, à moins qu'il ne fît un faux pas au moment même où il taillait son encoche. Bien sûr, cela picotait un peu, mais on ne peut pas tout avoir.

5. Et Jacob marchait en droite ligne, sans s'inquiéter des flaques, ni des épines, ni des rivières, ni des montagnes, ni des bœufs, ni des maisons. Il montait, ou descendait, ou se mouillait, ou passait au travers, mais jamais il ne déviait, fût-ce de l'épaisseur d'une crotte de chien.

6. Et pour ne pas se laisser influencer par la vue des obstacles, il marchait les yeux fermés.

7. Et lorsqu'il eut compté soixante-neuf fois septante mille pas, plus soixante-neuf mille cent neuf pas, il ouvrit les yeux, et voici : il était sur un grand pâturage, et il y avait un puits, et il y avait des bergers qui abreuvaient leurs troupeaux au puits.

8. Et il demanda aux bergers : « N'est-ce point ici le pâturage de mon oncle Laban, fils de Nacor, et n'est-ce point sa maison que j'aperçois là-bas ? » Et ils répondirent : « En effet. »

9. Et il leur demanda encore : « Comment se porte-t-il, mon oncle Laban ? » Et ils répondirent : « Il se porte bien. » Et il leur demanda encore : « Comment se portent les biens de mon oncle Laban ? » Et ils répondirent : « Ses biens se portent à merveille. Il est le plus riche propriétaire du pays. Tous ces troupeaux lui appartiennent, et aussi la terre qui les porte, et aussi ceux qui les gardent. »

10. Et Jacob dit : « Est-ce qu'il n'a pas aussi une fille en âge de se marier, mon oncle Laban ? » Et ils répondirent : « Oui, certes. Elle se nomme Rachel. Et justement, la voilà. »

11. Or Rachel avait la taille belle, et son visage n'était pas dégueulasse non plus.

12. Alors Jacob salua Rachel, et il lui apprit qui il était, et elle courut rapporter cela à son père.

13. Puis Jacob ferma de nouveau les yeux, et il se remit à marcher, et il compta encore trois pas, plus trois pas et un petit pas, et avec ce qu'il avait déjà parcouru auparavant cela faisait septante fois septante mille pas plus trois pas et un petit pas.

14. Alors il s'arrêta, et il ouvrit les yeux, et voici : il se trouvait dans la maison de son oncle Laban, exactement au milieu de la salle à manger.

15. Et Laban embrassa Jacob, et le baisa, et pleura des larmes de bonheur et d'émotion. Et il dit à Jacob : « Tu es mon os et ma chair. O fils de ma sœur bien-aimée, tout ce qui m'appartient t'appartient. Use de moi et de mes biens selon ton plaisir. »

16. Et puis il dit encore : « Tu comptes rester longtemps ? »

1. Or Jacob demeura un mois plein chez Laban. Et, pour qu'il ne s'ennuyât pas, Laban lui donna quelques troupeaux à garder. Et au bout de ce mois, Laban dit à Jacob :

2. « O Jacob, il est dit : Toute peine mérite salaire. Je sais bien que tu es mon neveu bien-aimé, et que tu n'accepteras jamais que je te paie pour ces petits services que tu me rends en t'amusant et en respirant le bon air, cependant je me permets d'insister, pour le principe. Non, non, ne proteste pas. J'y tiens. Tu me vexerais. »

3. Et, tout en parlant, Laban refermait son porte-monnaie et le fourrait dans sa poche, tout au fond.

4. Alors Jacob répondit : « Moi, je ne t'aurais rien demandé. Mais puisque tu as parlé le premier de salaire, voici. Je veux pour salaire ta fille Rachel. »

5. Alors Laban regarda Jacob, puis il regarda en l'air, puis il regarda par terre, puis il se gratta la tête, puis il dit :

6. « Mouais. Hmm. Voilà, voilà. Bof. Naturellement, c'est tout à fait ton droit. Tiens, tiens, tiens, tiens, tiens, tiens, tiens, tiens. Sapré luron, va ! La Rachel, hein ? Hmm. Ma foi. Hé, hé. Voyez-vous ça ? Bof. Mouais. Moi, je veux bien. Tss, tss. Dis voir, comme ça, là, façon de causer. Hmm. Mouais. La Lia, tu l'as-t'y seulement regardée, la Lia ? Moi, hein, je te dis ça comme ça. Façon de causer. Beau morceau, la Lia. Tfûûû. Pas sale, la Lia. Mâtin. Fichtre. Hé, hé. Moi, je te dis ça, hein. Comme ça. Bigre. »

7. Car il faut dire que Laban avait deux filles. Et l'une était Rachel, et l'autre était Lia. Et Lia était l'aînée.

8. Or Lia avait les yeux tendres, et sa croupe était un hymne au Créateur. Et lorsque Lia s'asseyait, cette croupe de splendeur s'étendait et s'épanouissait comme la figue gorgée de miel que l'on pose sur un marbre bien poli.

9. Et quant à la taille de Lia, elle était comme le col de l'amphore qu'un potier amoureux d'une libellule a effilée jusqu'à l'inouï de la minceur,

10. Et c'est cette jouvencelle que le poète a chantée en pinçant le luth, qui le lui rendait bien :
    Lia, elle est comme les oies
    Elle a le bec maigre et le cul gras,
    Alleluyah !

11. Mais Jacob aimait Rachel. Et il dit à Laban : « C'est Rachel que je veux. »

12. Alors Laban dit : « Tût, tût... Comme tu y vas ! Un mois de salaire de gars de culture pour une belle fille comme ça, qui sait accoucher les vaches et châtrer les taureaux, qui porte son homme sur son dos quand il est fatigué, et jamais malade, et pas chère à habiller ! Ça ne fait pas tout à fait notre compte, ça. »

13. Alors Jacob dit : « Dis ton prix. »

14. Alors Laban dit : « Sept ans de travail. A prendre ou à laisser. »

15. Alors Jacob dit : « C'est cher. »

16. Alors Laban dit : « J'y perds. Et si tu la voyais quand elle est lavée ! »

17. Alors Jacob dit : « Tope là. »

●

1. Jacob servit Laban pendant sept années, et puis, son temps accompli, il dit à Laban : « Voici. Tu es payé. Donne-moi ma femme. »

2. Et Laban dit : « D'accord. » Et il y eut un grand festin, et, le soir venu, Jacob s'en alla coucher avec sa femme. Or, la nuit était fort noire.

3. Et Jacob prit ce qu'il y avait à prendre et inaugura ce qu'il y avait à inaugurer. Et il fut ardent à l'ouvrage, car il se retenait depuis sept ans.

4. Mais, au matin, Jacob vit que ce n'était pas Rachel qui était couchée dans ses bras, mais Lia, sa sœur aînée. Et il courut chez Laban, et il lui reprocha avec des paroles amères de l'avoir trompé.

5. Et Laban répondit : « Chez nous, ça ne se fait pas de marier la plus jeune avant l'aînée.

6. Et, de toute façon, je ne t'ai point volé, car je t'ai laissé celle-ci au prix de l'autre, et pourtant elle est beaucoup plus avantageuse en morceaux de choix. »

7. Et Jacob reconnut en lui-même que Lia n'était point une mauvaise affaire. Rien que sa croupe de neige et de pâte d'amandes valait les sept années.

8. Mais Jacob aimait Rachel. Et il dit : « Je veux Rachel. » Alors Laban lui dit : « Tu connais le tarif : sept ans. »

9. Et pendant sept années encore, Jacob garda les troupeaux de Laban.

10. Et, son temps achevé, Jacob alla se coucher avec Rachel. Mais, cette fois, il emporta de la lumière.

11. Or, voici. Rachel l'attendait, et elle était déjà couchée sur le lit nuptial, et, par pudeur, elle tournait le dos, et ainsi elle présentait sa croupe à Jacob.
12. Or Jacob connaissait très bien la croupe de Rachel. Il la voyait chaque jour depuis deux fois sept ans, il en rêvait chaque nuit depuis aussi longtemps, et même, parfois, il la touchait un peu quand Laban regardait de l'autre côté.
13. Et il vit que cette croupe qui était dans son lit n'était pas la croupe de Rachel. La croupe de Rachel était comme deux petites pastèques bien serrées l'une contre l'autre, et cette croupe-là était comme une vieille charrue rouillée.
14. Alors Jacob lança avec force son pied dans la croupe de calamité, et la croupe gémit, et elle se retourna, et voici : c'était une vieille décrépite dans la perfection de la décrépitude.
15. Et cette vieille était la propre tante de Laban, et elle était âgée de cent trente-cinq ans, et elle était vierge, car elle n'avait trouvé personne qui voulût l'épouser.
16. Et Jacob jeta dehors la vieille de pestilence et d'abomination, et il courut chez Laban, et il dit à Laban : « O fourbe, ô filou, qu'as-tu à dire, cette fois ? »
17. Et Laban répondit : « D'accord. Ça n'a pas marché. Mais ça valait la peine d'essayer. »
18. Et Jacob prit Rachel, et il l'aima plus que Lia, et il s'en délecta dans la plénitude de la délectation.

CHAPITRE 11

> *RÉSUMÉ DES CHAPITRES PRÉCÉDENTS.*
> *Relisez les chapitres précédents en sautant neuf lignes sur dix.*

1. Donc, ayant servi pendant sept ans et encore sept ans chez son oncle Laban, Jacob toucha enfin son juste salaire, et ce salaire était Rachel, celle qu'il aimait, et il coucha avec elle, et sa délectation fut une extraordinaire délectation.

2. Et le feu d'artifice de son ravissement lui fit oublier la fuite du temps et la réalité des choses, et il servit pendant sept ans encore sans même s'en apercevoir.

3. Et il aima Rachel plus que Lia, qu'il avait épousée d'abord. Or l'Éternel vit cela, et Il se courrouça de cela dans Son cœur,

4. Et il rendit Lia féconde, tandis que Rachel demeurait stérile.

5. Et Lia tout d'abord conçut et enfanta un fils qu'elle appela Ruben, ce qui veut dire : « Tu ferais mieux de penser à ce que tu fais », car ce soir-là, Jacob, par distraction, l'avait appelée Rachel.

6. Et elle enfanta encore un fils, qu'elle appela Siméon, ce qui veut dire : « Il faut que tu sois

drôlement soûl pour coucher avec moi », car ce soir-là Jacob avait l'haleine chargée de vin.

7. Et elle enfanta encore un fils, et elle l'appela Lévi, ce qui veut dire : « T'as beau faire semblant de dormir, t'y passeras quand même », car ce soir-là elle avait pris Jacob de force.

8. Et elle enfanta encore un fils, et elle l'appela Juda. Ce qui veut dire : « Aïe ! », car ce soir-là elle s'était cogné la tête en poursuivant Jacob sous le lit.

9. Et puis l'âge tarit la fontaine de sa fertilité et ferma à clef le tiroir de ses ovaires, et Lia cessa d'avoir des enfants, et elle se consacra au Seigneur.

10. Cependant Rachel n'avait point d'enfants, et pourtant Jacob apportait tous ses soins à l'ouvrage, mais il s'épuisait en vain à labourer cette terre stérile.

11. Et Rachel dit à Jacob : « De quoi ai-je l'air ? »

12. Et Jacob dit : « Qu'y puis-je, moi ? Est-ce ma faute ? O ventre sec, ô pleine de cailloux, ô puits sans fond, ô gouffre à espérances ! Le capital que je te confie, que ne le fais-tu fructifier dans les replis de tes entrailles, au lieu de me reprocher je ne sais quoi ! »

13. Alors Rachel dit : « Voici ma servante Bilha. Elle se couchera sur moi, et toi tu feras la chose avec elle, mais pendant tout ce temps-là tu regarderas mes yeux. Et tu déposeras ta semence dans son ventre, mais son ventre sera mon ventre puisqu'elle est à moi. Et elle se couchera encore sur moi pour enfanter, et elle ouvrira ses cuisses sur mes cuisses, et l'enfant sera de moi. »

14. Et Jacob dit : « Qu'il en soit ainsi. » Car Bilha

était rousse de poils, et Jacob ne connaissait pas la saveur des rousses, et il se disait dans sa tête que ce devait être une saveur intéressante.

15. Et donc il en fut ainsi, mais non sans mal, car Bilha était vive de ses mouvements, et elle remuait fort et sec, et Rachel ne pouvait suivre ce rythme-là, étant plutôt rêveuse et sentimentale de nature, et même un peu feignasse.

16. Et Rachel finit par tomber du lit, et personne ne s'en aperçut, et elle cria haut et fort, mais personne ne l'entendit, car ils criaient beaucoup plus haut et beaucoup plus fort.

17. Et Bilha conçut, et elle enfanta un fils à Jacob.

18. Et Rachel prit ce fils pour elle, et elle l'appela Dan, ce qui veut dire : « Quand on a les moyens, on s'en sort toujours. »

19. Et elle alla partout montrer fièrement son fils nouveau-né, mais les autres femmes ricanaient derrière son dos, et entre elles appelaient l'enfant « Oreiller », car elles disaient que Rachel avait caché un oreiller sous sa robe pendant tous ces mois.

20. Et Bilha, servante de Rachel, conçut encore de Jacob, et elle enfanta encore un fils.

21. Et Rachel appela celui-là Nephtali, ce qui veut dire : « Sous toutes réserves », car Rachel n'avait pas souvenir d'avoir mis une deuxième fois sa servante entre elle et Jacob.

22. Alors, Lia, voyant cela, prit sa servante Zilpa, et elle fit avec Jacob et Zilpa comme Rachel avait fait avec Jacob et Bilha, et Zilpa conçut pour elle, et elle enfanta un fils.

23. Ce fils-là, Lia l'appela Gad, ce qui veut dire :

« Et des comme ça, hein, t'en as déja vu, des comme ça ? ».

24. Et puis Lia, par Zilpa, sa servante, enfanta encore un fils à Jacob,

25. Et elle l'appela Aser, ce qui veut dire : « Cette fois, tu peux aller te rhabiller ».

26. Or, un jour, le petit Ruben, fils de Lia, rapporta des fleurs à sa maman. Et Rachel vit les fleurs, et elle dit à Lia : « Donne-moi, je te prie, de ces jolies fleurs. »

27. Et Lia répondit : « Je t'en donnerai si tu me prêtes notre mari pour cette nuit. » Et Rachel accepta, et Jacob trouva Lia dans son lit, et il dit : « Beuark », et elle lui expliqua pourquoi, et il dit : « Ah bon ».

28. Et Lia conçut, à la surprise générale, et elle enfanta un cinquième fils, et elle l'appela Issachar, ce qui veut dire : « Comment j'ai vaincu la ménopause. »

29. Et après celui-là, Lia enfanta encore un fils, et elle l'appela Zabulon, ce qui veut dire « Abulon », mais en faisant la liaison.

30. Or Rachel voyait tout cela, et son teint devenait jaune, et son nez s'allongeait, et elle gémissait : « Mais qu'est-ce que j'ai bien pu faire au Seigneur ? »

31. Et le Seigneur l'entendit, et Il Se demanda : « Au fait, qu'est-ce qu'elle a bien pu Me faire ? »

32. Et Il ne Se rappela pas, et alors Il Se dit : « Bof ! », et Il exauça Rachel, et elle devint féconde.

33. Et elle enfanta un fils, qu'elle appela Joseph, ce qui veut dire Joseph.

1. Or Jacob alla trouver Laban, et il lui dit : « Voici. Je rentre chez moi. »
2. Et Laban lui dit : « Eh bien, voilà, voilà, voilà, voilà. Bon vent, mon gars. Si tu passes par ici, viens nous dire bonjour. »
3. Et Jacob dit : « Et mon salaire ? »
4. Et Laban dit : « Hmm ? »
5. Et Jacob dit : « J'ai travaillé sept ans pour Lia, et sept ans pour Rachel. Mais pour les sept ans de plus, que me paieras-tu ? »
6. Et Laban dit : « Tiens, cela fait sept ans de plus ? C'est drôle, je ne m'en étais pas aperçu. Comme le temps passe ! Enfin, si tu me dis que cela fait sept ans de plus, tu dois avoir raison. Mais je tiens à te dire, comme ça, en passant, que je n'aime pas beaucoup les employés qui sont toujours à regarder la pendule. »
7. Et Jacob dit : « Ce qui est dû est dû. Voici ce que je te demande : il doit bien exister deux ou trois brebis tachetées dans tes troupeaux. Tu me donnes ces brebis-là, et ça fait l'affaire. »
8. Alors Laban pensa vite dans sa tête : « Des brebis tachetées, je crois bien que je n'en ai même jamais vu. » Et il dit à Jacob : « Eh bien, d'accord, mon gars, si c'est ton idée comme ça. Toutes les brebis tachetées que tu trouveras, elles sont à toi, et nous sommes quittes. Cochon qui s'en dédit. »
9. Or Jacob avait appris dans son pays comment faire devenir tachetées des brebis blanches par le moyen de la magie. Et voici quelle était cette magie :
10. Il cueillit une baguette de coudrier, et puis il l'éplucha avec soin, et puis il la plaça dans l'eau où devaient venir boire les brebis. Et

Laban regardait cela, et il riait derrière sa main.

11. Or voici. Une brebis s'avança pour boire. Alors Jacob dit à Laban : « Regarde bien la baguette. » Et Laban regarda la baguette.

12. Alors Jacob donna vite un coup sur le dos de la brebis avec une éponge pleine de quelque chose de sale qu'il cachait derrière son dos. Et il dit à Laban : « Maintenant, regarde la brebis. » Et Laban regarda la brebis, et voici : elle était tachetée.

13. Jacob dit : « Cette brebis est à moi. Ce sont nos conventions. » Et Laban dit : « D'accord. » Et son teint devint bien jaune. Mais il pensa dans sa tête : « Il y avait donc une brebis tachetée parmi mes brebis, et il a fallu qu'il tombe du premier coup sur celle-là ! Bah, qu'est-ce que c'est qu'une brebis ? »

14. Et une deuxième brebis vint après celle-là, et elle regarda la baguette, et hop, elle fut tachetée. Et une troisième brebis vint, et beaucoup d'autre brebis, et chaque fois, hop, elles furent tachetées par la magie de la baguette.

15. Et le nez de Laban s'allongeait, et sa salive dans sa bouche avait le goût de la fiente du crapaud, et il regardait la baguette, et il ne voyait pas ce qu'il y avait de magique sur la baguette, et il ne devenait pas tacheté, car c'était une magie pour les brebis seulement.

16. Et lorsque toutes les brebis de Laban eurent été tachetées par la magie de Jacob, alors Jacob dit : « Je prends les tachetées et je te laisse le reste. Ce sont nos conventions. Nous sommes quittes. Adieu. »

17. Et Laban dit aussi : « Adieu. » Et Jacob s'en alla, avec ses femmes, ses enfants et ses brebis.

Or cela faisait vraiment beaucoup de brebis.
18. Et Laban, au bord du chemin, faisait au revoir avec son mouchoir, mais ses sourcils descendaient sur son nez, et ses yeux regardaient dans sa tête, et ils n'y voyaient rien, car le dedans de sa tête était tout noir.
19. Alors Laban s'enferma chez lui, et il commença à penser dans sa tête, et il pensa tellement fort que ses oreilles brillèrent comme des lampes et que ses voisins, entendant les efforts de ses pensées, crurent qu'il souffrait d'une grosse constipation dans les boyaux de son ventre.
20. Et après trois jours il se dressa soudain sur ses pieds, et il dit : « J'ai tout compris ! » Et il dit encore : « C'est un filou ! » Et il dit encore : « Il a fait des choses pour me faire penser dans ma tête, et voilà trois jours que je pense dans ma tête, et pendant ce temps-là, il se sauve avec mes brebis. »
21. Alors Laban prit ses frères avec lui, et il poursuivit Jacob, et il le rattrapa devant la montagne de Galaad.
22. Et Laban était dans un grand courroux à cause des brebis, et aussi à cause des idoles de sa maison que Rachel avait dérobées en s'en allant.
23. Or Rachel ne voulait pas rendre les idoles, parce que c'étaient de faux dieux,
24. Et aussi parce qu'elles étaient un petit peu en or massif.
25. Et Laban se mit à fouiller partout pour retrouver ses idoles, mais Rachel les avait mises sur le dos d'un chameau, et elle s'était assise dessus, et quand son père voulut fouiller sous elle, elle lui dit en rougissant : « Que mon seigneur ne se fâche point de ce que je ne puis me lever

devant lui, mais j'ai en ce moment ce que les femmes ont accoutumé d'avoir. »

26. Car en ce temps-là les serviettes périodiques n'étaient point inventées, et les femmes, dans leurs jours impurs, se garnissaient d'un chameau.

27. Et donc Laban eut beau chercher, il ne retrouva point ses idoles.

28. Alors Jacob lui dit : « Des excuses. »

29. Et Jacob dit : « Hmm ? »

30. Et Jacob répéta : « Je répète. C'est pas tout ça, tu vas me faire des excuses. »

31. Et il dit encore : « Me traiter comme un voleur, moi qui t'ai servi fidèlement pendant trois fois sept ans ? Non, mais ! »

32. En même temps, Jacob repoussait avec son dos le pied d'une idole que dépassait de sous Rachel,

33. Car Rachel avait eu les yeux plus grands que le ventre.

34. Alors Laban dit : « Excuses, mon zob. » Et il fit le geste afin que Jacob comprenne bien.

35. Alors Jacob dit : « Je vais te foutre une trempe. »

36. Alors Laban dit : « Petit merdeux ! » Et il ricana, et les frères de Laban ricanèrent, et aussi les amis de Laban, et aussi les serviteurs de tous ces gens-là.

37. Et Laban dit encore : « Nous sommes plus forts que toi. »

38. Et Jacob dit vertueusement : « Oui, mais moi, j'ai l'Éternel avec moi. »

39. Et Laban dit : « Mes Dieux sont plus forts que ton Éternel à la graisse.

39. *bis*. Et d'abord, personne ne l'a jamais vu, celui-là. Qu'est-ce que c'est que ce Dieu invisible ? Un courant d'air ? Moi, je crois ce que je vois. Ces Dieux modernes, moi j'ai pas confiance. Mes Dieux à moi, ils sont en or. L'or, c'est un placement sûr. »
40. Et Jacob dit : « Tes Dieux sont en or, mais tu les as perdus. Ou peut-être le chat les a-t-il égarés sous un meuble en jouant avec ? Et voilà : tu n'as plus de Dieux. »
41. Et il dit encore : « Moi, mon Dieu est peut-être taillé dans un courant d'air, du moins ne risqué-je point de l'égarer. Et maintenant, tu es tout seul pour te battre, et moi j'ai l'Éternel avec moi.
42. Et je te tire la langue, et je te crache à la figure, et je te pisse dessus, et je te traite de cocu et de pédale, et je traite ta mère de putain montée par un chien galeux, et aussi la mère de ta mère. Et aussi la mère de la mère de... Ah, non ! Pas celle-là ! C'était mon arrière-grand-mère. »
43. Alors Laban pensa dans son cœur que, puisqu'il avait perdu ses Dieux, ça ne valait même pas la peine de commencer le combat, car il était battu d'avance,
44. Et il se dit aussi que, finalement, ces Dieux modernes qu'on faisait maintenant, uniques, immatériels, omniprésents et tout ça, c'était quand même drôlement plus pratique, quoi, faut être de son temps, et ça fatiguait pas les épaules dans la musette, et on risquait pas de se les faire voler.
45. Et il se dit qu'il faudrait qu'il demande à Jacob de lui faire essayer le sien, à l'occasion.
46. Alors Laban dit à Jacob : « Tu es ma chair et mon sang, et certes je ne laisserai pas les orties

de la zizanie croître entre toi et moi. Dressons plutôt un petit monument, et puis nous casserons une petite croûte comme de bons amis. »

47. Ainsi firent-ils, et Laban, au matin, s'en retourna chez lui.

●

1. Or, pendant que tout cela arrivait à Jacob, son frère Esaü était demeuré au pays, et il continuait à courir çà et là, cherchant Jacob, et il brandissait l'enclume au-dessus de sa tête,
2. Et il clamait sa vengeance par la campagne, et, entendant cette clameur, le tonnerre effrayé remontait se cacher derrière son père le nuage noir,
3. Et la poule timide pondait d'un seul coup tous les œufs d'une vie entière de poule, sans prendre le temps de les envelopper d'une coquille,
4. Et l'autruche, au désert, ne reconnaissait plus son devant de son derrière, et elle cachait son croupion dans le sable afin de ne plus l'entendre,
5. Et les petits enfants regrettaient d'être sortis du ventre de leur mère, et ils se bousculaient pour y rentrer,
6. Et même les hommes dans la force de l'âge et dans la plénitude de la barbe ne tardaient pas à en faire autant, mais toujours les pieds dépassaient, ou le chapeau, ou la pipe, ou la vache au bout de sa longe, car cœur d'une mère est infini, mais le reste ne suit pas, hélas ! hélas !
7. En vérité, le courroux d'Esaü était un grand courroux,
8. Et le rabot du temps passait dessus sans l'entamer, et même il y ébréchait sa lame.

9. Cependant la nature parlait à Esaü à travers le fracas de ce courroux, et sa voix parvint jusqu'à Esaü, jusqu'aux oreilles du dedans de la tête d'Esaü, et puis elle descendit jusqu'au sexe d'Esaü, et ce sexe l'entendit aussi,

10. Et ce sexe se dressa, plein d'arrogance et de feu, et ce feu était pour d'autres combats que ceux de la vengeance.

11. Alors Esaü épousa Hada, fille d'Elon, puis Oholibama, fille de Hana, puis Basmath, fille d'Ismaël, puis Mahalath, sa sœur,

12. Et toutes lui donnèrent des enfants, bien que, la première fois, elles copulassent avec peu d'entrain, à cause de cette enclume au-dessus de leur tête,

13. Et puis elles s'y firent, et la postérité d'Esaü grouilla sur la terre.

14. Mais ceci est de peu d'intérêt, puisque l'Éternel avait déjà choisi la postérité de Jacob, mais cela, Esaü ne le savait pas.

●

1. Et puis Jacob continua son chemin, et les anges du Seigneur accoururent au-devant de lui.

2. Et ils voletaient dans l'air autour de Jacob, autour de sa tête, et l'on voyait bien que Jacob était aimé du Seigneur.

3. Et ils chantaient les louanges du Seigneur en s'accompagnant sur le théorbe à queue-d'aronde, sur l'accordéon angélique, sur l'escarpolette bien tempérée et sur le mirliton dérouleur,

4. Et l'ange harpiste avait posé la harpe pesante sur la tête de Rachel, car il avait besoin de ses deux mains pour jouer,

5. Et, au refrain, tous ensemble, ils criaient :
   Jacob ! Jacob !
   Oh yeah !
6. Et Jacob se réjouissait de cela dans son cœur, et son foie s'épanouissait, et sa rate prenait les riches couleurs de la santé, et ses intestins fonctionnaient dans l'harmonie de la régularité,
7. Et il marchait avec confiance à la rencontre d'Esaü,
8. Car, comme le dira plus tard l'Ecclésiaste en mangeant un rahat-loukoum :
9. « Chelui qui a le Cheigneur dans chon camp, chelui-là peut tendre hardiment à chon ennemi chon vijage à découvert, la machue de l'ennemi ch'y écrajera comme deux chous de crème fraîche et ne lui fera aucun mal, et même elle lui rafraîchira le teint,
10. Et chi ch'est pas vrai, je chuis un menteur. »
11. Et les enfants donnaient des graines d'oiseaux aux anges, et les femmes mettaient leur main dans les plumes du ventre des anges pour voir comme c'est bien chaud, et elles avaient soudain l'air étonné, et puis elles soupiraient, et les anges battaient des ailes, et ils disaient : « Chérie » d'une voix toute drôle,
12. Et allez donc savoir pourquoi.
13. Comme Jacob approchait du pays de son père, il envoya des messagers, et les messagers revinrent, et ils lui rapportèrent qu'Esaü accourait vers lui en grand courroux, et aussi qu'il avait quatre cents hommes armés avec lui,
14. Et aussi qu'il se réjouissait déjà de laisser tomber l'enclume sur le visage de Jacob
15. Et de pouvoir enfin se gratter l'entrefesse, lequel le démangeait depuis vingt ans à cause

d'une puce qui s'était logée là pour y finir ses jours dans l'abondance et la tranquillité.

16. Or l'enclume était fort lourde, et son bout fort pointu, et l'eau du ciel l'avait rouillée, et certainement la plaie s'infecterait.

17. Alors, Jacob dit : « Je mets ma foi en l'Éternel, et ma cause est Sa cause. Or je ne crains point, car Il est mon bouclier et ma lance.

18. Mais cet Esaü est un mécréant, et il ne sait pas que l'Éternel est mon bouclier et ma lance, et il frappera quand même, et un mauvais coup est vite attrapé,

19. Et je sais bien que l'Éternel en serait désolé, et qu'Il me consolerait, et qu'Il me promettrait de grandes satisfactions dans ma postérité,

20. Mais, en attendant, c'est ma figure à moi qui serait cassée. »

21. Et Jacob envoya vers Esaü des serviteurs avec deux cents chèvres, vingt boucs, deux cents brebis, vingt moutons, trente chamelles avec leurs petits, quarante vaches, dix taureaux, vingt ânesses et dix ânons,

22. Et aussi un pot de moutarde pour manger avec. C'était là le présent que Jacob envoyait à Esaü.

23. Puis Jacob fit passer ses femmes, ses enfants et ses richesses de l'autre côté du torrent, et il demeura seul.

●

1. Or, Jacob étant seul, un homme survint, et cet homme était vêtu de loques, et sur son œil il y avait un bandeau noir, et il tenait un gourdin à la main.

2. Et cet homme dit à Jacob : « La bourse ou la

vie ! » Mais Jacob fut le plus rapide, et son gourdin fit tomber le gourdin de l'homme, et ils luttèrent avec leurs mains, et cette lutte dura jusqu'à l'aube.

3. Et voici. Jacob fut le plus fort, et il terrassa l'homme. Alors l'homme lui fit une prise défendue, et la hanche de Jacob fut déboîtée.

4. Ça, alors !

5. Mais Jacob put saisir son gourdin, et il allait en frapper l'homme sur la tête et le tuer. Alors l'homme dit à Jacob : « Arrête ! Que vas-tu faire là ? Sais-tu bien qui je suis ? »

6. Et Jacob dit : « Qui es-tu ? »

7. Et l'homme dit : « Je suis un ange. »

8. Et Jacob dit : « Tu n'as pas d'ailes. »

9. Et l'ange dit : « Je suis en civil. Je voyage incognito. »

10. Et Jacob dit : « Ah, bon. Et pourquoi m'as-tu attaqué ? »

11. Et l'ange dit : « Parce que le Seigneur, l'Éternel Dieu, me l'a ordonné. En ce moment, Il nous regarde et Il compte les points. Et Il avait parié que je gagnerais, et Il a perdu Son pari, et qu'est-ce que je vais prendre en rentrant ! »

12. Et Jacob dit : « Et moi, qu'est-ce que je gagne ? »

13. Et l'ange dit : « Tu gagnes un cadeau que je t'apporte de la part de l'Éternel. »

14. Et Jacob dit : « Oh, chic, chic ! Fais voir, dis, fais voir ! »

15. Et l'ange dit : « Ce cadeau est un nom. Désormais, tu ne t'appelleras plus Jacob. Tu t'appelleras Israël. C'est un beau cadeau, hein ? »

16. Et Jacob dit : « Mouais. »

17. Et l'ange dit : « Bon, alors, tu me la donnes ? »
18. Et Jacob dit : « Quoi ? »
19. Et l'ange dit : « Ta bourse. Je te donne un nom, tu peux bien me donner ta bourse. »
20. Et Jacob dit : « Un nom, c'est pas assez. »
21. Et l'ange dit : « Je te donne en plus ma bénédiction. Comme ça, ça va ? »
22. Et Jacob dit : « Ça va. » Car il collectionnait les bénédictions des gens célèbres.
23. Et l'ange s'en alla, et Jacob nomma ce lieu Péniel, ce qui veut dire « Petite commission », car il fit pipi avant de partir.
24. Et Jacob cria à Lia, à Rachel et aux autres : « Hé ! » Et ils crièrent : « Quoi ? » Et il dit : « Vous n'êtes plus des Jacobites ! » Et ils dirent : « Ah, bon. Quest-ce qu'on est, alors ? » Et il dit : « Des Israélites. » Et ils dirent : « Chouette, alors ! »
25. Et ils dirent encore : « L'essentiel, c'est qu'on ne soit pas des juifs. »

●

1. Cependant Esaü était arrivé devant le lieu où était Jacob, et il le cherchait afin de laisser tomber son enclume sur la figure de Jacob.
2. Or Jacob avait mis sa famille devant lui pour émouvoir son frère, il avait mis les petits enfants les premiers, puis les plus grands, puis les épouses, puis les serviteurs, tous sur un rang, et lui, Jacob, était le dernier, là-bas, au bout.
3. Et tous chantaient un hymne de bienvenue pour l'oncle Esaü.
4. Et Esaü vit que pour arriver jusqu'à Jacob il devrait d'abord laisser tomber l'enclume sur le

premier enfant, le plus petit, et ensuite encore sur le deuxième, puis sur tous les enfants, puis sur toutes les femmes et sur tous les serviteurs,

5. Et qu'il lui faudrait à chaque fois relever l'enclume en haut, et que ce serait très fatigant, et que ça lui gâcherait tout son plaisir.

6. Alors Esaü pensa dans sa tête que l'attente du plaisir est l'essentiel du plaisir. Et ça c'est une pensée très difficile, et elle montre bien qu'Esaü avait profité, et que le malheur est bon pour le dedans de la tête de l'homme. Et Esaü se dit : « Bof... »

7. Et comme ç'aurait été dommage d'avoir porté l'enclume tout ce temps-là pour rien, Esaü la laissa tomber sur une pauvre vieille femme qui passait par là en traînant un fagot de bois pour faire cuire sa soupe et qui se régalait à l'avance parce qu'elle avait trouvé un oignon sur un tas d'ordures et qu'en enlevant le pourri bien proprement il resterait un petit bout d'oignon bon à manger pour mettre dans sa soupe et que ce soir-là sa soupe serait une bien meilleure soupe que quand il y avait seulement de l'eau et pas d'oignon,

8. Et cela fit un vilain bruit sale de viande de pauvre écrasée, et au milieu de la flaque il y avait le sourire de la gourmandise de la vieille, car elle était morte en pensant à son oignon et en se disant que si celui qui l'avait jeté avait su qu'il y avait encore un petit coin d'oignon pas pourri, il ne l'aurait sûrement pas jeté,

9. Et finalement c'est une très belle mort, ça, bien trop belle pour cette vieille vache qui crachait sur l'Éternel et préférait adorer des dieux extrêmement douteux du point de vue moralité, et très vilains à regarder, et peu élevés philosophi-

quement, et comme efficacité zéro, et dont le culte comportait des exercices sexuels répugnants quoique assez rigolos,

10. Et donc ce ne fut pas une grosse perte.
11. Mais le courroux d'Esaü n'était pas tout à fait calmé. Alors Jacob lui cria : « O mon frère, je te prie d'agréer cet humble cadeau bien indigne de toi. Accepte ce troupeau, c'est bien peu de chose. »
12. Et Esaü dit : « Je n'ai cure de tes cadeaux. J'ai tout ce qu'il me faut. Si tu crois m'acheter avec des cadeaux ! Pfui... Ce troupeau-là, à droite ? »
13. Et Jacob dit : « Non, celui de gauche. »
14. Et Esaü dit : « J'aime mieux celui de droite, celui que tu te gardes pour toi. Bon, bon, puisque tu insistes, je prends les deux. Mais c'est bien pour te faire plaisir. J'ai tout ce qu'il me faut, moi. »
15. Et il dit encore : « Je veux bien passer l'éponge, parce qu'aujourd'hui je suis un peu fatigué. Mais je peux pas te garantir que ce courroux qui me prend aux entrailles quand je pense à toi ne va pas me reprendre. Ça, nòn, vraiment, je ne peux pas le garantir. Ça serait un péché devant l'Éternel de le garantir. Le mieux, ça serait que tu t'arranges pour pas croiser mon chemin, ni une de tes saloperies de bâtards, ni une de tes pouffiasses. Je te dis ça pour notre bien à tous les deux, parce que ça me ferait de la peine si ce grand courroux me prenait comme ça sans prévenir, tu sais comment sont les courroux. Enfin, il en sera comme l'Éternel voudra. »
16. Et Jacob dit : « Amen », et il alla son chemin, et Esaü alla son chemin. Ainsi fut la réconciliation de Jacob avec Esaü.

CHAPITRE 12

> *RÉSUMÉ DES CHAPITRES PRÉCÉDENTS.*
> *Dieu crée l'homme. L'homme se conduit comme un cochon. Dieu est déçu, mais il ne s'ennuie plus.*
> *Voilà. Vous en savez autant que si vous aviez lu tous les chapitres précédents. Si vous les avez effectivement lus, vous avez perdu votre temps. Enfin, maintenant, vous pouvez toujours vous dispenser de lire celui-ci. C'est une consolation.*

1. Or Jacob avait aussi une fille, que Lia avait enfantée par erreur entre deux fils, et cette fille s'appelait Dinah.
2. Et Dinah était belle. Et s'il n'en fut point parlé jusqu'ici, c'est parce qu'étant femelle elle n'avait en vérité pas plus d'importance sur la terre que la serpillière dont elle frottait le sol derrière les pas de ses frères lorsqu'ils entraient et sortaient avec leurs pieds boueux.
3. Et vraiment il n'y avait jusqu'ici aucune utilité à parler d'elle dans ce livre, qui est le Livre de l'Éternel, le Dieu d'Israël.
4. Car l'Éternel est plutôt anti-féministe, du moins l'était-il à cette époque, n'ayant pas encore rencontré la Vierge Marie pour laquelle Il devait

concevoir une passion fatale. Mais chaque chose sera dite en son temps.

5. Or, un jour d'entre les jours, Dinah sortit pour prendre l'air et pour voir un peu les filles du pays.

6. Et Sichem, fils d'Hémor, qui était le roi de ce pays-là, vit Dinah.

7. Et Sichem demanda à Dinah si elle habitait chez ses parents, et elle lui répondit oui, Monsieur, alors il lui demanda si elle sortait parfois seule le soir, et elle lui répondit non, Monsieur, alors il lui proposa de lui faire voir quelque chose de très curieux, juste à deux pas d'ici, derrière la meule de paille, et elle dit rien qu'un instant, alors, parce que maman m'attend et qu'est-ce que je vais prendre si je suis en retard, alors il lui dit d'accord, rien qu'un instant, ce ne sera pas long, et il la coucha sur l'herbe, et crac, la petite curieuse fut punie de son vilain défaut, et en effet ce n'avait pas été long, ce qui prouve qu'au moins Sichem, fils d'Hémor, n'était pas un menteur, et elle rentra en pleurant à la maison, et son père la vit, et il vit ses larmes, et il vit aussi le sang le long de ses cuisses, et l'escargot dans ses cheveux, et il éleva ses deux bras vers le ciel, et il dit : « Salope ! »

8. Et tous ses fils, les frères de Dinah, accoururent, et ils crièrent « Salope ! », toutefois pas trop fort, à cause des voisins, vous savez comment sont les gens à la campagne.

9. Et ils lui donnèrent des coups de pied dans le ventre, et ils marchèrent exprès dans des choses répugnantes, et ils l'obligèrent à nettoyer par terre avec de toutes petites serpillières, car en vérité leur courroux était un courroux considérable.

10. Cependant Sichem, fils d'Hémor, sentait en lui de grands changements. L'amour, qui n'avait d'abord mordu que le membre fornicatoire de Sichem, ne s'était point éteint avec l'assouvissement. Il était entré dans Sichem par le conduit de l'urine, il avait cheminé le long de ses entrailles, et maintenant il était installé dans son cœur, et de là il chatouillait le dedans de sa tête, et voici : Sichem ne pouvait plus penser à autre chose qu'au doux visage de Dinah, et il était étonné de cela.

11. Et Sichem sut qu'il ne pourrait plus vivre si Dinah n'était à lui avec son doux visage, et aussi, bien sûr, avec sa douce vulve rose, faut quand même pas pousser.

12. Alors son front se plissa, et il se retourna en dormant, et il mastiqua moins soigneusement sa nourriture, et sa santé laissa à désirer.

13. Enfin il parla à Hémor, son père, et il lui dit : « Je veux cette fille pour épouse. »

14. Et Hémor alla trouver Jacob, et il lui dit : « Mon fils a beaucoup d'affection pour ta fille. Donne-la-lui, je te prie, pour épouse,

15. Et allions nos deux familles entre elles. Prenez nos filles, et donnez-nous vos filles. Et habitez avec nous. le pays sera à votre disposition. Demeurez-y, et y trafiquez, et le possédez. »

16. Et Sichem dit au père et aux frères de Dinah : « J'ai mal agi envers vous, et je m'en repens, et je veux réparer. Punissez-moi. Ce que vous me demanderez, je vous le donnerai. Mais que Dinah me soit donnée pour femme, car nous nous aimons. »

17. Alors les enfants de Jacob dirent : « Nous ne

pouvons donner notre sœur à un homme non circoncis, ce nous serait un opprobre.

18. Mais nous consentirons à ce que vous désirez sous la condition que vous deveniez semblables à nous en circoncisant tous les mâles qui sont parmi vous.

19. Alors nous vous donnerons nos filles, et nous prendrons les vôtres pour nous, et nous habiterons avec vous, et nous ne serons plus qu'un seul peuple.

20. Et si vous n'êtes pas d'accord là-dessus, alors nous prendrons notre fille, et nous nous en irons. »

21. Et leur discours plut à Hémor, et aussi a Sichem, fils d'Hémor.

22. Hémor, donc, et Sichem, son fils, dirent à ceux de leur ville : « Ces étrangers sont fort paisibles, et leur parole est sacrée, car ils croient en un Dieu qui ne badine pas avec ces choses-là. Le pays est assez grand pour nous tous. Faisons donc comme ils disent, afin qu'eux et nous ne soyons qu'un seul peuple. »

23. Et les gens de la ville trouvèrent cela bon, et tout mâle de cette ville fut circoncis afin de complaire à Jacob et à ses fils.

24. Or, le troisième jour, tandis que les mâles en état de porter les armes étaient dans les douleurs de la circoncision, Siméon et Lévi, fils de Jacob, prirent leur épée, et ils entrèrent dans la ville, et ils tuèrent tous les mâles.

25. Ils tuèrent aussi Hémor, et Sichem, son fils, et ils emmenèrent Dinah, bien qu'elle pleurât très fort, car elle aimait Sichem.

26. Puis, avec leurs frères, ils se jetèrent sur ceux qu'ils avaient tué, et ils les dépouillèrent, et ils

pillèrent leur ville, et ils prirent leurs troupeaux, et tous leurs biens, et leurs petits enfants,

27. Et ils violèrent leurs femmes, et ils les emmenèrent comme esclaves, et ils emportèrent jusqu'aux poignées de portes.
28. Alors Jacob, leur père, leur dit : « Vous n'auriez pas dû faire cela. Ça va nous donner une mauvaise réputation, vous savez comme les gens sont mauvaises langues.
29. Peut-être même des gens des villes voisines viendront-ils, et ils me traiteront de voleur, d'assassin, de génocide et de peigne-cul.
30. Peut-être même me cracheront-ils au visage, et me frapperont-ils, et me feront-ils du mal, et certes cela serait bien dur à supporter à mes cheveux blancs.
31. Je crois donc qu'il est temps que nous partions d'ici, où l'on commence à nous connaître. Or je suis bien vieux, et ce pays était un bon pays. Les gens y sont timides et bien élevés, ils nous laissaient envahir leurs meilleurs pâturages et chaparder dans leurs troupeaux avec de bons sourires.
32. Tenez, si j'étais sûr que vous ne me la rendiez pas, je vous donnerais une paire de gifles. »
33. Alors ses fils répondirent : « Devions-nous souffrir qu'on usât de notre sœur comme d'une prostituée ? Notre honneur est sauf, cela seul compte.
34. Et maintenant, papa, tu es bien gentil, mais nous, on a à faire. Trois mille huit cent quarante-cinq kilos de bracelets d'or à diviser par douze, ça fait combien ? »

1. Or Jacob avait douze fils, et l'un de ces fils était Joseph.
2. Et Joseph paissait les troupeaux avec ses frères, et il observait bien tout, et le soir il rapportait à son père les farces qu'ils avaient faites et les vilaines paroles qu'ils avaient dites.
3. Alors Jacob aima Joseph plus que ses autres fils, et il lui fit faire une belle robe bigarrée.
4. Et ses frères le détestèrent à cause de tout cela, et ils l'appelaient faux jeton et lèche-cul, et ils lui tiraient la langue, et ils déposaient leurs excréments dans la petite marmite où sa maman avait mis son déjeuner.
5. Et lorsque Joseph, par des harangues pleines de sagesse et illustrées d'exemples judicieux, les exhortait au bien, ces méchants enfants ne lui répondaient qu'en soulevant leur robe et en disant : « Cause à celui-là, ma tête est malade. »
6. Un jour, Joseph eut un songe, et il dit à ses frères : « Écoutez, je vous prie, le songe que j'ai eu.
7. Voici. Nous liions des gerbes dans un champ, et ma gerbe se tint debout, et les vôtres se prosternèrent devant elle. »
8. Alors ses frères dirent : « Non, mais, qu'est-ce qu'il se croit pas, celui-là ! » Et ils rirent comme des fous, et ils lapidèrent Joseph avec des fruits pourris, et puis ils se remirent à leurs jeux d'enfants, qui consistait ce jour-là à inventer la mongolfière en soufflant au cul d'un crapaud par le moyen d'une paille[1].

---

1. Ils n'y parvinrent pas. La mongolfière ne fut inventée que beaucoup plus tard.

(Note de Dieu.)

9. Une autre fois, Joseph dit : « J'ai eu encore un songe. Voici. Il y avait le soleil, la lune et onze étoiles, et tout cela se prosternait devant moi. »
10. Là, il était allé un peu trop loin. Ses frères coururent répéter cela à Jacob, son père.
11. Et Jacob dit : « Le soleil et la lune, eh ? » Et il ne fut pas trop content de cela dans son cœur, et il leva la main pour gifler Joseph afin de lui apprendre à respecter ses père et mère et à avoir des songes un peu plus convenables.
12. Et puis il se rappela que lui aussi avait eu des songes, autrefois, comme par exemple le songe de l'échelle, et qu'on ne sait jamais si un songe n'est pas un songe symbolique envoyé par l'Éternel pour vous faire comprendre ce qu'il y a à comprendre, et alors, bon, dans le doute, il valait mieux être prudent, supposons que je gifle ce garçon et que son songe ait été vraiment envoyé par l'Éternel, vous voyez le tableau, ouh la la, ces personnes haut placées, ça se vexe facilement.
13. Alors Jacob parla d'autre chose.
14. Un jour, Jacob envoya Joseph rejoindre ses frères qui paissaient les troupeaux quelque part par là. Joseph donc y alla. Ses frères le virent venir de loin.
15. Ils se dirent entre eux : « Tiens, voilà la Clef des Songes qui vient par ici ! » Et l'un d'entre eux dit : « Si on lui faisait une bonne farce ? » Et les autres dirent : « Oh, oui ! Oh, oui ! » Et le premier dit : « Tuons-le ! » Et les autres dirent : « Ça, c'est une bonne farce ! »
16. Mais Ruben, qui était plus délicat, dit : « On va se mettre du sang partout. Jetons-le plutôt dans cette citerne. » Et ils dirent : « D'accord. »

17. Aussitôt donc que Joseph arriva, ils lui arrachèrent sa belle robe bigarrée, et ils le jetèrent dans la citerne. Or Joseph savait nager, alors il exécuta dans un style impeccable la belle figure de haut vol si appréciée des connaisseurs et dénommée triple saut périlleux avec coup de pied à la lune et quart de vrille à droite, puis il nagea avec ardeur et régularité, mais ça ne l'empêcha pas d'aller au fond, car il n'y avait pas d'eau dans la citerne, et il se fit très mal, et ses frères battirent des mains, et ils se dilatèrent dans la plénitude de la dilatation, et ils rigolèrent au paroxysme de la rigolade.

18. Et puis ils s'assirent en rond pour casser la croûte, et tout en mangeant il leur prenait des hoquets de rire, et ils allaient regarder dans la citerne, et ils se frappaient les cuisses, et ils disaient : « Ça, alors, c'est une bonne farce ! »

19. Or voici que passa une caravane. C'étaient des marchands arabes qui transportaient en Égypte des marchandises de haut prix. Il y avait la myrrhe de Trébizonde, l'encens du Popocatepetl, le bananiah de chez Faucon, le rahat-loukoum un peu sucé, les gaufrettes à devinettes, les crottes de biques que les Scythes vendent pour du caviar géant et les éventails de Chine ornés de peintures pornographiques qui s'animent quand on tire sur la tirette. Tout cela !

20. Alors Juda eut une idée. Il dit à ses frères : « Mes frères ; j'ai une idée ! » Et puis il leur dit quelque chose à l'oreille.

21. Et les autres dirent : « Ça, c'est une bonne idée ! » Et ils vendirent Joseph aux marchands, et ils ne touchèrent que vingt pièces d'argent, car il était un peu abîmé. Et telle était l'idée de Juda.

22. Après cela, ils trempèrent la belle robe bigarrée de Joseph dans le sang d'un bouc, et ils la portèrent à Jacob, et ils lui dirent : « Nous avons trouvé cette robe dans le désert. A qui peut-elle bien être ? »
23. Et Jacob regarda la robe, et il la reconnut, et il dit : « C'est la robe de Joseph ! Mon fils bien-aimé est mort ! Une bête sauvage l'a dévoré. »
24. Alors il pleura, et il déchira ses vêtements, et il se ceignit d'un sac, et il se couvrit de cendres, et il refusa toute nourriture, et il rejeta toute consolation, n'attendant plus que de descendre rejoindre son fils au sépulcre.
25. Et ses onze autres fils le regardaient, et ils se donnaient des coups de coude, et ils pouffaient, et ils se disaient entre eux : « Ça, pardon, c'est une bonne farce ! »

●

1. Cependant la caravane traversait les déserts, et elle arriva au pays d'Égypte, et les marchands arabes vendirent Joseph à Putiphar, qui était le grand chambellan de Pharaon, roi d'Égypte.
2. Joseph donc devint esclave chez Putiphar. Et d'abord on le voua aux travaux les plus grossiers, car il venait de la campagne et ses doigts étaient épais. Et Joseph eut des ampoules, et il sentit mauvais.
3. Et puis il se souvint dans sa tête de la façon dont il avait autrefois gagné la confiance de son père Jacob.
4. Alors il se mêla aux autres esclaves, ses compagnons, et il parla avec eux, et le soir il rapporta au chef des esclaves les vilaines paroles que les autres esclaves disaient sur lui.

5. Et le chef des esclaves lui voulut du bien, et il l'éleva.
6. Et Joseph eut un travail propre et pas fatigant, et il eut le droit de reprendre deux fois des légumes, et le chef des esclaves l'honora de ses confidences.
7. Et le soir Joseph rapporta à Putiphar, son maître, les vilaines paroles que le chef des esclaves disait sur lui.
8. Et Putiphar lui voulut du bien, et il lui donna la place du chef des esclaves, et il fit jeter le chef des esclaves aux crocodiles.
9. Et Joseph ne travailla plus du tout, et il fit travailler les autres esclaves à sa place, et il les fit tant travailler que Putiphar fut content de lui et lui remit le soin de toute sa maison.
10. Car la bénédiction de l'Éternel était sur Joseph.
11. Et Putiphar, qui était un païen et qui crachait sur l'Éternel, était bien content d'avoir un esclave aussi bien vu du vrai Dieu, car ainsi pouvait-il adorer tranquillement ses faux dieux.
12. Car l'Éternel est le seul vrai Dieu, et tous les autres dieux sont des impostures,
13. Mais ils sont tellement plus rigolos !
14. Et Putiphar, qui était le premier serviteur de Pharaon, honora Joseph de ses confidences. Alors Joseph, le soir, alla se promener du côté du palais de Pharaon.
15. Mais l'Éternel trouva que ça devenait nettement fastidieux, et Il décida de bousculer un peu le scénario.
16. Or la bonne nourriture avait fait du bien à Joseph, et il était devenu tout à fait bel homme. Ses joues étaient larges et rouges, ses oreilles

étaient bien collées contre sa tête, sa nuque avait trois bourrelets, des cheveux très noirs et très frisés sortaient de ses narines et souvent sa robe faisait une bosse par-devant, car il était sanguin de tempérament.

17. Et il arriva que la femme de son maître, la femme de Putiphar, jeta les yeux sur Joseph, et elle remarqua tout cela, et elle en fut émue dans son cœur.
18. Car Putiphar était eunuque. C'était Pharaon, son maître, qui lui avait décerné cette haute distinction pour ses loyaux services, et certes c'était un grand honneur.
19. Et plus on était en faveur, plus on était eunuque. Ainsi y avait-il les eunuques à un seul œuf, les eunuques sans œufs du tout et les eunuques sans œufs ni verge. Et ces derniers étaient les bien en cour, les favoris, les tout près du cœur de Pharaon. Or Putiphar était le plus aimé de tous.
20. Et la femme de Putiphar était très fière d'être l'épouse d'un si grand eunuque.
21. Cependant, les nuits où la lune était ronde et pleine dans le ciel, ses ovaires hurlaient dans son ventre, et au loin les ovaires des autres femmes de dignitaires leur répondaient, et sa matrice crachait par la vulve des flammes dévorantes, et elle mangeait son matelas, et elle grimpait aux murs, et elle griffait Putiphar au visage, et elle injuriait le bas-ventre de Putiphar, et elle essayait de lui fixer un bâton à l'aide de courroies mais ça ne tenait pas bien alors elle frappait Putiphar avec le bâton, et Putiphar voyait bien qu'elle n'était pas tout à fait heureuse, et il se disait que vraiment le cœur de la femme est un mystère.

22. Donc la femme de Putiphar jeta les yeux sur Joseph, et elle lui dit : « Couche avec moi. »
23. Alors Joseph la regarda, et voici : elle était dodue d'embonpoint et fraîche de couleurs. Et le parfum de sa chair enivrait les cœurs comme celui d'un beau melon bien à point.
24. Mais si l'on appuyait sur son pôle opposé, alors le doigt s'enfonçait et l'on se disait : « Quel dommage de n'avoir pas mangé ce melon hier. »
25. Alors Joseph baissa les yeux avec modestie, et il dit : « Que Madame veuille bien pardonner à son humble serviteur, mais je ne saurais accepter la proposition si flatteuse de Madame. Madame ne désire pas sérieusement s'abaisser à pratiquer la fornication avec un pauvre esclave. »
26. Et il dit encore : « Si Madame voulait avoir la patience d'attendre jusqu'à demain, j'aurai pénétré d'ici là dans les bonnes grâces de Pharaon, et il m'aura fait grand dignitaire, et grand eunuque à part entière,
27. Et je serai enfin digne des bontés de Madame. »
28. Mais la femme de Putiphar dit : « Non ! Tout de suite ! »
29. Alors Joseph lui parla de Dieu, et de sa conscience, et de sa maman qui lui chantait certainement de jolies chansons quand elle était petite, et tout en l'exhortant ainsi au bien il courait autour de la table, et cette femme courait derrière lui, et enfin elle l'attrapa.
30. Et la femme de Putiphar arracha la robe de Joseph, et Joseph apparut dans sa nudité, et son sexe se déploya dans sa gloire,

31. Et cette gloire était en vérité considérable.

32. Et la femme de Putiphar fut extasiée, et elle tomba à genoux,

33. Et Joseph profita de cela pour s'enfuir, et ses jambes dévorèrent l'espace et annulèrent la distance.

34. Et bientôt Joseph et le sexe prodigieux de Joseph furent loin de cette maison d'embûches et de complications, et voilà pour eux.

35. Pour ce qui est de la femme de Putiphar, lorsqu'elle vit que Joseph avait fui elle devint bien jaune de teint, et elle arracha les fleurs de sa coiffure, et elle se griffa le visage, et elle déchira ses vêtements, et elle se meurtrit les seins, et enfin elle cria au larron et au suborneur.

36. Et les gens de sa maison accoururent, et elle leur dit : « Voyez ce que m'a fait cet esclave hébreu, le bien-aimé de votre maître, le fourbe, le paillard, le bâtard de trente-six mille chacals galeux avec trente-six mille putains hors d'usage !

37. Il a voulu me déshonorer, profitant de mon sommeil, et déjà c'était plus qu'à moitié fait, mais je me suis réveillée en sursaut, car j'ai le museau de tanche fort sensible.

38. Et alors j'ai crié, le lâche s'est enfui, mais voici sa robe qui atteste que ce que je dis est vrai. »

39. Et lorsque Putiphar, son époux, apprit cela, il entra dans une colère fort grande, et il fit rechercher Joseph par les gardes de Pharaon, et il le jeta dans une noire prison.

1. En ce temps-là, il arriva que Pharaon, roi d'Égypte, eut du ressentiment contre son grand échanson et contre son grand panetier, qui étaient deux eunuques parmi ses eunuques.
2. Et Pharaon les fit mettre dans une prison, et cette prison était celle où Joseph était enfermé.
3. Or, une même nuit, le grand échanson et le grand panetier eurent chacun un songe, et ces songes les inquiétèrent beaucoup, mais il ne se trouva personne qui pût les leur expliquer, et ils furent fort tristes à cause de cela, et leurs visages en furent tout barbouillés.
4. Alors Joseph leur dit : « Dieu m'a donné la science d'interpréter les songes. Allons, dites-moi les vôtres, et, si vous me promettez de me donner la moitié de votre portion de soupe, je vous les expliquerai. »
5. Alors le grand échanson raconta son songe à Joseph, et ce songe était tel :
6. « Il y avait un cep de vigne, et ce cep portait trois sarments, et ces sarments fleurissaient, et les grappes mûrissaient, et je pressais les grappes dans la coupe de Pharaon, et je tendais la coupe pleine à Pharaon. Tel fut mon songe, en vérité. »
7. Alors Joseph mouilla son doigt dans sa bouche, et il le leva en l'air, et il dit : « Voici l'interprétation de ton songe. Les trois sarments sont trois jours. Dans trois jours, Pharaon te fera sortir d'ici, et il te rétablira dans ta grandeur, et tu seras encore plus riche et plus puissant qu'auparavant. Ça, c'est une bonne interprétation, j'espère ! Allons, donne-moi la moitié de ta soupe. »

8. En entendant cela, le grand échanson se trémoussa à la limite du trémoussement, et il mangea toute sa soupe, et il dit à Joseph : « Puisque je vais être de nouveau riche et puissant, il faut que je prenne des forces afin de bien savourer mon bonheur. Toi, tu n'en as pas besoin, car tu n'es pas près de sortir d'ici. » Et il torcha sa bouche avec son bras, et il se rendormit pour essayer d'avoir un songe encore plus beau.

9. Le grand panetier dit à son tour : « Dans mon songe, il y avait sur ma tête trois corbeilles, et dans les corbeilles il y avait des petits pains et des gâteaux, et je les portais à Pharaon. Et les oiseaux du ciel gobaient les gâteaux et picoraient les petits pains dans les corbeilles. Certes, c'est là un beau songe, et j'ai hâte que tu m'expliques tous les présages merveilleux que tu y vois pour moi. »

10. Alors Joseph prit sa cuillère, et il dit : « La soupe, d'abord. » Et le grand panetier lui tendit sa gamelle de soupe, et il fit une marque pour marquer la moitié, et Joseph mangea la soupe jusqu'au fond, et puis il pissa dans la gamelle vide, et il la rendit au grand panetier, et il dit :

11. « Voici. Les trois corbeilles sont trois jours. Dans trois jours, Pharaon te fera sortir d'ici, et il t'élèvera plus haut que tu n'as jamais été, à vingt pieds du sol exactement, au bout d'une corde de chanvre, et les oiseaux du ciel goberont tes yeux et picoreront tes oreilles. Et qu'est-ce que tu dis de ça, mon gros pépère ? »

12. Or le troisième jour après ce jour-là était l'anniversaire de Pharaon. Et Pharaon donna un festin, et il eut soif, mais il n'y avait personne pour

lui verser à boire, alors il se rappela que son grand échanson était en prison, et il ordonna qu'on l'en fît sortir, et il le rétablit dans ses prérogatives, et même il l'honora plus encore qu'auparavant, car il comprenait maintenant combien c'est triste d'être sans vin à boire.

13. Et en même temps il se souvint de son grand panetier. Or Pharaon n'aimait pas le pain, parce que sa maman l'avait forcé à en manger beaucoup quand il était petit en lui disant : « Mange du pain, sans quoi tu vas rester un tout petit Pharaon. » Alors Pharaon fit pendre le grand panetier au-dessus de la table du festin, et on lui accrocha des pompons, et des clochettes, et des bougies, autant de bougies que Pharaon avait d'années, et ce fut un bel anniversaire.

●

1. Deux années passèrent. Une nuit, Pharaon fit un songe. Et ce songe était tel :
2. Il était près du fleuve, et voici que sept jeunes vaches, belles et bien grasses, sortirent du fleuve et se mirent à paître dans les pâturages.
3. Et voici, sept autres vaches sortirent encore du fleuve, mais c'étaient des vaches fort maigres et horribles à voir. Et les sept vaches maigres mangèrent les sept vaches grasses.
4. Pharaon eut encore un songe. Il y avait sept épis sur une même tige, et ces épis étaient gras et bien serrés.
5. Puis il vint sept autres épis, secs et tout flétris, et ces épis-là engloutirent les épis bien nourris. Tels furent les songes de Pharaon.

6. Alors Pharaon s'éveilla, et son esprit fut effrayé, et il fit quérir tous les sages et les magiciens de son empire, mais aucun ne sut interpréter ces songes.

7. Alors Pharaon leur fit couper la tête, et puis il interrogea tous les officiers de son palais, et ils avaient beau chercher, ils ne trouvaient rien dans leur tête, même en inventant, alors Pharaon leur faisait couper la tête.

8. Vint le tour du grand échanson. Et déjà il tendait le cou au bourreau, mais soudain il se rappela cet Hébreu qui avait interprété son songe, dans la prison, et il en parla à Pharaon, et Pharaon dit : « Soit. »

9. Et l'on fit venir Joseph devant Pharaon. Et Joseph dit : « Voyons l'affaire. »

10. Et Pharaon raconta ses songes à Joseph. Et puis il lui demanda : « Peux-tu m'expliquer ces songes ? »

11. Et Joseph répondit : « Pas si vite ! »

12. Et il dit à Pharaon : « Tire la langue. » Et Pharaon tira la langue, et voici : elle était chargée. Puis il dit à Pharaon : « Fais voir ton œil. » Et il essuya ses doigts sales sur sa robe, et il souleva la paupière de Pharaon, et il vit que le blanc de l'œil de Pharaon était tout jaune.

13. Alors Joseph fit « Hm, hm. » Et puis il dit : « Le songe des sept vaches grasses et des sept vaches maigres signifie que tu ne devrais pas manger de boudin le soir. »

14. Et Pharaon s'écria : « Comment as-tu pu savoir cela ? Certes tu es un grand magicien ! »

15. Et Joseph dit : « Je n'ai aucun mérite. C'est le petit Jésus qui m'envoie. » Mais Joseph anticipait un peu.

16. Et Pharaon dit : « Ah, bon. » Et puis il dit : « Et les sept épis ? » Et Joseph dit : « Le songe des sept épis signifie la même chose que celui des sept vaches. »

17. Alors Pharaon dit : « Pourquoi donc ton Dieu répète-t-il deux fois la même chose ? » Et Joseph dit : « Parce qu'il est bègue. »

18. Et Pharaon dit : « Eh bien, voilà, voilà, voilà, voilà. Je crois que nous nous sommes tout dit. Qu'on ramène ce brave homme dans son cachot. » Et Pharaon tourna les talons.

19. Alors Joseph se demanda dans sa tête s'il avait vraiment bien compris tout ce que Dieu avait voulu lui faire comprendre, et il leva les yeux, et là-haut il vit Dieu qui lui faisait les gros yeux en Se frappant le front du doigt.

20. Et il comprit que Dieu essayait de lui souffler ce qu'il aurait fallu dire. Alors Dieu fit le nombre sept avec Ses doigts, et Il gonfla Ses augustes joues, et Il Se tapa sur le ventre, et Il rota. Puis Dieu fit encore une fois le nombre sept, mais cette fois Il creusa Ses joues, et Il fit claquer Ses mâchoires, et alors Joseph cligna de l'œil pour Lui dire : « J'ai compris, Seigneur. » Et Dieu leva les yeux au ciel, ce qui signifie : « C'est pas trop tôt. »

21. Alors Joseph rattrapa Pharaon, et il lui dit : « Seigneur, je sais aussi lire dans les lignes de la main. » Et Pharaon dit : « Soit. Mais alors, vite fait. »

22. Et Pharaon tendit sa main, et Joseph regarda dedans, et il dit : « Je vois sept années d'abondance, puis sept années de famine. Et je vois aussi le moyen de préserver ton royaume de la famine. » Et Pharaon dit : « Quel est ce

moyen ? » Et Joseph dit : « Nomme-moi premier ministre et je te le dirai. »

23. Alors Pharaon dit à ses gardes : « Qu'on coupe la tête au premier ministre. » Ce qui fut fait. Et puis il dit à Joseph : « Tu es désormais premier ministre. Et maintenant, dis-le moi, hein, dis, dis-le moi, hein, hein ? »

24. Et Joseph dit : « Voici. Pendant les sept années d'abondance, mets des tartines de côté pour les années de famine. J'ai dit. »

25. Et Pharaon fut émerveillé de tant de sagesse, et il donna à Joseph son anneau d'or, et aussi son collier d'or, et il fit de Joseph le second après lui-même en Égypte.

●

1. Alors, au pays d'Égypte, Joseph fut grand parmi les grands, et il adopta les coutumes de ce pays-là, et il devint Égyptien tout à fait.

2. Et il s'habilla à la façon d'Égypte, et il eut toujours la tête de profil et les épaules de face.

3. Et il prit le nom de Tsaphenath-pahanéah, d'abord parce que ça fait plus riche que Joseph, mais aussi parce c'est beaucoup plus long à crier, surtout quand il y a de l'écho, si bien que ce n'était jamais lui qu'on appelait quand il y avait le feu.

4. Et le soir, après dîner, quand il emmenait pisser son sphinx sous les pyramides en fleurs, le menu peuple se le montrait du doigt et se disait l'un à l'autre : « Je suis pas raciste, mais ces types-là, c'est plus fort que moi, je peux pas les piffer. »

●

1. Lorsque la famine fut venue, on venait de tous les pays en Égypte pour acheter du blé, car la misère était grande par toute la terre.
2. Et Jacob envoya ses fils en Égypte pour acheter du blé. Et Joseph reconnut ses frères, mais eux ne le reconnurent pas.
3. Alors Joseph s'amusa à leur faire des farces très épaisses et interminables, mais ceci est un livre sérieux, et ce n'est pas le lieu de raconter ces bêtises par le menu.
4. Il importe seulement de savoir qu'au bout de tout cela, Jacob, ses fils et sa famille vinrent en Égypte, et ils se fixèrent dans la terre de Gessen, qui était très fertile.
5. Et les enfants d'Israël foisonnèrent et se multiplièrent très extraordinairement, et ils s'accrurent et devinrent très puissants, tellement que le pays en fut rempli.
6. Ainsi finit la Genèse, qui est la première partie des Aventures de Dieu.

LES AVENTURES
DU PETIT JÉSUS

Entre l'époque des fils de Jacob et celle du petit Jésus, Dieu mena couci-couça sa petite affaire, il bourlingua pas mal et se fit quelques bons copains, comme Moïse, David, Salomon, Isaïe, et même il connut des femmes très belles, très bonnes, très capiteuses et plutôt dangereuses, telles Judith ou Athalie, mais le récit de tous ces épisodes passionnants nécessiterait plusieurs volumes aussi gros que celui-ci. Nous les écrirons quelque jour, quand la vente du présent Livre nous aura suffisamment convaincu que cela en vaut la peine. Pour l'instant, nous avons estimé judicieux de laisser provisoirement de côté les épisodes intermédiaires (et, somme toute, d'importance secondaire) pour passer directement à l'aventure ultime de notre héros et à son prodigieux dénouement si plein de conséquences quant à la civilisation qui s'honore d'être la nôtre.

CHAPITRE 1

1. En ce temps-là, Dieu en eut assez d'être seulement le Dieu d'Israël.
2. Les temps avaient bien changé depuis Abraham. Les Romains étaient venus, et ils avaient posé le pied sur la Terre Sainte, et ils avaient vaincu le Peuple Élu, et le Peuple Élu, à quatre pattes, cirait les sandales des Romains.
3. Or les Romains adoraient des quantités de dieux, mais naturellement ces dieux étaient de faux dieux.
4. Car le Seigneur, le Dieu d'Israël, est le seul vrai Dieu.
5. Et le Peuple Élu était étonné de cela, et il pensait des pensées dans le dedans de sa tête, et ces pensées étaient mauvaises, et ces pensées étaient telles :
6. « Après tout, peut-être bien que beaucoup de faux dieux c'est plus fort qu'un vrai Dieu tout seul. »
7. Or le vrai Dieu, le Dieu d'Israël, était un Dieu jaloux, et exigeant, et sévère, et vindicatif, et coléreux, et porté sur la bouche, et pointilleux sur le cérémonial, et aimant bien mais châtiant mieux, et pas toujours très soigné dans Sa tenue, et constamment le sourcil froncé, et jamais la rigolade.

8. Et si le Peuple Élu supportait tout cela, et Lui rendait hommage, et Lui offrait des sacrifices coûteux et salissants, c'était bien parce qu'Il était le seul vrai Dieu, naturellement.

9. Mais c'était bien un petit peu aussi parce qu'Il était le plus fort et qu'avec Lui on était sûr de gagner à tous les coups,

10. Ou alors les prêtres n'étaient que de sales menteurs. Mais ça, c'est pas possible.

11. Or voici. Les Hébreux voyaient que les dieux des Romains étaient de bons bougres de dieux couronnés de roses, toujours prêts à boire un coup, toujours en train de fricoter dans l'herbe tendre avec des déesses à la cuisse légère, et rigolos comme tout, et pas fiers avec l'ouvrier,

12. Et qui, n'empêche, donnaient la victoire à leurs fidèles.

13. Et même si ce n'était qu'une victoire provisoire — car, naturellement, l'Éternel est le seul vrai Dieu, et Il finit toujours par avoir le dernier mot, dût-il pour cela entasser les siècles sur les siècles et les éternités sur les éternités —,

14. Même si ce n'était, donc, qu'une victoire provisoire, c'est quand même bien agréable d'être vainqueur, après tout on ne vit qu'une fois, et mieux vaut vivre sa petite vie riche et vainqueur que pauvre et vaincu.

15. Voilà ce que pensaient les Hébreux dans leurs têtes, et Dieu voyait cela, et Dieu ne Se courrouçait point de cela.

16. Or, naguère, Dieu n'eût point manqué, devant de telles choses, de Se courroucer dans le paroxysme de Son courroux, et de laisser tomber sur les penseurs de pensées mauvaises Sa

grande Pluie de feu et de soufre, ou Son Déluge de quarante jours, ou Ses dix Plaies, ou Sa Peste noire, ou quelque autre succculente malédiction d'entre Ses malédictions,

17. Mais certes Dieu n'eût pas laissé ça là.
18. Au lieu de cela, Dieu pensait dans Sa tête qu'Il n'était pas beaucoup sorti de Son coin, ces derniers siècles,
19. Et que peut-être Il aurait dû voyager un peu, de temps en temps, ne serait-ce que pour Se tenir au courant.
20. Car Il avait beau être le seul vrai Dieu, Il ne Se rappelait pas avoir créé tant de Romains, ni de Grecs, ni de Gaulois, ni de Germains, ni de Scythes, ni d'Ibères, ni de Nègres tout noirs.
21. Il avait même un petit peu oublié qu'il existât quelque chose au-delà des limites de la Terre Sainte.
22. Et peut-être qu'un Dieu qui Se pose des questions au lieu de lâcher Sa grande Pluie de soufre et de feu sans faire tant d'histoires est un Dieu pas très bien portant,
23. Ou peut-être un Dieu qui vieillit.
24. Or Dieu voyait aussi les faux dieux des Romains et toutes leurs impudicités,
25. Et Il méprisait ces parvenus, et Il ne leur adressait pas la parole,
26. Mais Il devait reconnaître qu'ils offraient beaucoup plus d'attraits aux fidèles, et que leurs autels étaient mieux fleuris que les Siens.
27. Alors Il Se demanda : « Pourquoi cela ? »
28. Et Il Se répondit en même temps, car Il est toute science et, de toute question, d'avance Il connaît la réponse : « Parce que leur mytholo-

gie est une mythologie pleine d'aventures et de péripéties, et parce que les peuples aiment les belles histoires, surtout lorsqu'elles finissent bien. »

29. Et Il Se répondit encore : « Parce que, aussi, on connaît leur visage, et que l'on en peut faire des portraits et des statues. Or les peuples aiment voir les images de leurs dieux, surtout s'ils sont jolis garçons, surtout s'ils sont des déesses aux blanches cuisses. »

30. Et Dieu dut convenir qu'Il était un Dieu sans aventures et sans péripéties, un Dieu casanier, un Dieu pantouflard,

31. Et qu'Il était aussi un Dieu sans forme et sans visage,

32. Et même un Dieu sans nom.

33. Il était l'Éternel, Il était l'Ineffable, Il était l'Innommable, Il était l'Imprononçable, Il était le Non-figurable, Il était l'Abstrait.

34. Il était Celui qui est.

35. Un point, c'est tout.

36. C'est grandiose,

37. Mais un peu sec.

●

1. Dieu réunit Ses anges, et Il leur dit : « Voici. J'ai décidé d'avoir des aventures. »

2. Alors l'archange Gabriel, qui se tient à la droite du Seigneur, dit : « Ah ? Bon. »

3. Alors l'archange Michel, qui se tient à la gauche du Seigneur et voudrait bien se tenir à droite, dit : « J'écoute et j'obéis, Seigneur ! Tout ce que Vous faites est bien fait, Seigneur !

Chantons, mes frères, chantons les louanges du Seigneur ! »

4. Alors le chœur des anges entonna l'hymne des louanges numéro neuf cent trente-quatre. Le Seigneur attendit qu'ils eussent chanté le premier couplet, puis Il les fit taire, et Il parla ainsi :

5. « Savez-vous seulement ce que c'est, des aventures ? »

6. Et les anges tous ensemble répondirent : « Oh, oui, Seigneur, nous le savons ! Ce sont des tribulations et des péripéties, des chevauchées et des adultères, des trahisons et des galipettes, des métamorphoses et des prostitutions, des porteuses de pain et des mousquetaires, des sortilèges et des cocus,

7. Et des enfants volés, et des grains de beauté, et des épées magiques, et des danses du ventre, et des sphinx, et des énigmes, et des fleurs qui parlent, et des arbres qui saignent, et des vierges qui forniquent avec des taureaux... »

8. Et le Seigneur dit : « D'où savez-vous tout cela ? »

9. Et les anges dirent : « Nous regardons les autres dieux, Seigneur, les faux. Nous les voyons par les trous dans les nuages. Nous nous amusons bien. »

10. Et un tout petit ange joufflu demanda : « Quelle sorte d'aventures avez-vous décidé d'avoir, Seigneur ? Comme Jupiter ? Comme Hercule ? Comme Bacchus ? Comme Vénus ? Comme Osiris ? Comme Baal ? Comme Tarzan ? »

11. Et le Seigneur dit : « Je n'aurai les aventures de personne. J'aurai Mes aventures à Moi. »

12. Alors l'archange Michel se pencha vers l'archange Gabriel, et il lui dit à l'oreille : « Ça va être gai ! Je suis sûr que ça finira mal. »

13. Et Gabriel répondit à Michel : « Je t'emmerde, sale petit lèche-cul. »

14. Cependant le Seigneur avait relevé la tête, et Son œil était clair, et Sa résolution était prise.

15. Et le Seigneur dit : « J'ai un plan. »

●

1. Or, à peine l'Éternel Dieu eût-il dit cela, voici qu'il arriva des choses. Et ces choses furent telles :

2. Soudain l'Éternel Dieu ne fut plus seul. Il y avait auprès de Lui un autre Éternel Dieu, et Celui-ci était tout semblable à Lui-même, mais en beaucoup plus jeune, et Ses cheveux étaient de lin, et Sa barbe était de blonds copeaux, et il n'y avait pas de jaune d'œuf dedans.

3. Et au-dessus d'Eux il y avait un troisième Éternel Dieu qui Leur ressemblait comme une goutte d'eau ressemble à une autre goutte d'eau et un pigeon à un Dieu qui créa l'homme à son image, car ce troisième Dieu unique avait la forme et la grosseur d'une colombe, qui est un pigeon femelle, et cette colombe voletait de Ses blanches ailes, et Elle fientait Sa blanche fiente, et les anges se battaient pour recueillir la divine matière.

4. Or Dieu vit cela, et Il fut content de cela,

5. Car c'était juste ce qu'Il avait voulu, c'était là Son plan.

6. Et à partir de cet instant Il ne fut plus Dieu tout court, Il fut Dieu-le-Père, et Il avait toujours été Dieu-le-Père depuis l'éternité des temps et des durées,

7. Mais Il était également Dieu-le-Fils, qui n'existait que depuis cet instant et qui depuis cet instant avait existé de toute éternité,

8. Et tous deux étaient également Dieu-le-Saint-Esprit, et Dieu-le-Saint-Esprit était tous les trois ensemble et chacun des deux autres séparément,

9. Et on pouvait les arranger trois par trois de toutes les façons qu'on voulait, l'un sur l'autre, ou tête-bêche, ou l'un dans l'autre, ou en triangle, ou en étoile, ou en poupées russes,

10. Le total faisait toujours trois, et le total faisait toujours un,

11. Et à partir de l'instant où Ils avaient décidé de commencer à être, Ils avaient été de toute éternité,

12. Mais un instant avant cet instant, leur éternité n'était même pas commencée.

13. Ceci s'appelle le mystère de la Sainte Trinité. Personne ne peut comprendre un mystère.

14. A moins naturellement d'être Dieu,

15. Ou complètement soûl.

●

1. Or les anges voyaient cela, et ils clignaient des yeux,

2. Car tantôt ils En voyaient un, tantôt ils En voyaient trois, ce qui est très fatigant pour la vue,

3. Et beaucoup de vieux anges, écœurés par les nouvelles manières du patron, s'en allèrent rejoindre les cohortes du Malin.

4. Et Dieu-le-Père parla à Dieu-le-Fils et à Dieu-le-Saint-Esprit. Or, quand l'un des trois parlait, les deux autres parlaient aussi, puisqu'ils étaient trois en un, et quand l'un des trois écoutait, les deux autres écoutaient aussi, pour la même raison,

5. Et, dans ces conditions, pourquoi prenaient-ils la peine de se parler ? Voilà ce que disent les impies et les raisonneurs.

6. Et ces gens pernicieux disent encore que les mystères, c'est comme ça : dès qu'on en admet un, même un tout petit, on n'en sort plus, c'est le doigt dans l'engrenage, toute la logique y passe, l'univers se défait comme une maille qui file.

7. Et voilà pourquoi il faut faire taire ces impies et ces raisonneurs, par le fer, par le feu ou autrement.

8. Et quand il s'agit de Dieu et de Sa famille, il vaut mieux ne pas poser de questions, sans quoi il n'y a pas moyen d'avancer.

9. Donc Dieu-le-Père dit : « Les hommes sont pervertis en leur nature, et leurs cœurs sont endurcis, et leurs pensées sont de suie, et leurs actions sont d'opprobre, et leur vue a lassé Mes yeux. »

10. Les anges, entendant cela, accoururent, et ils penchèrent leurs têtes gracieuses aux balcons du ciel, et ils pépiaient et gloussaient de plaisir.

11. Car ils savaient que, lorsque l'Éternel parlait comme cela, il y avait toujours, aussitôt après,

quelque chose d'amusant à voir en bas : déluge, pluie de soufre et de feu, tremblement de terre,

12. Enfin, un peu d'animation, quoi. Or ils n'avaient pas si souvent l'occasion de se distraire, là-haut,

13. A part, naturellement, chanter les louanges du Seigneur.

14. Or, cette fois-là, les anges furent bien déçus. Car Dieu dit ensuite :

15. « Je vais leur envoyer l'un d'entre Nous, afin qu'Il souffre, et soit supplicié, et meure pour racheter leurs péchés.

16. Ça, c'est une bonne idée, ça ! »

17. Les anges se regardèrent entre eux, et puis ils dirent : « Mouais... »

18. Et Dieu, ayant dit, dit : « J'ai dit. »

19. Et il dit encore : « J'ai à Me parler seul à seul. Vous pouvez disposer. »

20. Alors les anges s'envolèrent, qui de çà, qui de là, et Dieu resta seuls.

●

1. Dieu dit « L'un d'entre Nous descendra donc parmi les hommes, afin de souffrir et d'être mis à mort, car tel est Mon dessein.

2. Or Nous devons maintenant aviser et décider Quel se dévouera.

3. Quant à Moi, sans vouloir Vous influencer, Mon avis est qu'il serait bon que ce soit un Dieu fait à l'image d'homme, et jeune, et beau, et plaisant aux dames. Car telle est la religion de la femme, telle la religion du mari. »

4. Le Saint-Esprit dit : « Cet avis est aussi Mon avis. »

5. Le Fils dit : « Les femmes aiment beaucoup les colombes. »

6. Le Saint-Esprit dit : « Une colombe clouée sur une porte de grange, ça ne fait pas sérieux. »

7. Le Père dit : « Il en sera ainsi qu'il est écrit dans le Livre. Or le Livre dit : Dieu enverra Son fils unique, le Messie, pour racheter les péchés du monde. »

8. Le Fils dit : « C'est écrit dans le Livre ? Jamais lu ça, Moi ! »

9. Le Père dit : « Au moment où Je conçus l'idée que ç'ait été écrit dans le Livre, à ce moment même ç'avait été écrit dans le Livre, ça l'avait toujours été, depuis que le Livre était livre. »

10. Le Fils dit : « Ah oui ? »

11. Le Père dit : « A partir de ce même instant où J'en eus décidé ainsi, tous les prophètes n'eurent parlé que de cela, leurs discours n'eurent été remplis que de l'annonce de la venue du Fils.

12. Bien sûr, il faut un peu lire entre les lignes, mais où sera leur mérite si On leur mâche tout le travail ? »

13. Le Père dit encore : « D'ailleurs, tout cela, Tu le sais aussi bien que Moi, puisque Tu es Moi. Cesse donc d'ergoter ou Je Te flanque une gifle. »

14. Alors le Fils soupira, et Il n'ergota plus.

●

1. Le Fils dit : « Je peux choisir Mon supplice ? »

2. Le Père dit : « Il est écrit que Tu seras crucifié. »

3. Le Fils dit : « Je le savais, mais ça valait quand même la peine d'essayer. Après tout, Votre divine mémoire n'est plus ce qu'elle était. »

4. Le Fils dit encore : « Ça fait très mal, crucifié ? »

5. Le Père dit : « Bof... On a beaucoup exagéré. Et puis, Tu as tout le temps d'y penser. Ce n'est pas pour tout de suite. Tu as quelques belles années devant Toi. »

6. Le Fils dit : « Ça, Je vais un peu en profiter ! Je vois la chose d'ici. D'abord, Je descends sur Terre dans toute Ma gloire, assis sur un trône d'or incrusté de choses très coûteuses, vêtu d'une robe de pourpre avec des pendeloques de diamants et de rubis... Ou plutôt, non, Je crois que Je vais mettre celle de soie naturelle, avec le décolleté rond, les épaules dégagées et des garnitures d'émeraudes merlucheuses et de plumes d'anges nouveau-nés étouffés dans le ventre de leur mère. Elle est de l'année dernière, mais en la reprenant un peu à la taille et en raccourcissant l'ourlet, elle doit faire encore son petit effet. Qu'en dites-vous, Père ? »

7. Le Père dit : « Eh bien... Heû... Ce n'est pas tout à fait comme ça que Je voyais les choses. »

8. Il dit encore : « J'ai pensé qu'il serait préférable, pour Te faire homme, que Tu suives la filière normale, si Tu vois ce que Je veux dire... »

9. Le Fils dit : « Vous voulez dire naître comme naissent les hommes, dans le sang noir, et le mucus, et l'urine, et l'odeur d'entrailles fuman-

tes, et par les mains d'une sage-femme aux ongles sales ? »

10. Le Père dit : « C'est bien cela. »

11. Le Fils dit : « Et Je devrai rester neuf mois tout seul dans le noir ? »

12. Le Père dit : « C'est cela. »

13. Le Fils dit : « Et Je devrai être un spermatozoïde d'entre les spermatozoïdes d'un mortel mâle, et Je devrai souffrir d'être balancé au gré du balancement de ses testicules poilus, puis être brutalement chassé dans les entrailles d'une femelle et nager de toutes Mes forces pour arriver le premier ? »

14. Le Père sourit et dit : « Non. Là, j'ai une surprise pour toi. » »

15. Le Fils dit : « Voyons voir. »

16. Le Père dit : « Tu comprends, le mythe aurait été un peu sec. Il y faut une pincée de miracle, pour le folklore. Tu ne seras donc pas engendré. »

17. Le fils dit : « Tiens, donc. Et qu'est-ce que Je serai, alors ? »

18. Le Père dit : « Tu seras incarné. »

19. Le Fils dit : « Comme un ongle ? »

20. Le Père dit : « Ne plaisante pas. C'est sérieux. C'est un mystère. Le mystère de l'Incarnation. »

21. Le Fils dit : « On n'en est plus à un mystère près ! » Il dit encore : « Et qui accomplira ce mystère ? »

22. Le Père désigna le Saint-Esprit, et Il dit : « Celui-ci. » Il dit encore : « Il te déposera dans le sein d'une vierge que Je viens de remarquer

et qui, de ce fait, avait été remarquée par Moi depuis l'éternité du temps et de la durée. »

23. Le Fils dit : « Une vierge ? Et comment ferai-Je pour sortir de là-dedans, Moi ? »

24. Le Père dit : « Ça, c'est Ton problème. Je ne peux quand même pas tout faire. »

25. Le Père dit encore : « Va. Il est temps. »

26. Et déjà le Fils était réduit à la taille d'un grain de semence d'homme, et le Saint-Esprit, l'emportant, avait pris son essor, et Il volait droit vers la Terre, et Gabriel, l'ange du Seigneur, lui ouvrait la voie en soufflant dans sa trompette d'ange.

27. Et le Père cria encore : « Va, Mon petit. Fais de Ton mieux. Et n'oublie pas que ceci est une opération-promotion. Je veux être le seul Dieu de tous les humains par toute la Terre, et qu'ils ne connaissent que Moi, et qu'ils n'adorent que Moi. »

28. Alors le Fils vit briller devant ses yeux une enseigne qui illuminait la nuit, et cette enseigne disait : « Dieu, Père, Fils and Co, seul vrai Dieu. » Et Il pensa : « Mâtin ! Quel trust ! » Et il fut un peu rasséréné.

●

1. En ce temps-là, l'ange du Seigneur vint dans une ville de Galilée, appelée Nazareth,

2. Et il entra chez une vierge fiancée à un homme nommé Joseph, de la maison de David. Et cette vierge s'appelait Marie.

3. Et l'ange, étant entré dans le lieu où elle était, lui dit : « Je te salue, pleine de grâce. Le Sei-

gneur est avec toi. Tu es bénie entre toutes les femmes. »

4. Or Marie ne répondit rien, car elle se méfiait. Elle pensait que c'était là quelque colporteur d'entre les colporteurs qui colportent des colifichets quand les femmes sont seules à la maison.

5. Alors l'ange se tourna afin que, voyant ses ailes, elle le reconnût pour l'ange du Seigneur. Mais Marie pensa qu'un colporteur pouvait bien se déguiser en ange, et elle n'en fut que plus craintive devant tant de malice.

6. Alors l'ange voleta dans la maison, et Marie vit bien que c'était un ange véritable, et elle dit : « Je suis la servante du Seigneur. Mais marchez sur les patins, je viens de cirer. »

7. Alors l'ange se posa, et il recommença depuis le début, car quand on l'interrompait il perdait le fil, et puis il dit : « Marie, ne crains rien, car tu as trouvé grâce devant Dieu. »

8. Et Marie écoutait, et elle regardait l'ange, et elle ne voyait pas la colombe qui se faufilait par-derrière sous ses jupes.

9. Et, à tout ce que lui disait l'ange, elle répondait : « Oui, Monsieur. Certainement, Monsieur. Prenez donc une chaise. Accepterez-vous une petite goutte de cassis ? Je le fais moi-même, vous savez, une recette à maman, c'est rien que du naturel. »

10. Et soudain elle se troubla, et elle soupira, et elle dit : « Ah... », et elle dit : « Maman ! », et l'on entendit un roucoulement, et le Saint-Esprit sortit de sous ses jupes, et il s'envola, et voilà pour lui.

11. Et l'ange parla encore ainsi : « Tu concevras et enfanteras un fils, à qui tu donneras le nom de Jésus.

12. Il sera grand et sera appelé Fils du Très-Haut, et le Seigneur Dieu lui donnera le trône de David.

13. Et il règnera éternellement, et il n'y aura point de fin à son règne. »

14. Or Marie d'abord avait rougi, car elle n'était pas habituée à ce qu'on lui parle de ces choses, et puis elle avait pouffé, et elle dit à l'ange :

15. « Comment cela se pourrait-il, puisque je ne connais point d'homme ? »

16. Et l'ange dit : « Les explications, ce n'est pas mon rayon. Moi, j'ai fait ma commission. Bien le bonjour chez vous. » Et il s'en fut.

17. Alors Marie resta toute songeuse en sa demeure, et elle s'interrogea pour savoir si cela signifiait que Dieu la demandait en mariage, et elle se dit qu'alors Dieu était vraiment timide, et elle se reprocha de ne l'avoir pas un peu aidé au lieu de laisser l'ange tourner comme ça autour du pot, et elle regretta de s'être fiancée à Joseph, qui était vieux, charpentier, pas très futé, avait l'haleine forte et n'était pas tellement dieu.

18. Et puis elle se dit : « Bof ! » et, à tout hasard, elle acheta de la laine bleue et commença à tricoter une layette.

CHAPITRE 2

RÉSUMÉ DU PREMIER CHAPITRE.
L'Éternel, dieu d'Israël, décide d'agrandir Son affaire et de devenir le Dieu de toute la Terre. Mais une étude de marché Lui révèle que l'abstraction pure n'est pas très payante auprès des masses. Il met alors au point un mythe à péripéties amusantes et envoie Son fils comme public relations auprès des hommes.

1. En ce temps-là, il y avait un sacrificateur nommé Zacharie, de la race d'Abia. Sa femme était de la race d'Aaron, et elle s'appelait Élisabeth, et elle était cousine de cette Marie dont il fut déjà parlé au chapitre précédent.

2. Or Élisabeth et Zacharie étaient justes et intègres devant Dieu, et même un peu lèche-bottes,

3. Et tout ce qui faisait plaisir à Dieu, ils le faisaient, même s'ils n'en avaient pas tellement envie, et tout ce qui Lui déplaisait, ils s'en abstenaient, même si c'était justement ça qui leur aurait vraiment remonté le moral.

4. Et donc leur vie était une assez morne vie, mais ils se consolaient en se disant que tout ce qu'on fait pour Dieu, Dieu vous le rend au centuple,

5. A vous ou à vos enfants,

6. Ou aux enfants des enfants de vos enfants,

7. Enfin à quelqu'un de la famille,

8. Et donc il suffit de prendre patience, et de souffrir en silence, tout en pensant à cette avalanche de bonnes choses qui va vous dégringoler dessus le jour où Dieu se décidera,

9. Et en rigolant sous cape des voisins qui s'empiffrent des viandes en sauce, et boivent des liqueurs fortes, et dansent des danses impudiques, et forniquent des fornications acrobatiques, et dégueulent sur les roses à peine écloses, et racontent des histoires juives, et pissent contre le vent, et détournent des mineures, et font la grosse commission dans la vasque aux poissons rouges, et blasphèment le saint nom de l'Éternel, et lèchent la confiture et jettent le pain, et brûlent la chandelle par les deux bouts et le milieu, et rient le vendredi et s'esclaffent le dimanche, et creusent leur fosse avec leur zob,

10. Comme si, pauvres imbéciles, on était sur terre pour s'amuser.

11. Or il fallait que la confiance qu'Élisabeth et Zacharie plaçaient dans le Seigneur fût une solide confiance,

12. Car, en dépit de leur justesse et de leur intégrité, le Seigneur ne leur avait point donné d'enfant.

13. Et le ventre d'Élisabeth était un champ aride, et le soc de Zacharie s'y était émoussé en vain

tout au long des 14 975 nuits de leurs quarante années de mariage dont dix bissextiles,

14. Plus deux fois en plein jour, à l'heure de la sieste,

14 *bis*. Plus une fois à la campagne, mais il y avait des moustiques.

15. Et le tempérament d'Élisabeth était un tempérament tellement sec et tellement fiévreux qu'elle excrétait des excréments petits et noirs comme ceux du bouc, et durs, et brûlants, et en tombant dans l'eau ils faisaient pchchch, encore en excrétait-elle à grand-peine un tous les premiers du mois.

16. Et l'intimité d'Élisabeth était rechignée, et serrée, et plissée comme la bourse d'un avare, et calleuse comme les paumes d'un galérien, et accueillante comme un piège à loup.

17. Et les fesses d'Élisabeth étaient comme deux clous rouillés, et ses seins comme deux raisins secs oubliés derrière l'armoire, et ses lèvres comme deux rognures d'ongles, et son anus comme un sifflet car il était artificiel.

18. Telle était Élisabeth, l'épouse de Zacharie le sacrificateur, c'est là son portrait véritable.

19. Or l'âge avait maintenant rongé le soc de Zacharie sans pour autant attendrir le champ d'Élisabeth,

20. Et leur espoir d'une postérité avait pris dans leur bouche le goût de la fiente de chat,

21. Et leur amertume eût été en vérité une grande amertume s'ils ne s'étaient consolés en mangeant beaucoup de bouillie bien sucrée car ils étaient devenus gourmands avec l'âge, et bien

molle car à eux deux ils ne possédaient que trois dents dont deux branlantes.

22. Or voici. Il arriva que le Seigneur changea d'idée à l'égard d'Élisabeth. Et Il envoya l'ange Gabriel à Zacharie, et l'ange Gabriel dit : « Écoute, ô Zacharie. Le Seigneur m'envoie te dire ceci : "Ta femme, Élisabeth, t'enfantera un fils, que tu appelleras Jean-Baptiste." »

23. Or Zacharie branlait la tête et ne répondait rien, et l'on voyait bien qu'il n'avait pas l'air aussi content qu'il aurait dû.

24. Et l'ange lui dit : « Tu es content, j'espère, ô Zacharie ? »

25. Et Zacharie répondit : « Tu parles que je suis content, ô ange ! Je suis tellement vieux que la peau de mes œufs pend jusqu'à mes genoux et me fait trébucher,

26. Et mon triste zob est si bien caché dans les plis de mon ventre que je ne sais même pas par quelle ride je pisse.

27. Et voilà maintenant que le Seigneur m'envoie un petit enfant ! Jamais personne ne voudra croire que mon pauvre outil aura planté cette semence dans l'aridité d'Élisabeth, et les gens imagineront sur moi les choses désobligeantes que l'on imagine dans de tels cas. »

28. Et Zacharie dit encore : « Or, quel lait téterat-il, cet enfant ? Même si ses petites lèvres sont assez robustes pour tirer quelque chose du sein racorni de sa mère, ce ne saurait être tout au plus que trois gouttes de jus de chique,

29. Et me vois-tu, avec mes rhumatismes, courir à quatre pattes, un moutard sur le dos ?

30. A part cela, je suis tout à fait content, et je loue

le Seigneur pour ses bienfaits. » Et Zacharie poussa un gros soupir.

31. Alors l'ange dit : « Il faut que je te dise, ô Zacharie. Ceci est un miracle. Cet enfant accomplira de grandes choses. Et pour te punir de n'avoir pas été content assez vite, tu vas devenir muet. Ça t'apprendra. » Et l'ange s'envola, car c'était l'heure de la soupe chez les anges, ou de quoi que ce soit d'autre qui tient lieu de la soupe chez ces gens-là.

32. Ainsi fut-il. Zacharie devint muet, et la pauvre vieille Élisabeth conçut, et elle eut honte de cela, et elle se cacha pendant cinq mois, et Zacharie lui expliqua par signes que c'était là un miracle et la volonté de Dieu, et que l'enfant accomplirait de grandes choses.

33. Alors Élisabeth fut contente, et elle dit : « Nous l'appellerons Jésus-Christ ». Car elle avait lu les Prophètes.

34. Mais Zacharie lui dit par signes : « Non. Telle n'est pas la volonté de Dieu. »

35. Alors Élisabeth dit : « Tant pis. Nous l'appellerons Mao Tsé-toung ». Car elle avait lu aussi les Prophètes étrangers.

36. Mais Zacharie lui dit par signes : « La volonté de Dieu est que nous l'appelions Jean Baptiste. »

37. Alors Élisabeth dit : « Jean quoi ? Qui c'est ce Jean Machin ? C'est personne, voilà qui c'est ! Tu t'es encore fait avoir, pauvre andouille ! Quand je pense que j'ai usé ma belle jeunesse à touiller la soupe aux poireaux et à subir les tristes coïts de ce vieux qui sent le pet et la dent gâtée pour être finalement la mère d'un personnage de second plan, d'un comparse,

d'un faire-valoir, d'un figurant ! Ah, maman me l'avait bien dit que tu n'avais aucune envergure ! »

38. Mais voilà que l'on frappait à la porte, c'était Marie de Nazareth, la fiancée de Joseph le charpentier, qui venait faire visite à sa cousine.

●

1. Or, Marie étant entrée dans la maison de Zacharie, elle salua Élisabeth et elle lui dit : « Bonjour, cousine. »

2. Et Élisabeth répondit : « Salut, Marie. Entre et ne regarde pas trop, je n'ai pas encore eu le temps de faire le ménage, tu sais ce que c'est quand on attend un bébé, surtout un comme celui que j'attends, vu qu'il est presque le Messie qu'il y a dans les Prophètes, même qu'il aura une très belle situation quand le Messie sera venu, et ça sera pour dans pas longtemps, et il va y avoir des changements dans la politique, c'est moi qui te le dis, et quand le Messie sera au gouvernement, si tu as besoin de quelque chose t'auras qu'à le demander, je parlerai pour toi à mon fils, et lui, son copain le Messie n'aura rien à lui refuser. Ne me remercie pas. Faut se soutenir, entre parentes. »

3. Mais Élisabeth, baissant les yeux, vit que le ventre de Marie était presque aussi rond que le sien. Et elle fut scandalisée de cela, car Marie n'était pas encore mariée. Et elle ouvrit la bouche pour dire « Salope ! ».

4. Or juste à ce moment le petit enfant tressaillit dans le sein d'Élisabeth, et il lui donna un coup de pied comme pour lui faire comprendre quelque chose.

5. Et Élisabeth cria « Aïe ! », mais elle ne comprit pas la chose que le petit enfant avait voulu lui faire comprendre, et elle se rappela de quoi elle était en train de parler juste avant cela, et elle ouvrit la bouche pour dire « Putain ! ».

6. Alors le petit enfant lui donna un autre coup de pied, il le lui donna juste là où ça fait le plus mal, et Élisabeth aurait juré qu'il portait des sabots très pointus avec du fer au bout.

7. Et cette fois Élisabeth comprit que c'était le Saint-Esprit qui animait le pied du petit enfant dans son ventre, et tout devint soudain clair à ses yeux.

8. Et, élevant la voix, elle s'écria : « C'était donc ça ! »

9. Et elle dit encore : « Bon, bon. D'accord. Je te salue, Marie. Tu es bénie entre toutes les femmes et le fruit de tes entrailles est béni. Il y en a qui se débrouillent pas trop mal, avec leurs airs de sainte nitouche. Alors, comme ça, le Seigneur et toi... Qui aurait pu imaginer une chose pareille ! Une fille élevée dans les meilleurs principes ! Le Seigneur a beau être le Seigneur, Il est bien aussi jobard que les autres bonshommes. Il Lui faut des minettes, et des joues de pêche, et des yeux de biche, et des petits nichons pointus,

10. Et même des pucelles, s'il vous plaît !

11. Moi, je dis que ce qu'il Lui faudrait, c'est une vraie femme, une qui connaît la vie, et qui comprend les hommes, et qui sait tenir en ordre une synagogue, et Lui mijoter des petits plats. Une qui aurait été, disons, un petit peu la femme d'un sacrificateur, le temps de se faire la main. Tiens, sais-tu seulement comment le

Seigneur préfère les poulets du sacrifice pour Son petit déjeuner ? A la broche ou en cocotte ? Tu vois bien...

12. Enfin, que la volonté du Seigneur soit faite. Moi, hein, ce que j'en dis... »

13. Et elle dit encore : « Mais d'où me vient cet honneur que la mère de mon Seigneur vienne me rendre visite ? Si c'est pour faire la fière et nous en mettre plein la vue, j'aime mieux te dire que tu perds ton temps, ma petite. Mon fils n'est peut-être pas le Messie, mais il est de mon époux légitime. Je peux passer partout la tête haute, moi. Et toc ! »

14. Et pendant ce temps-là, Marie se disait en elle-même : « Cause toujours, cousine, c'est moi qui tiens le bon bout. »

15. Et puis Marie dit à Élisabeth : « J'ai composé un petit cantique à la gloire du Seigneur et de nos amours. Veux-tu que nous le chantions ensemble ? » Et Élisabeth y consentit, car après tout il vaut mieux ne pas se mettre mal avec le Seigneur, ni avec celles qu'Il honore de Sa copulation.

16. Et ce cantique est très beau, et son titre est « Magnificat », ce qui veut dire « L'hirondelle du faubourg » en latin. Car les Hébreux de ce temps-là trouvaient plus chic de mettre des titres latins à leurs chansons. Et cette chanson fut un tube, et aujourd'hui encore elle est très demandée dans les juke-boxes.

17. Marie resta trois mois chez Élisabeth. C'est exactement le temps qu'il lui fallut pour mettre au point l'histoire qu'elle allait raconter à Joseph, son fiancé, afin d'expliquer le gros ventre et tout ça.

18. Et puis elle retourna à Nazareth.

●

1. Or Joseph vit le ventre de Marie, et il demanda : « Qu'est cela ? »

2. Et Marie lui répondit qu'il ne devait pas aller imaginer je ne sais quelles bêtises, que ce n'était pas du tout ce que n'importe quel imbécile pourrait penser à première vue, qu'il fallait examiner tout ça bien posément entre gens civilisés, et d'abord prends donc un siège et bois un petit coup de ratafia, et ne quitte pas ta laine, te voilà tout en nage, un chaud et froid est si vite attrapé. Là... Voilà, mon gros Jojo. encore une petite goutte ?

3. Et elle lui raconta l'ange, et l'opération du Saint-Esprit, et le tressaillement de l'enfant dans sa cousine, et les Prophètes qui avaient prédit tout ça mot pour mot, si, si, je t'assure, tu n'as qu'à regarder toi-même, tel et tel chapitre, tel et tel verset, les hommes vous êtes bien tous les mêmes, vous faites des tas d'histoires pour les choses les plus simples.

4. Et Joseph retourna dans sa maison, et il n'était pas sûr d'avoir tout compris, et il se coucha en pensant à tout ça dans sa tête, et il se disait que c'était bien la peine d'avoir attendu si longtemps avant de se marier pour se faire finalement faucher sa fiancée par le Seigneur, un type encore plus vieux que lui, si on veut aller par là.

5. Et puis il s'endormit. Or un ange du Seigneur lui apparut en songe et lui dit : « Joseph, fils de David, tout ce que t'a dit Marie est vrai. Ne

crains point de la prendre pour épouse, car ce qu'elle a conçu se trouve en elle par l'opération du Saint-Esprit.

6. Et elle enfantera un fils auquel tu donneras le nom de Jésus afin que soit accompli ce que le Seigneur Dieu a dit par Son prophète : " Voici. Une vierge sera enceinte, et elle enfantera un fils, et on le nommera Emmanuel, ce qui signifie : Dieu avec nous[1]." »

7. Alors Joseph fut convaincu. Et il se dit en lui-même que, bof, puisqu'il était écrit qu'il fallait qu'il y passe, autant que ce soit par le Seigneur.

8. Et il se dit encore qu'il s'en tirait même plutôt bien, car les Prophètes auraient tout aussi bien pu écrire qu'il devait l'être par le facteur.

9. Et, sur son élan, il continua à penser dans sa tête — la pensée, c'est comme ça quand on commence on ne sait jamais où ça va vous emmener — que la Bible tout entière n'avait été écrite que pour prédire par qui il serait fait cocu, lui, Joseph.

10. Et, certes, c'était pas tout le monde qui pouvait en dire autant.

●

1. Et donc Joseph épousa la vierge Marie.

2. Or, les premiers temps, il était un peu gêné, à cause du gros ventre de la jeune épousée, et à cause des gens qui le montraient du doigt et riaient sur lui.

---

1. Jésus ou Emmanuel ? Si vous trouvez que tout ça ne fait pas très sérieux, reportez-vous à l'Évangile selon saint Matthieu, I, 21-22-23.

3. Et Joseph dit aux gens : « Sachez que cette femme, mon épouse, est vierge comme le jour où sa mère la mit au monde. Et je ne l'ai moi-même jamais touchée, bien qu'elle soit mon épouse devant la loi. »

4. Or les gens rirent de plus belle. Alors Joseph leur dit : « L'ange m'a très bien expliqué cela, mais je ne me rappelle pas tout. Cependant, je peux vous faire voir. »

5. Et Joseph emmena les gens dans sa maison, et il pria Marie de leur faire voir sa virginité, et c'était une très belle virginité, car Marie était fort brune et bien dodue.

6. Et les gens s'étonnèrent, et ils n'en crurent pas leurs yeux, et ils dirent : « Nous n'en croyons pas nos yeux ! »

7. Et Joseph leur dit : « Vous pouvez toucher. Mais n'appuyez pas trop fort, s'il vous plaît. »

8. Et les gens touchèrent, et ils furent convaincus.

9. Et ils allèrent partout portant la bonne parole. Mais certains, dont le cœur était perverti, dirent que peut-être c'était là le résultat d'un coït contre nature qui aurait défoncé une cloison d'entre les fragiles cloisons que l'Éternel a placées entre l'orifice excrémentiel et la porte des bénédictions. Le monde est si méchant.

10. Quoi qu'il en soit, les gens accoururent toujours plus nombreux pour voir et toucher la virginité de Marie, et Joseph la leur montra volontiers moyennant une modeste participation aux frais fixée à une drachme par personne.

1. En ce temps-là, l'empereur César Auguste fit publier un édit afin que l'on effectuât le dénombrement des habitants de toute la Terre.

2. Or chacun devait aller se faire recenser à l'endroit d'où était issue sa famille.

3. Et donc Joseph quitta la ville de Nazareth, où il demeurait, et s'en alla en Judée, à Bethléem, car il était de la race de David,

4. Et Marie, son épouse, partit avec lui.

5. Et pendant qu'ils étaient à Bethléem, le temps auquel elle devait accoucher arriva.

6. Or il n'y avait point de place à l'hôtellerie, à cause de la grande affluence du recensement, et ils finirent par s'installer dans une étable.

7. Et Marie accoucha, et elle eut très mal, car le passage n'avait point été ouvert et assoupli par l'action du membre de l'homme, ainsi qu'il est d'usage,

8. Et elle pensa que si Dieu avait voulu Se faire un petit peu souffrir pour sauver les hommes, c'était Son affaire,

9. Mais que ce n'était en tout cas pas une raison pour la faire souffrir plus que son compte, elle à qui l'On n'avait pas demandé son avis.

10. Et tout ça parce que Monsieur ne voulait pas naître comme tout le monde, et qu'il fallait toujours qu'Il Se fasse remarquer !

11. Ça prétend vouloir partager le destin des hommes, et vivre, et souffrir, et mourir comme un homme ordinaire, et Ça commence par naître d'une vierge, comme si c'était vraiment là le cas de tout un chacun, je vous demande un peu !

12. Ah, là là, ces aristocrates, quand ça veut jouer au peuple, c'est bien tous les mêmes, Trianon et compagnie.

13. Or il y avait dans la crèche un âne, et il y avait aussi un bœuf.

14. Et c'était la divine Providence qui les avait mis là afin que le petit eût de quoi se nourrir.

15. Car la divine Providence est comme ça : pleine de bonnes intentions, mais pas très renseignée.

16. Et l'âne et le bœuf essayèrent de toutes leurs forces d'avoir du lait, mais ils eurent beau pousser, ce n'est jamais du lait qui sortit. Les miracles, ça ne fonctionne que quand on n'en a pas vraiment besoin.

17. Or il y avait une campagne autour de Bethléem, et dans cette campagne il y avait des bergers qui gardaient leurs moutons.

18. Et les moutons faisaient une mine renfrognée, et ils bêlaient des bêlements mécontents, car on était dans la nuit du 25 décembre, et il n'est pas coutume d'emmener paître les moutons au cœur de l'hiver, et ils ne trouvaient à brouter que de la neige, et ils se gelaient les pattes,

19. Mais la divine Providence s'était avisée au dernier moment que ce serait plus joli avec des bergers, et alors elle avait arrangé ça en vitesse, et en effet c'était très joli très réussi, et il faut avoir le cœur bien sec pour aller chicaner sur des détails.

20. Tout à coup, une grande lumière entoura ces bergers, et du firmament descendirent des légions d'anges aux trompettes éclatantes.

21. Et les bergers, voyant cela, furent saisis d'une grande peur, et ils cachèrent derrière leur dos

les gigots des tendres agneaux qu'ils avaient fait rôtir pour se tenir chaud au ventre, et ceux qui étaient en train de forniquer avec les brebis se reboutonnèrent discrètement,

22. Et ils se dirent entre eux : « N'était-ce donc pas assez que nos cruels patrons, les propriétaires de ces moutons, nous envoyassent garder les troupeaux aux champs par ce temps de chien ? Voilà maintenant que ces méfiants-là nous envoient ces espèces de flics emplumés afin de nous prendre sur le fait, et de compter les agneaux mangés pour les déduire de nos maigres gages, et de déceler notre jeune semence sur la laine des brebis pour nous faire payer le nettoyage ! »

23. Mais le chef des anges leur dit de sa voix formidable : « Ne craignez point, ô culs-terreux, car le Seigneur Dieu m'envoie vous annoncer une grande joie. »

24. Et les bergers répondirent : « Merci, ô plume-au-cul, mais tu nous as fait une belle peur. Merci quand même pour la grande joie. Or le Seigneur, qui sait tout, sait que la seule joie qui puisse nous toucher, nous autres pauvres bergers, maintenant que nos ventres sont pleins, c'est du vin et des femmes. Pose donc les tonneaux à droite et les femmes à gauche, et dis merci au Seigneur de notre part. Bien blanches et un peu grasses de la motte, les femmes, s'il te plaît. »

25. Alors le chef des anges fit « Ts, ts... », et il roula sur son tambour un formidable roulement, et il dit : « Si vous m'interrompez tout le temps, jamais on n'y arrivera. » Et puis il fit encore tonner son tambour, et il lut ceci sur un parche-

min qu'il avait apporté roulé sous son bras :

26. « Avis. Il vous est né un Sauveur dans la ville de David, et ce Sauveur est le Christ, le Seigneur, le fils de l'Éternel votre Dieu. Et les populations le reconnaîtront à ceci : Il est enveloppé de langes et couché par terre dans une étable. Il est vivement recommandé d'aller lui rendre spontanément hommage et de l'adorer. Les heures de visite seront inscrites à la porte. Qu'on se le dise ! »

27. Et l'ange frappa son tambour, et au même instant la multitude des anges souffla dans les binious et tapa sur les grosses caisses, et ils entonnèrent bien en mesure ce cantique qui n'est pas de la crotte de bique :

28.

Gloire, gloire, gloire
A Dieu au plus haut des cieux !
Et
Paix, paix, paix
Sur la terre
Aux hommes, zommes, zommes
De bonne volonté !
Hosannah ! Hosannah !
Cornes au cul !   (bis)
Vive le petit Jésus !

●

1. Et après que les anges se furent retirés dans les profondeurs du ciel, les bergers s'entre-regardèrent et se dirent les uns aux autres : « Mouais... »

2. Et ils dirent encore : « Bof ! » Et puis : « Allons toujours voir, ça ne peut pas être plus moche qu'ici. » Et ils descendirent tous à Bethléem, et

quant aux moutons, qu'ils se gardent donc tout seuls, on ne peut être partout à la fois.

3. Et les bergers furent dans Bethléem, et ils cherchèrent la crèche, et voici. Des crèches, ce n'est pas ce qui manquait, à Bethléem.

4. Et toutes ces crèches étaient pleines de gens venus pour le recensement et qui n'avaient pu trouver de place dans l'hôtellerie.

5. Et parmi ces gens il y avait une grande quantité d'enfants nouveau-nés, car la fin décembre vient juste neuf mois après le début d'avril, qui est l'époque charmante des fleurs nouvelles et de l'herbe douce, et aussi l'époque où le bas-ventre des hommes se pousse de la tête en avant comme un bélier fougueux, et aussi l'époque où les talons des femmes deviennent ronds et peu stables et les font basculer en arrière.

6. Et, devant cette abondance de Sauveurs, les bergers furent embarrassés. Et ils entraient dans toutes les crèches, et ils demandaient : « Le Sauveur, c'est ici ? On vient pour la chose de l'adoration. »

7. Et les gens entassés dans les crèches répondaient : « On connaît, le coup du Sauveur ! Passez votre chemin, va-nu-pieds, il n'y a plus de place ici. » Et ils leur jetaient des trognons de choux et des excréments.

8. Et les bergers furent découragés, et à la fin il ne restait qu'une seule crèche à visiter.

9. Or cette crèche était celle où étaient Joseph, Marie et le petit Jésus. Elle se trouvait à l'autre bout de la ville, dans les faubourgs, c'est pourquoi ils ne l'avaient pas encore trouvée.

10. Et, la voyant, ils la reconnurent aussitôt.

11. Car il y avait un écriteau à la porte, et cet écriteau disait :

VENEZ VOIR
en chair et en os,
le seul, le véritable, l'incomparable
MESSIE
Fils de Dieu,
Vraie Vie de Vraie Vie,
Lumière de Lumière,
Flambeau de Flambeau,
dit aussi
CHRIST
et
VERBE
et
AGNEAU DE DIEU
La seule bête au monde
à être née d'une vierge.
(On peut voir et toucher.)
Une stupéfiante curiosité de la nature.
Entrée : 1 drachme
Militaires et bonnes d'enfants : demi-tarif.

12. Et tout autour il y avait des écriteaux plus petits qui disaient : « UNIQUE ! » « SENSATIONNEL ! » « RENVERSANT ! ».

13. Et Joseph, devant la porte, criait : « Entrez, entrez ! Le spectacle va commencer ! »

14. Et les bergers virent cela, et ils dirent : « Mais nous n'avons pas de drachmes ! Nous sommes de pauvres bergers. »

15. Et Joseph dit : « Ah, c'est vous, les bergers ? Vous n'êtes pas en avance ! Pour les figurants, c'est par la porte de derrière. Faites le tour. »

16. Et les bergers entrèrent dans la crèche, et ils virent l'enfant Jésus sur sa paille, et ils s'age-

nouillèrent en rond tout autour de lui, et ils lui offrirent les cadeaux qu'ils avaient apportés.

17. Or les uns avaient apporté du fromage de brebis, d'autres de la laine de brebis, d'autres du pot-au-feu de brebis, d'autres des yeux de brebis pour jouer aux billes, d'autres du placenta de brebis pour faire des farces sales, d'autres des cornes de brebis pour jouer au cocu, d'autres des intestins de brebis pour faire des préservatifs, d'autres des crottes de brebis pour remplacer les olives dans le Martini, d'autres des têtes de brebis pour faire des lampes de chevet, d'autres des anus de brebis pour faire des bagues de fiançailles,

18. Et les petites bergères aux joues rondes, qui n'avaient rien apporté parce que les brebis étaient plus fortes qu'elles, retroussaient leur petite jupe et montraient leur zizi à l'enfant Jésus pour le faire rire.

19. Et les passants qui passaient payaient une drachme, et ils entraient dans la crèche, et ils voyaient toutes ces merveilles, à savoir :

20. Le petit Jésus sur sa paille qui riait aux anges à cause des zizis des bergères, et la Sainte Vierge qui faisait voir sa virginité et pour ceux qui voulaient toucher c'était une drachme de plus, et les bergers alentour qui jouaient au poker les troupeaux de leurs maîtres, et le Saint-Esprit qui volait comme un fou et se cognait aux poutres parce qu'une chouette voulait le sodomiser, et Joseph qui expliquait bien tout et qui disait à la fin : « Voilà. La visite est terminée. N'oubliez pas le guide, s'il vous plaît. »

21. Or le bœuf et l'âne étaient tout resserrés dans un coin, et ils pensaient dans leurs têtes de

bœuf et d'âne des pensées de bœuf et d'âne, et ces pensées étaient moroses, et ces pensées étaient telles :

22. « Ce dieu des hommes ne manque pas d'un certain culot pour venir ainsi naître dans une étable habitée sans même demander leur avis aux habitants,

23. Et pour souiller leur litière toute fraîche de sang noir et de placenta, sachant bien qu'il n'y a rien de plus répugnant pour des animaux herbivores. »

24. Et ils se disaient encore que tous ces gens qui piétinaient leur bonne paille avec leurs pieds sales, et qui prenaient toute la place, et qui gueulaient à tue-tête leurs alléluias, et qui brûlaient des choses qui puent dans des trucs dorés, qu'auraient-ils pensé, ces sans-gêne, si le dieu des bœufs, ou celui des ânes, avait décidé de naître — d'une ânesse ou d'une vache vierge, cela va sans dire — au beau milieu de leur salle à manger, hein, hein ?

25. Et l'âne dit au bœuf, dans son langage d'âne : « En vérité, en vérité je te le dis, frère bœuf, ceci ne saurait contenir rien de bon pour nous. Quand les hommes se réjouissent et honorent leurs dieux, c'est en premier lieu les bœufs qui en font les frais, et aussi les veaux, les moutons, les oies, les dindes et les poulets. Et l'âne a beau être un animal impur, sa graisse est bien assez pure pour faire des bougies. »

26. Et le bœuf et l'âne sentirent la crainte tordre les boyaux de leur ventre, et ils fientèrent leur fiente suivant l'usage et la coutume de leur espèce, savoir : l'âne crottant son crottin, le bœuf bousant sa bouse.

27. Or la foule dans la crèche était toujours plus nombreuse, et à la fin quelqu'un dit : « C'est ce bœuf et cet âne qui tiennent toute la place. Et ils répandent sur nous leur fiente de puanteur et de calamité. »

28. Et ce quelqu'un dit encore : « Écoutez, ô frères qui croyez en Jésus, j'ai une idée. Tuons le bœuf, et faisons-le rôtir, et faisons un banquet en l'honneur de tout ça. »

29. Et il dit encore : « Quant à l'âne, tuons-le aussi, bien qu'il soit impur, et prenons sa graisse, elle sera bien assez pure pour fondre des bougies. »

30. Et tous les autres dirent « Alléluia ! » et ils tuèrent le bœuf et l'âne, et ils firent rôtir le bœuf, et ils fondirent l'âne en bougies, et les bergers coururent chercher leurs moutons, et l'on tua les moutons, et on les fit rôtir, et d'autres allèrent quérir des volailles de toute sorte selon leur espèce, et d'autres rapportèrent des marrons pour les coudre dans le tendre ventre des volailles,

31. Et d'autres coururent jusqu'à la mer salée, et ils plongèrent dans la mer, et ils arrachèrent l'huître pensive à son rocher natal, et d'autres rapportèrent des tonneaux de vin,

32. Et l'on mangea, et l'on but, et l'on rota, et l'on vomit, et au dessert on distribua des chapeaux de papier, et des serpentins, et des mirlitons dérouleurs, et l'on se mélangea un peu dans la paille, et le lendemain tout le monde fut malade, et on en parla pendant toute une année,

33. Et ce fut le premier réveillon.

CHAPITRE 3

> *RÉSUMÉ DES CHAPITRES PRÉCÉDENTS.*
> *Par dessein politique plutôt que par passion amoureuse, Dieu séduit la vierge Marie et lui fait un enfant. Joseph, fiancé de la jeune fille, prend d'abord mal la chose. Mais, au fond, c'est une bonne pâte et il se résigne au ménage à trois, quoiqu'il ne puisse se débarrasser tout à fait de l'habitude d'ouvrir les placards pour voir si Dieu, en caleçon, n'y est pas caché. La vierge Marie accouche dans des conditions d'hygiène déplorables. Le petit Jésus naît de père inconnu. Jusqu'ici, tout ça n'est pas très moral. C'est parce que Dieu n'est pas encore chrétien. Patience !*

1. En ce temps-là, Jésus étant né à Bethléem, arrivèrent à Jérusalem trois rois mages d'entre les rois mages qui roi-magent dans l'Orient mystérieux.

2. Or, ces trois rois mages-là étaient plus mages que rois, car leurs royaumes étaient en vérité de petits royaumes,

3. Et ils se plaisaient à répéter ce sage proverbe d'Orient : « Mon royaume n'est pas grand, mais je pisse dans mon royaume,
4. Et tant pis si ça éclabousse les voisins. »
5. Et les cheveux du premier roi mage étaient de neige et de soie, et sa barbe était de barbe-à-papa, et elle flottait au loin derrière lui, et son œil était d'azur limpide avec une jolie bordure rouge tout autour,
6. Car il était expert en la science sacrée des élixirs digestifs, apéritifs ou simplement rafraîchissants qui aident l'homme marié à retarder le moment de rentrer à la maison.
7. Et le nom de celui-ci était Melchior.
8. Et le deuxième roi mage était jeune et plein de suc, et son teint était ardent, et parmi les coquelicots de ses joues fleurissaient les timides violettes de la couperose,
9. Et ses oreilles étaient puissantes, et vastes comme des provinces, et noblement épanouies, et, quand il était de bonne humeur, il les faisait bouger, l'une ou l'autre, ou les deux à la fois, et le jour de la fête nationale il faisait ça au balcon de son palais, et ses peuples, pour cela, le vénéraient, car ce ne sont pas tous les rois, même mages, qui peuvent en faire autant,
10. Et sa couronne était posée dessus bien droite,
11. Et ses vêtements étaient d'or massif tricoté à la main, et aussi de peau de lapis-lazulis à poils longs qui fait chic et qui tient bien chaud, et les boutons de sa braguette étaient alternativement des émeraudes et des rubis de la plus grosse espèce, et il y en avait tant et tant qu'il ne parvenait jamais à se déboutonner assez vite, et il urinait sur ses doigts, et il ne parvenait jamais

non plus à se reboutonner convenablement, et ça bâillait toujours un peu, et l'on voyait très bien qu'il ne portait rien en dessous.

12. Et celui-là s'appelait Gaspard.
13. Et le troisième roi mage était un nègre tout noir,
14. Et il marchait derrière les autres, et il ne parlait que lorsqu'on l'interrogeait, et il ne disait jamais de choses plus intelligentes que les autres, et il n'essayait pas de péter plus haut que son cul tout noir, et il ne lui arrivait jamais rien de fâcheux.
15. Et le nom de celui-là était Balthazar,
16. Mais quand on voulait l'appeler on disait : « Hé, toi, le négro ! »
17. Or Melchior, Gaspard et Balthazar étaient tous trois fort savants dans la science des astres et des étoiles, et, chacun dans son royaume, ils scrutaient le firmament afin d'y lire l'avenir des peuples et le destin des empires.
18. Et ils avaient coutume de se rencontrer, une fois chez l'un, une fois chez l'autre, pour discuter entre eux des choses merveilleuses qu'ils avaient vues dans le ciel.
19. En tout cas, c'est ce qu'ils racontaient à leurs femmes.
20. Or, cette fois-là, ils avaient vu dans le ciel une chose excessivement extraordinaire,
21. Et cette chose était une étoile grande et brillante par-dessus toutes les autres étoiles du ciel,
22. Et cette étoile sautillait sur place, et elle dansait la danse du nombril de ma tante, et elle se déshabillait avec des gestes lascifs, et elle gesticulait des gestes cabalistiques,

23. Et elle avait la forme sept et sept fois sacrée d'une portion de couscous aux boulettes qui est tombée dans l'escalier.
24. Et les rois mages avaient tiré l'horoscope de tout cela, et le résultat de l'horoscope avait été qu'ils avaient fait seller leurs chameaux en grande hâte, et qu'ils avaient confié le sceptre et les clefs du royaume aux reines leurs épouses, sauf celle de la cave, en leur recommandant de tenir le royaume bien propre jusqu'à leur retour, et de ne pas déclarer la guerre bêtement pour épater leurs amies, et de ne pas laisser les enfants jouer avec le harem, et de ne pas acheter n'importe quoi à des colporteurs, et de tâcher d'être aussi jeunes et fraîches à leur retour qu'ils auraient aimé les laisser en partant.
25. Et ils avaient promis de leur rapporter un petit souvenir, et ils avaient donné deux tours de clef à leurs ceintures de chasteté,
26. Et ils avaient fait mettre à mort tous les serruriers du royaume car deux précautions valent mieux qu'une,
27. Et ils avaient fait châtrer tous les pages, les valets, les marmitons, les coiffeurs, les joueurs de viole, les prêtres, les boucs et les ânes car trois précautions valent mieux que deux,
28. Et ils s'étaient mis en route.

●

1. Donc, les rois mages suivirent l'étoile, et l'étoile brillait le jour comme la nuit, et c'était en vérité une bien grande merveille,
2. Quoique, à bien réfléchir, Dieu aurait tout aussi bien pu, s'Il l'avait voulu, susciter l'invention

de la boussole dans la tête d'un des rois mages, et alors tout le genre humain en aurait profité dans les siècles à venir, car l'étoile s'envole mais la boussole reste.

3. Enfin, bon, Il ne l'a pas voulu, et s'Il ne l'a pas voulu, c'est qu'Il avait Ses raisons. Après tout, c'est Lui le patron.

4. Or la route était longue, et lent le pas des chameaux. Et les rois mages étaient bien fatigués lorsqu'ils arrivèrent à Jérusalem,

5. Et leurs cous étaient tordus en arrière, et leurs nuques étaient pliées à tout jamais, car ils n'avaient pas cessé pendant tout le voyage de regarder l'étoile, là-haut, afin de ne pas se perdre,

6. Et leurs nez étaient enflés et talés, car on ne peut pas en même temps regarder l'étoile du Seigneur et regarder les arbres qui se dressent devant vous.

7. Alors ils s'arrêtèrent, et ils s'assirent en rond pour faire le point et causer un peu de tout ça.

8. Et Melchior dit : « Or, voici. Nous sommes bien fatigués, en vérité. Et il nous reste encore un long chemin à faire avant d'être à Rome.

9. Et de toute façon nous arriverons trop tard pour annoncer la naissance de Jules César, car dans son horoscope il est écrit qu'il est mort voilà quarante ans.

10. Cependant l'étoile brille toujours au-dessus de nous, et elle nous fait signe de la suivre, et elle scintille un scintillement d'impatience, et elle clignote un clignotement qui signifie que nous sommes des feignants, des traîne-savates et des dort-en-chiant,

11. Et bien d'autres choses encore que la modestie m'interdit de vous répéter. »
12. Et Melchior dit encore : « Que devons-nous comprendre ? Peut-être nous sommes-nous trompés dans nos calculs ? Peut-être l'étoile concerne-t-elle la naissance de Napoléon Bonaparte ? »
13. Alors Gaspard dit : « Pour moi, je n'irai certes pas jusqu'à Paris. Mon derrière est si bien moulé à mon chameau que si l'on y coulait du plâtre fin on obtiendrait la statue d'un chameau en grandeur naturelle,
14. Et que jusqu'à la fin de mes jours terrestres je ne pourrai plus m'asseoir sur autre chose que sur un chameau. Or cela est triste.
15. Et puis, du train où nous allons, nous arriverions pour les funérailles du général de Gaulle.
16. N'est-ce pas, Balthazar ? »
17. Et Balthazar dit : « Ce'tainement, Missié. »
18. Et Gaspard dit : « C'était un trait d'esprit, Balthazar. »
19. Et Balthazar dit : « Oh, pa'don, Missié. Ce'tainement, Missié. T'ès d'ôle, Missié. Je 'is, Missié. Je me to'ds de 'i'e, Missié. Hi, hi, hi, hi, hi, Missié. »
20. Et Melchior dit : « J'ai idée que je n'irai pas beaucoup plus loin qu'ici. J'ai idée que si nous refaisions bien nos calculs, bien bien, nous trouverions au bout de tout ça que c'est justement dans ce pays-là que l'étoile veut nous faire saluer la naissance d'un personnage important. »
21. Et Gaspard dit : « J'ai idée que tu pourrais bien avoir raison. Recommençons nos calculs. »

22. Alors ils prirent du papyrus et des choses pour écrire sur le papyrus, et ils donnèrent tout ça à Balthazar, et Balthazar recommença les calculs, et c'étaient de très gros calculs en vérité, et quand il eut fini il recommença à l'envers pour voir s'il trouverait la même chose, puis d'une seule main, puis sur un pied, puis sans les mains,

23. Puis il fit la preuve par neuf, et aussi la preuve par la mayonnaise philosophale, qui tourne lorsqu'on s'est trompé quelque part,

24. Et aussi la preuve par la femme adultère, dont le nez remue quand il y a une erreur de virgule,

25. Et à la fin il dit : « Nos calculs disent que c'est le 'oi d'ici qui est né. C'est quoi comme pays, ici, Missié ? »

26. Et Melchior dit : « Nous sommes à Jérusalem. C'est le pays des Juifs. »

27. Et Balthazar dit : « Voilà ! C'est bien ça ! Nos calculs disent que l'étoile dit qu'il est né un 'oi des Juifs ! Ça, c'est tout à fait sû', Missié ! »

28. Alors les rois mages furent contents d'avoir si bien compris ce que voulait l'étoile, et pour se récompenser ils burent un bon coup à leurs flacons d'orichalque et de cristal de roche, et puis ils dirent : « C'est pas tout ça. »

29. Et puis ils regardèrent l'étoile, mais l'étoile clignotait un clignotement de courroux, et tourbillonnait, et crachait des flammes de toutes les couleurs,

30. Et bon, puisqu'elle faisait sa mauvaise tête les rois mages lui firent les cornes, et le bras d'honneur, et lui tirèrent la langue,

31. Et puis ils lui tournèrent le dos et, puisque

cette saleté d'étoile de mes deux refusait de collaborer, ils demandèrent aux gens qui passaient dans la rue :

32. « Où est le — hips ! — roi des Juhips qui est né ? Car nous sommes venus de l'Orient mystérhipsieux pour l'adorer. »

33. Et les gens se disaient dans leurs têtes de gens : « Nous ne connaissons de roi des Juifs que notre bon roi Hérode. Or il a cinquante ans bien tassés. »

34. Cependant ils répondaient, à tout hasard, comme répondent toujours les gens dans la rue : « Vous prenez la première à droite, puis la deuxième à main gauche, puis tout droit jusqu'à la patte d'oie, puis vous descendez le petit chemin derrière la meule de paille... » et ils parlaient comme cela encore très longtemps, mais il n'y a aucun intérêt à tout rapporter ici.

35. Et bon, les rois mages firent très exactement comme il leur était dit, et pour se donner du cœur au ventre ils burent encore aux flacons d'améthyste et aux outres de peau d'almée avec le poil en dedans qui donnent au vin un bouquet à nul autre pareil, et les gens se mirent à les suivre pour voir où pouvait bien mener la route qu'ils leur avaient indiquée,

36. Et cela fit un bien beau cortège, et venaient d'abord les gardes du corps, des gens armés avec trente petits pages, venaient d'abord les gardes du corps, des gens armés dessus leurs justaucorps, et ensuite il y avait les trois rois mages, et ils chantaient à trois voix un merveilleux cantique d'Orient : « Trois orfèvres à la Saint-Éloi... »

37. Et le menu peuple suivait derrière en

grand'liesse, et les femmes qu'ils rencontraient, ils les déshabillaient pour de leurs lingeries intimes se faire des étendards, et si c'était un prêtre ils lui prenaient son caleçon sacerdotal pour s'en faire une oriflamme, et si c'était un crapaud ils lui soufflaient au cul pour en faire un ballon rouge,

38. Et des sbires d'entre les sbires du roi virent cela, et ils coururent trouver le roi Hérode dans son palais, et ils lui racontèrent le cortège, et les rois mages, et le roi des Juifs, et les caleçons. Tout cela.

39. Et lorsque le roi Hérode entendit cela, il en fut troublé dans son cœur, et il fit venir les scribes et les sacrificateurs, et il leur demanda quel pouvait bien être ce roi des Juifs dont il était parlé et qui n'était pas lui.

40. Et ces gens instruits dirent : « Il faut voir ce qui est écrit là-dessus dans les Prophètes. »

41. Et Hérode dit : « Voyons voir. »

42. Et les scribes dirent : « Quel prophète préfères-tu, ô roi ? Car tous les prophètes ont annoncé un roi à Israël, quand ce n'étaient pas plusieurs, mais il n'y a pas deux prophètes qui l'annoncent naissant au même endroit. »

43. Et Hérode dit : « Bof... » Alors les scribes ouvrirent le livre au hasard, et voici, c'était à la page du prophète Michée, un tout petit prophète en vérité, et il y était dit ceci : « Il naîtra un roi à Israël dans Bethléem de Juda. » Or ce Michée avait dit « Bethléem » parce que c'était vraiment le seul endroit qui restait, tous les autres étant déjà pris par d'autres prophètes, et voilà, Michée n'avait pas le choix s'il voulait être un peu original.

44. Cependant les sbires avaient amené les rois mages avec eux au palais, et ils parurent devant Hérode, et Hérode dit aux rois mages : « Soyez les bienvenus, collègues. Ainsi, vous êtes en chemin pour Bethléem afin d'y saluer mon successeur, hé ? » Et, disant cela, Hérode mit du miel dans ses paroles et de la bienveillance sur sa face, car il était aussi fourbe que n'importe qui.

45. Or les rois mages entendirent cela, et ils furent très contents car ils n'auraient jamais deviné tout seuls que c'était à Bethléem qu'il leur fallait aller.

46. Hérode leur dit encore : « Or donc, allez, et bonne route. Et quand vous vous en retournerez chez vous dans l'Orient mystérieux, repassez donc par ici, collègues, et moi aussi j'irai me prosterner devant celui qui doit venir après moi.

47. Car il est bon que les vieux cèdent la place aux jeunes, on ne peut pas être et avoir été, j'ai bien assez travaillé toute ma chienne de vie, il est temps que je songe à la retraite, la jeunesse c'est l'avenir, et toute cette sorte de choses. »

48. Et les rois mages allèrent à Bethléem, et d'abord l'étoile ne voulait pas y aller, et elle alla de son côté, et puis, comme personne ne se souciait d'elle, elle les suivit à Bethléem, mais loin derrière, comme font les étoiles lorsqu'elles boudent.

49. Et à Bethléem ils demandèrent à des bergers, et les bergers dirent : « C'est là » en désignant la crèche, et vite l'étoile alla se placer au-dessus de la crèche, et les rois mages virent cela, et ils furent contents parce que leurs calculs étaient de bons calculs.

50. Et ils entrèrent dans la crèche, et ils se prosternèrent devant le petit enfant, et ils l'adorèrent, et ils lui offrirent les présents qu'ils avaient apportés pour lui du fond de l'Orient mystérieux, à savoir : de l'or, de l'encens et de la myrrhe.

51. Or l'or était présenté par Melchior, et l'enfant Jésus tendit vers lui les bras, et il l'appela : « Papa ! », ce qui fit rire tout le monde, et sa maman fut très fière d'avoir un enfant aussi précoce et qui ferait certainement son chemin dans la vie.

52. Et Marie rangea toutes ces choses-là où on les range habituellement : l'encens dans l'encensoir, l'or dans sa jarretière et quant à la myrrhe, elle ne savait pas bien à quoi ça servait, alors elle pensa que ça devait être un produit pour empêcher le pipi au lit, et elle la fit avaler au petit Jésus, et cela n'empêcha pas le pipi au lit, mais ça le colora en bleu, ce qui est quand même plus joli, et c'est un miracle, en plus.

53. Et les rois mages se relevèrent, et Marie leur offrit de prendre quelque chose, et ils répondirent mais non mais non, nous ne voulons pas déranger, nous ne faisons que passer, eh bien voilà, faut qu'on s'en aille, les royaumes, vous savez ce que c'est, on n'a pas une minute à soi.

54. Et ils firent guili-guili au petit Jésus, et ils dirent comme il est mignon, tout le portrait de son papa, si, si, Monsieur Joseph, ne protestez pas, c'est vous tout craché, eh bien voilà, voilà, voilà, une bonne chose de faite, salut bonsoir la compagnie.

55. Et les rois mages s'en retournèrent dans l'Orient mystérieux, et l'ange du Seigneur leur

apparut en songe pour leur dire de ne pas repasser par le palais d'Hérode, alors ils prirent par un autre chemin, et l'on n'entendit plus jamais parler d'eux, et peut-être bien qu'ils se sont perdus, mais de toute façon on n'a plus besoin d'eux dans cette histoire, et bon, voilà pour eux.

56. Or le plus remarquable est qu'aucun d'entre les rois mages ne se fit chrétien, et après avoir fait tout ce chemin et avoir vu tous ces prodiges, il fallait que leur mécréance fût une mécréance bien solide, en vérité.

57. Ou alors c'est que la divine Providence s'était encore trompée quelque part.

58. Et l'on notera aussi qu'à aucun moment les rois mages ne firent remarquer à Marie qu'elle ne leur offrait pas de galette, ce qui prouve bien que ces histoires de galette, et de fève, et de « Le roi boit ! » ne sont que billevesées et prétextes à se soûler la gueule.

●

1. Après que les rois mages furent partis, l'ange du Seigneur apparut en songe à Joseph et lui dit : « Lève-toi, ô Joseph. Prends le petit enfant et sa mère, et fuis en Égypte, et reste là-bas jusqu'à ce que Je t'appelle. Car Hérode cherchera le petit enfant pour le faire mourir. »

2. Et donc ils partirent pour l'Égypte, et la route était longue, et ils regrettèrent d'avoir fondu l'âne de la crèche pour faire des bougies, mais heureusement, voilà qu'arriva le frère de cet âne-là qui venait lui rendre visite comme il faisait chaque année, et Joseph attrapa le frère, et il monta dessus, et Marie marcha derrière, le

petit Jésus dans les bras, en tenant la queue de l'âne, et on a beau dire, quand on a un âne c'est quand même moins fatigant pour tout le monde.

3. Cependant Hérode, voyant que les rois mages s'étaient moqués de lui, entra dans un grand courroux.

4. Et il envoya ses sbires dans Bethléem, et il leur ordonna de mettre à mort tous les enfants mâles de moins de deux ans qui se trouvaient à Bethléem et dans les environs, surtout ceux qui avaient une auréole au-dessus de la tête.

5. Et ainsi fut fait.

6. Et le nombre de ces innocents massacrés fut de plus de vingt mille, ce qui est, certes, un chiffre considérable,

7. Surtout pour une ville de trois mille habitants.

8. C'est là le premier miracle du petit Jésus, et c'est en vérité un grand miracle, car plus les sbires égorgeaient de petits enfants, plus il y en avait à égorger, c'est pourquoi on l'appelle le miracle de la Multiplication des Saints Innocents.

9. Or c'est là une merveilleuse preuve de la puissance de Dieu et aussi de Son amour pour les hommes,

10. Car Dieu aurait très bien pu, naturellement, s'Il l'avait voulu, trouver un moyen pour que les Innocents ne fussent pas massacrés, de même qu'Il avait trouvé un moyen pour que Son Fils échappât à Hérode,

11. Mais alors tous ces petits vauriens auraient grandi, et seraient devenus des Juifs adultes à qui on ne la fait pas, et auraient ricané du

Christ, et auraient craché à Sa Sainte Face au calvaire, et auraient donc été damnés à tout jamais au lieu d'être les premiers martyrs à entrer au Paradis.

12. Et qu'est-ce que vous dites de ça ?

●

1. Or le roi Hérode vécut encore de nombreuses et belles années après celle-là, dans le stupre et les feux d'artifice, et nul prétendu roi des Juifs au berceau ne vint troubler son règne,
2. Soit que ce morveux fût mort dans le massacre, soit que la peur l'eût fait s'enfuir au désert en Égypte, soit pour toute autre raison.
3. Et Hérode fut content de cela, et il se dit que son idée avait été une excellente idée.
4. Et il faut bien reconnaître que s'il ne s'était pas agi de Dieu, on pourrait penser que Dieu avait eu la trouille devant Hérode,
5. Mais, naturellement, ce n'est pas pensable.
6. Enfin Hérode mourut en riant, la coupe aux lèvres, sur un lit de roses sans épines et de concubines bien lavées, et le Seigneur envoya Son ange à Joseph, en Égypte,
7. Et l'ange apparut à Joseph, et il lui dit : « Psst ! Tu peux y aller. La voie est libre. »
8. Joseph, donc, se mit en route avec Marie, le petit Jésus et l'âne, mais cette fois il marchait derrière l'âne avec Marie tandis que Jésus était sur l'âne, car l'enfant avait crû en beauté et surtout en force, et Joseph était devenu encore plus vieux, et ces gosses de maintenant, ça ne respecte vraiment plus rien.
9. Et bon, la Sainte Famille rentra à **Nazareth**.

CHAPITRE 4

> *RÉSUMÉ DES CHAPITRES PRÉCÉDENTS.*
> *Le cruel roi Hérode veut tuer le petit Jésus.*
> *Mais, par une ruse subtile, Dieu sauve le*
> *divin enfant. Hérode fait massacrer vingt*
> *mille bébés pour rien. Dieu est enchanté*
> *d'avoir joué ce bon tour au vilain tyran.*

1. En ce temps-là, donc, Joseph, la vierge Marie et le petit Jésus, ayant été avertis par l'ange du Seigneur que le tyran Hérode était mort, rentrèrent au pays d'Israël.
2. Or Joseph avait eu tout d'abord dans l'idée de ne pas retourner dans son village de Nazareth, où il exerçait avant ces événements la profession de charpentier,
3. Mais bien plutôt de s'établir dans l'opulente cité de Bethléem, dans la crèche même où Marie avait accouché,
4. Afin d'y exercer la profession de montrer le petit Jésus à tous ceux qui voudraient bien payer une drachme d'argent pour cela.
5. Et, certes, il ne manquerait pas de se trouver un grand nombre de gens intéressés, surtout depuis que trois rois d'entre les rois de ce

monde étaient venus tout exprès des profondeurs de l'Orient mystérieux pour voir et honorer l'enfant prodige.

6. Et ceux qui accepteraient de payer une drachme de plus auraient le droit de voir la virginité de la vierge Marie.

7. Et ceux qui accepteraient de payer deux drachmes de plus auraient le droit de la toucher du doigt.

8. Et ceux qui n'auraient sur eux qu'une pièce de cinq drachmes et pas de monnaie, pour ceux-là spécialement Joseph danserait la danse du tapis en costume folklorique, comme ça ça ferait le compte tout rond et pas besoin de se fatiguer les boyaux de la tête à calculer combien il faut rendre.

9. Ainsi, en peu de temps, Joseph aurait économisé assez de drachmes pour acheter la crèche, et aussi pour l'arranger un peu de façon à pouvoir, moyennant une honnête pension, y loger les savants docteurs et les touristes amateurs de choses curieuses qui ne manqueraient pas d'accourir de tous les confins de l'empire pour voir et contempler le petit Jésus et la virginité de Marie,

10. Et il ferait peindre au-dessus de la porte, en belles lettres romaines avec du doré autour : HOTEL DE L'ÉTOILE ET DES ROIS MAGES.
On loge à pied, à cheval et à chameau.

11. Et peut-être qu'un petit pâtre d'entre les petits pâtres des environs verrait un jour jaillir une source devant la crèche, et alors il tomberait à genoux, et alors la vierge Marie lui dirait : « Fais-moi construire une basilique à cet endroit. »

12. Et bon, Joseph pensait à ces choses dans sa tête, et c'étaient en vérité des pensées agréables, et il avait hâte d'arriver à Bethléem, et il donnait des coups de pied dans le ventre de l'âne.

13. Et l'âne, de douleur, se mettait à courir et, de rage, à fienter,

14. Et la vierge Marie, qui marchait derrière en tenant la queue de l'âne, se mettait à courir aussi, et la fiente de l'âne tombait sur elle[1].

15. Et, voyant cela, le petit Jésus s'étouffait de rire en tétant le sein de sa mère,

16. Et la vierge Marie se disait dans sa tête qu'un fils de Dieu c'est bien joli, mais ça pèse deux fois plus lourd sur les bras qu'un bébé ordinaire, à croire que ça change dans son ventre le lait en or pur, mais pourtant non, ce qu'il y avait dans les langes n'avait ni la couleur, ni l'odeur de l'or, même mêlé d'un peu de cuivre,

17. Et ça tète deux fois plus de lait, et ça tire deux fois plus sur les doudous, et ça vous les abîme un vrai massacre.

18. Heureusement qu'une fois devenus Messies ils vous paient tout ça au centuple, et que leur maman devient reine-mère ou quelque chose

---

[1]. On ne manquera pas de noter une apparente contradiction entre ce passage et le passage du chapitre précédent où il est dit que, au retour d'Égypte, Jésus était sur l'âne et Joseph à pied. Or cette contradiction n'est pas la seule que l'on puisse relever dans les Saintes Écritures. Il M'arrive d'être badin. Et où serait le mérite s'il n'y avait quelque difficulté à croire ? J'ai créé la raison comme J'ai créé tout le reste. Si, entre la raison et Moi, l'homme choisit la raison, c'est-à-dire la créature, tant pis pour lui.

Dieu.

comme ça, et elle avait hâte d'y être, rien que pour voir la tête que feraient les voisines.
19. Cependant au-dessus de Bethléem s'élevait une grande clameur, et cette clameur s'élevait là depuis le jour des Innocents, et c'étaient les pleurs et les gémissements des femmes de Bethléem à qui les enfants à la mamelle avaient été arrachés, puis égorgés sur le pavé.
20. Et elles ne voulaient point être consolées, et elles se disaient entre elle : « Certainement ces étrangers à cause de qui tout ce mal nous est arrivé vont repasser par ici pour rentrer chez eux, maintenant que le roi Hérode est mort.
21. Or il n'y a pas de raison pour que cette mijaurée profite de son enfant dodu, et se délecte de ses fossettes, et se régale de ses premiers pas, alors que les nôtres ont été égorgés sous nos yeux et dévorés par les vautours, ô jour de ténèbres et de goudron !
22. Guettons donc leur passage, et arrachons-leur l'enfant, et égorgeons-le, et dépeçons-le, et jetons-en les morceaux aux vautours et aux chiens errants.
23. Mais auparavant faisons-le bien crier, afin que cette femme sache ce que c'est qu'entendre crier la chair de sa chair. »
24. Et elles se munirent d'outils de fer bien affûtés, et elles attendirent au bord de la route, du côté qui vient d'Égypte.
25. Et certainement elles n'auraient pas agi ainsi si elles avaient su que l'égorgement de leurs petits enfants avait été écrit d'avance par le Seigneur, le Dieu d'Israël, dans le scénario des aventures du petit Jésus, Son Fils bien-aimé à Lui, afin d'y mettre un peu de relief et de piquant.

26. Et même elles eussent été heureuses et fières d'offrir leurs bébés pour collaborer à cette fresque grandiose si seulement le Seigneur Dieu avait pris la peine de leur envoyer un ange pour leur expliquer tout ça.

27. Mais voilà, le Seigneur Dieu avait oublié d'envoyer l'ange, et certes on ne peut que déplorer cette regrettable lacune.

28. Le petit Jésus allait-il donc périr ?... Non ! Car tout ce qui doit arriver est écrit dans les Prophètes, et si les femmes de Bethléem avaient lu les Prophètes un peu plus attentivement, elles n'y auraient trouvé nulle part que le petit Jésus serait tué par elles,

29. Et elles n'auraient pas perdu bêtement leur temps au bord d'une route tandis que leurs maris en étaient réduits à éplucher eux-mêmes les navets pour la soupe, ce qui est humiliant, et à copuler entre eux, ce qui soulage sur le moment, d'accord, mais vous donne ensuite envie de vomir si vous n'aimez pas vraiment ça, et de plus vous fait passer pour ce que vous n'êtes pas.

30. Dieu vit cela, et Il Se demanda dans Son cœur : « Or, que vais-Je faire ? » Et Il trouva, car Il est toute sagesse, et voici :

31. Il envoya un ange à Joseph, et l'ange dit : « O Joseph ! »

32. Et Joseph dit : « Qu'est-ce qu'il y a encore ? » Or la voix de Joseph était une voix d'irritation, car Joseph était justement en train de compter dans sa tête combien de drachmes pouvait rapporter une basilique, et ça faisait en vérité beaucoup de drachmes, et c'était la dix-huitième fois que Joseph recommençait le calcul,

et il trouvait toujours un peu plus de drachmes à chaque fois, et naturellement si on le dérangeait tout le temps il perdait le fil.

33. Et l'ange dit : « C'est le Seigneur qui m'envoie, ô Joseph. Et Il te dit ceci : Ne vous arrêtez pas à Bethléem. Ne passez même pas par Bethléem.

34. Car les femmes de Bethléem Me gardent rancune pour une taquinerie en vérité de peu d'importance, et elles veulent pour se venger faire périr ce petit enfant, Mon Fils. Or tels ne sont pas Mes desseins. »

35. Et donc la Sainte Famille fit comme il lui était dit. Elle évita Bethléem, et il ne fut plus question de Bethléem, ni par conséquent d'Hôtel de l'Étoile et des Rois Mages, ni de source miraculeuse, ni de basilique, ni de drachmes.

36. Et Joseph soupira, et son âme se racornit, et son cœur se couvrit de poils du côté du Nord, et son foie sentit mauvais, et sa rate se décrocha et tomba au fond du sac de son ventre, et sa langue pendit sur sa poitrine, et les mouches pondirent dans ses yeux.

37. Et il comprit qu'il était trop en avance pour son siècle, et que cela n'est jamais bon.

38. Or il ne savait même pas ce que c'était qu'une basilique. Il avait pensé « basilique », comme ça, comme il aurait pensé « bowling ». Il s'était dit seulement qu'une basilique, avec un nom pareil, ça doit rapporter beaucoup de drachmes, quoi que ce puisse être.

39. Et bon, la Sainte Famille continua son chemin jusqu'à Nazareth en Galilée, et ainsi fut accomplie la prophétie : « Il sera appelé Nazaréen. »

40. Et Joseph redevint charpentier, et chaque fois

qu'il se tapait sur les doigts il regardait le petit Jésus avec un certain regard.

41. Quant aux femmes de Bethléem, elles attendirent longtemps encore, au bord de la route, que passe une famille de quatre personnes, dont un âne, avec des auréoles sur la tête. Et puis elles en eurent assez d'attendre, et elles se firent musulmanes dès que Dieu eut créé cette religion-là.

●

1. Cependant l'enfant croissait en âge et en sagesse, et la grâce de Dieu était sur lui.
2. Et les voisines disaient : « Qu'il est mignon ! » Et c'était bien vrai. Mais quand On est Dieu, On n'a pas grand mérite à être mignon, en vérité.
3. Quand On est Dieu, On n'a qu'à Se servir, On aurait bien tort de ne pas en profiter, charité bien ordonnée commence par Soi-même, où y a de la gêne y a pas de plaisir, et toute cette sorte de choses...
4. Mais, n'empêche, c'est quand même un peu de la triche.
5. Car Dieu aurait très bien pu naître borgne, ou louchon, ou camus, ou boiteux, ou bas du cul, ou mongolien,
6. Ou tout simplement quelconque.
7. Il aurait très bien pu, s'Il avait voulu.
8. Et alors, là, bien sûr, ç'aurait été difficile, et ceux qui l'auraient reconnu comme Dieu et adoré eussent été de véritables connaisseurs, et ils n'auraient certes pas volé leur part de paradis.

9. Mais un Dieu comme ça n'aurait jamais conquis les masses, il n'aurait séduit que les snobs et les intellectuels, et ce n'est pas avec ce genre de clientèle marginale qu'on fait les maisons sérieuses.
10. Quoi qu'il en soit, Dieu était très content d'être un petit Jésus tout à fait mignon et de gagner chaque année le premier prix au concours du plus beau bébé organisé par Lévitan, le rahat-loukoum qui ne colle pas aux dents.
11. Ce qui montre bien que Dieu est infiniment bon, infiniment aimable, mais pas tout à fait infiniment moral.
12. Ou alors c'est qu'il y a deux morales, une pour Dieu, une pour les hommes. Mais ça, ce n'est pas possible. Ce serait vraiment trop vilain de Sa part.
13. Dieu, donc, versait les torrents de sa grâce sur le petit Jésus, c'est-à-dire sur Lui-même, charmante attention et qui, certes, partait d'un bon sentiment,
14. Mais dont l'utilité n'apparaît pas très évidente.
15. Mais Dieu Se comprend, Lui, et après tout c'est le principal.
16. Le petit Jésus, donc, croissait en sagesse et en savoir. Non point, naturellement, qu'Il en eût manqué au départ,
17. Ni à un quelconque moment,
18. Puisque, étant Dieu, Il est de toute éternité et à chaque instant sage dans la plénitude de la sagesse et savant dans la perfection du savoir,
19. Et donc Il l'était dès le ventre de Sa mère, et dès les testicules de Son Père, qui, d'ailleurs, n'était autre que Lui-même,

20. Ou alors c'est que vous n'avez rien compris, et dans ce cas inutile d'aller plus loin.

21. Et s'Il faisait « Areu, areu » dans Son berceau, et s'Il riait aux anges, et s'Il mordait Ses orteils, et s'Il bavait Sa bave, et s'Il jouait avec Son caca, c'est parce qu'Il daignait S'abaisser à ces vétilles, afin de goûter la condition de mortel,

22. Comme le général goûte la soupe du soldat, du bout de la cuillère, sachant qu'un faisan truffé l'attend à la maison.

23. Et plus tard, il gagna toutes les billes de ses petits camarades, et il fut toujours le premier en classe, et il pêcha tout le poisson à la pêche, et les petites filles l'emmenèrent dans les coins noirs pour lui faire voir leur zizi, et lui permirent de lécher la confiture de leur tartine, et lui recousirent ses boutons,

24. Et quand les autres garçons se réunissaient pour casser la gueule à ce merdeux rose et blond avec ses airs de gonzesse et son auréole à la con, c'est lui qui leur cassait la gueule, et ils ne comprenaient même pas comment c'était arrivé, et il leur disait : « Je vous pardonne, car vous ne savez pas ce que vous faites », et alors ils devenaient tout à fait enragés[1].

25. Et le petit Jésus faisait très attention à ne montrer de son infinie sagesse que ce qu'il fallait, c'est-à-dire juste un peu plus que n'aurait dû en avoir un garçon de son âge, de façon à ce que

---

[1]. J'ai jugé bon de cesser à partir d'ici d'employer la majuscule pour chaque pronom personnel se rapportant à Mon Fils, afin que désormais il assume pleinement sa condition d'homme quelconque.

Dieu.

tout le monde s'écriât avec admiration : « Comme il est avancé pour son âge ! »

26. Et lorsqu'il perdit ses dents de lait, Joseph les recueillit pieusement et les mit dans une boîte où se trouvait déjà le prépuce du petit Jésus, qu'il avait ramassé lorsqu'il était tombé sous le couteau de la circoncision.

27. Et dans cette boîte Joseph mettait aussi les cheveux de Jésus lorsqu'on les lui coupait, et les rognures d'ongles de Jésus, et les crottes de nez de Jésus, et les excréments séchés de Jésus, et les larmes de Jésus, et le souffle de Jésus, et les pets de Jésus, tout cela il l'enfermait dans sa boîte,

28. Afin d'en faire, plus tard, quand le petit Jésus serait devenu grand et aurait montré qui Il était, des reliques très précieuses et très recherchées,

29. Et ça, c'était une très bonne idée, en vérité.

●

1. Or Joseph et Marie se rendaient chaque année à Jérusalem, pour la fête de Pâques.

2. Et quand Jésus eut atteint l'âge de douze ans, ils l'emmenèrent avec eux à Jérusalem.

3. Et lorsque les jours de la fête furent achevés, Joseph et Marie s'en retournèrent, et ils marchèrent tout un jour, et sur le soir ils s'arrêtèrent, et ils s'inquiétèrent de ne point voir l'enfant, car c'est lui qui portait le panier avec le pain et les œufs durs.

4. Et ils le cherchèrent parmi ceux qui revenaient comme eux de la fête, mais, ne le trouvant point, ils s'endormirent sans souper, et le len-

demain ils retournèrent à Jérusalem pour l'y chercher.

5. Ils le cherchèrent trois jours, ils le cherchèrent trois nuits. Et au bout de ce temps ils le trouvèrent enfin, et il était dans le temple, il était assis au milieu des docteurs et des maîtres de la sagesse, les écoutant et leur posant des questions,

6. Et tous ceux qui l'entendaient étaient émerveillés de son intelligence et de son savoir.

7. Et lorsque Joseph et Marie arrivèrent, Jésus levait son doigt et posait cette question : « Répondez, ô docteurs, et réfléchissez bien. Je commence : Pigeon ? » Et les docteurs répondirent : « Vole ! » Et Jésus dit encore : « Chameau ? » Et les docteurs ne répondirent rien, sauf rabbi Siméon, qui était le plus vénérable et le plus savant d'entre eux mais dont les écureuils de la vieillesse avaient grignoté les noisettes de la sagacité. Et rabbi Siméon, tout content, dit : « Vole ! »

8. Et les autres docteurs rirent très fort, et Jésus donna un gage à rabbi Siméon, et ce gage consistait à faire trois fois le tour du temple avec le chandelier à sept branches en équilibre sur le nez sans qu'une seule branche s'éteignît.

9. Ensuite Jésus leur posa une question encore plus difficile, et cette question était telle : « Pincemi et Pincemoi sont dans un bateau. Pincemi tombe à l'eau. Qui est-ce qui reste ? » Et les docteurs réfléchirent beaucoup sur cette question-là, et ils devinrent très rouges, et leurs langues pendirent très bas sur leur poitrine, et ils ne trouvaient pas, et tout à coup rabbi Jonathas, fils d'Uziel, dont la parole était si ardente

que les oiseaux, en passant au-dessus de lui, rôtissaient tout vivants, répondit : « J'ai trouvé : Pincemoi ! »

10. Et Jésus pinça rabbi Jonathas, et tous les docteurs s'étranglèrent de rire, et se trémoussèrent à la limite du trémoussement, et s'esclaffèrent dans toutes les dimensions de l'esclaffement, et se renversèrent sur le dos, quoique à la vérité ils n'eussent pas très bien compris.

11. Et rabbi Jonathas fut vexé de cela, et à son tour il voulut poser une question à Jésus, et il chercha dans les greniers de sa tête une question tellement difficile que personne d'humain ne pourrait trouver la réponse.

12. Enfin rabbi Jonathas se racla la gorge, et il posa cette question à Jésus : « O toi dont le nez, si l'on appuyait dessus, sécréterait le trop-plein du lait de ton dernier biberon, écoute, et médite, et réponds si tu peux, car telle est ma question :

13. Pourquoi l'Éternel, le Seigneur Dieu, a-t-Il, dans Son infinie sagesse, placé dans les corps de l'homme et de la femme les lieux de délices tout contre les lieux d'ordure et de pestilence ? »

14. Et tous les docteurs attendirent, et ils se dirent entre eux que, cette fois, il n'y avait pas d'enfant prodige qui tienne, et qu'il faudrait que celui-là donne sa langue au chat.

15. Mais rabbi Jonathas n'avait même pas fini de parler que déjà Jésus donnait la réponse, et cette réponse fut telle :

16. « En vérité, en vérité je vous le dis, le royaume de mon Père est un jardin parfumé, et toutes choses y sont glorieuses et telles qu'elles doi-

vent être. Et qu'êtes-vous donc, vous, ô hommes de peu de foi qui prétendez critiquer l'ordre du monde et l'harmonie des choses ? Préféreriez-vous donc que le membre copulatoire de l'homme fût placé là où est son nez, et que l'antichambre des voluptés s'ouvrît au milieu du visage de la femme ?

17. Mais alors, ô calamité, on verrait, par les rues, fleurir sur les visages les prémices éloquentes de la fornication, et la bienséance commanderait à l'homme d'enfouir sa face dans un caleçon à la braguette bien boutonnée, avec deux trous pour les yeux, tandis que la femme suinterait ses menstrues sur sa poitrine et sur l'enfant au sein.

18. Vous voyez donc, ô vieilles têtes pleines de vent, que vous auriez mieux fait de vous taire, vous auriez évité de dire des bêtises. »

19. Alors rabbi Jonathas dit : « Mais, ô petit merdeux à la langue bien pendue, n'est-il pas vrai que le voisinage intime des deux vestibules, celui qui s'ouvre par le porche triomphal de l'amour et celui du pertuis honteux des défécations, au milieu des cuisses de la femme est la cause et l'origine de péchés abominables devant la face du ciel, quoique non désirés ? »

20. Et rabbi Jonathas dit encore : « Souvent, dans la noirceur des ténèbres, tel qui étreint son épouse et croit la pénétrer par la voie royale, en réalité se fourvoie dans le cloaque aux immondices et commet à son insu le crime mille et mille fois exécrable de sodomie. Or sera-t-il damné pour cela ? »

21. Et l'enfant Jésus dit : « En vérité, en vérité je vous le dis, ô race de vipères, celui qui assouvit

sa lubricité dans l'orifice infâme et ramasse son bonheur dans l'excrément, celui-là fait violence à l'ordre divin des sphères et des constellations tel que l'a voulu mon Père. Et lorsque ce méchant, dans sa malice extrême, rejette son crime sur mon Père et explique à sa victime pantelante que, s'il s'est trompé de porte, la faute en est à Celui qui les créa voisines, alors il blasphème et il ment, le rat.

22. La vérité est que souvent l'époux félon préfère copuler à la façon de ceux de Sodome parce que, dans cette position, le visage de l'épouse est enfoui dans l'oreiller, et alors la plume épaisse étouffe sa voix, et ainsi l'époux n'entend-il plus les commentaires sur la vertu de la voisine et sur le renchérissement du prix des lentilles dont l'épouse a coutume de charmer les longueurs du coït, et ainsi peut-il enfin se délecter et se rafraîchir de son orgasme dans la plénitude du recueillement et de la concentration. Mais Dieu voit tout, et Il sonde les reins et les cœurs. J'ai parlé. »

23. Et le petit Jésus se tut. Et rabbi Jonathas fut bien quinaud. Et les savants docteurs s'épanouirent et louèrent l'Éternel qui avait mis tant de sagesse et de précocité dans la tête d'un garçonnet.

24. Et le petit Jésus, dans le secret de son cœur, riait comme un fou dans sa barbe blanche de Dieu le Père, et Il trouvait que cette blague-là était une excellente blague en vérité, et en même temps Il était très flatté de l'admiration des docteurs.

25. Et Il se disait que vraiment c'était là l'idéal : avoir toutes les petites faiblesses d'un homme

et avoir en même temps les infinis pouvoirs d'un Dieu pour les satisfaire.

26. Décidément, Dieu était de plus en plus content du nouveau jeu qu'Il S'était créé.

27. Cependant, Joseph et Marie, ayant ouï cela, s'approchèrent de Jésus, et Marie lui dit : « O mon enfant, pourquoi as-tu agi ainsi envers nous ? Voilà ton père et moi qui te cherchions partout, étant fort en peine. »

28. Et Joseph ajouta : « Tu nous as fait une belle peur, mauvais sujet ! Et les œufs durs, qu'en as-tu fait ? » Et Joseph prit Jésus par l'oreille, et il lui parla tout près de son nez.

29. Alors Jésus leur dit : « Or çà, bonnes gens, bas les pattes ! Pour qui vous prenez-vous donc, paysans ? Vous me cherchiez, moi ? Ne savez-vous pas qu'il me faut être occupé aux affaires de mon Père... »

30. Et Marie dit : « Mais, mon enfant, puisque tu es toi-même ton propre Père... »

31. Et Jésus dit : « O femme, cela Nous regarde, mon Père et moi. Çà, ôtez-vous de Notre chemin. »

32. Et Marie, se prosternant, l'adora. Mais Joseph tira plus fort sur l'oreille de Jésus, puis il lui donna deux gifles, puis il lui flanqua son pied dans le derrière, puis il lui dit :

33. « Si c'est à ça que ça mène, l'instruction, j'ai eu bien tort de me saigner aux quatre veines pour t'envoyer à l'école du village, voyou ! Fini, tout ça ! Demain, tu viendras avec moi à l'atelier où, guidant de tes mains les tenailles aux noires mâchoires, tu arracheras les clous que mon marteau aura enfoncés de travers. J'ai causé. »

34. Ainsi fut-il. Et, depuis ce jour, Jésus fut charpentier à Nazareth. Et il eut des ampoules aux mains. Et il s'ennuya un peu. Et, au bout de trente ans, il eut trente ans.

●

1. Ceci est la généalogie de Jésus, fils de David, fils d'Abraham, fils de Dieu.

2. Adam engendra Seth, qui engendra Enos, qui engendra Kaïnam, qui engendra Malaléel, qui engendra Jaret, qui engendra Hénoch, qui engendra Mathusalem, qui engendra Lamech, qui engendra Noé, qui engendra Sem, qui engendra Arphaxad, qui engendra Kaïnam, qui engendra Sala, qui engendra Eber, qui engendra Phalec, qui engendra Ragau, qui engendra Serouch, qui engendra Nachor, qui engendra Thara,

3. Qui engendra Abraham, qui engendra Isaac, qui engendra Jacob, qui engendra Juda, qui engendra Pharès, qui engendra Hesrom, qui engendra Arni, qui engendra Admin, qui engendra Aminadab, qui engendra Naasson, qui engendra Sala, qui engendra Booz, qui engendra Jobed, qui engendra Jessé,

4. Qui engendra David, qui engendra Natham, qui engendra Mattatha, qui engendra Menna, qui engendra Méléa, qui engendra Eliakim, qui engendra Jonam, qui engendra Joseph, qui engendra Juda, qui engendra Siméon, qui engendra Lévi, qui engendra Maththat, qui engendra Jorim, qui engendra Éliézer, qui engendra Ieschon, qui engendra Er, qui engendra Elmadam, qui engendra Kosam, qui engendra Addi, qui engendra Melchi, qui engendra Néri,

5. Qui engendra Salathiel, qui engendra Zorobabel, qui engendra Résa, qui engendra Joanan, qui engendra Joda, qui engendra encore un Joseph, qui engendra Séméïn, qui engendra Mattathias, qui engendra Maath, qui engendra Naggaï, qui engendra Esli, qui engendra Naoum, qui engendra Amos, qui engendra un troisième Mattathias, qui engendra un troisième Joseph, qui engendra Jannaï, qui engendra Melchi, qui engendra Lévi, qui engendra Matthat, qui engendra Héli,
6. Qui engendra saint Joseph.
7. Ouf.
8. Cette généalogie est une très belle généalogie. Elle fait parfaitement voir que saint Joseph est fils de David et fils d'Abraham.
9. Or Jésus n'est pas le fils de saint Joseph, puisqu'il s'engendra lui-même dans le sein de la vierge Marie,
10. Et que d'ailleurs saint Joseph n'a jamais pratiqué l'acte de chair avec la vierge Marie avant la naissance de Jésus,
11. Et c'est même pour cela qu'il a le droit de mettre « Saint » devant son nom, et que sa femme a le droit de mettre « Vierge » devant le sien.
12. Par la suite, ils rattrapèrent le temps perdu, et même ils eurent ensemble quatre fils, qui furent Jacques, Joseph, Simon et Jude,
13. Et aussi plusieurs filles dont les noms importent peu, car elles n'ont rien à faire dans cette histoire.
14. Mais une fois qu'on est saint, c'est pour toujours, et quant à la virginité de Marie, c'était une virginité de qualité supérieure, et elle résista à tout cela,

15. Et tant mieux pour eux.

16. En tout cas, Jésus n'est pas fils de David. Pas du tout, même.

17. Et donc les prophètes en ont menti.

18. Ou alors la divine Providence se sera encore trompée quelque part.

19. Enfin, bon, il n'y a pas de quoi en faire tout un plat.

20. L'Ecclésiaste n'a-t-il pas dit : « Ne crains point, ne doute point. Crois seulement. Et mouche ton nez, tu garderas tes pieds propres. »

21. Et quant à la généalogie de Jésus, la preuve que c'est une bonne généalogie est que celui qui la récitera dix fois à l'endroit et dix fois à l'envers, debout sur un seul pied, le coude posé sur son genou levé et le pouce au bout du nez, celui-là pourra affirmer bien haut qu'il n'a pas dépassé sa capacité d'absorption de liquides fortifiants.

22. Et si Abraham, David et les autres patriarches à qui le Seigneur avait promis que le Messie sortirait de leur race ne sont pas contents, c'est affaire entre eux et le Seigneur.

23. Après tout, le Seigneur est le Seigneur, et si quelqu'un a le droit de mentir, c'est bien Lui.

●

1. Or il était advenu entre-temps une chose considérable dans les régions de l'espace infini où se condense et prend corps la subtile vapeur dont est filé le fil du temps et tissée la trame des jours et des années.

2. Et cette chose considérable eut pour résultat que, sur la Terre, pour la première fois, les années et les siècles coulèrent dans le bon sens et eurent un nombre à l'endroit,
3. Alors que jusque-là on les comptait à rebrousse-poil et que, plus le monde vieillissait, plus le chiffre de son âge devenait petit, ce qui est une monstruosité.
4. Et cela est dû au fait que les dieux qui avaient créé ce monde-là étaient de faux dieux.
5. Et il n'y a aucune difficulté à comprendre cela quand une fois on vous l'a bien expliqué, naturellement.
6. N'empêche que les gens de cette époque-là sentaient bien qu'ils n'étaient pas des créatures à part entière, et ils étaient vexés de cela, sans compter qu'ils se trompaient toujours dans leurs rendez-vous et que leurs œufs à la coque étaient toujours trop cuits, ou pas assez.
7. C'est pourquoi ces temps inconfortables sont appelés l'Antiquité.
8. Or, pendant l'Antiquité, le Soleil se levait à l'ouest et se couchait à l'est, et aussi la Lune.
9. Et, dans les sabliers, le sable remontait du bas vers le haut.
10. Et les gens avaient quatre-vingts ans à leur naissance, et, la veille de leur mort, ils étaient âgés d'un jour.
11. Or les hommes en avaient assez de tous ces micmacs, et ils suppliaient Jupiter de remettre le temps à l'endroit, mais Jupiter était bien trop occupé à forniquer par toutes les variétés de la fornication pour se soucier de ces vétilles.
12. Et d'abord, si Jupiter avait été un peu plus attentif à son métier de Dieu, il n'aurait pas

laissé le petit Jésus et ses copains gauchistes venir tout foutre en l'air avec leur religion de cendres et de désolation.

13. Mais voilà, Jupiter n'était pas sérieux, et c'est comme ça qu'on se fait détrôner par des bons-dieux fumeux venus de l'Orient crasseux, et qu'on perd sa place de roi des dieux, et qu'on se retrouve pauvre idole de bois mangée aux vers, et c'est bien triste.

14. Or, entre la dernière année de l'Antiquité, qui fut l'an − 01, et l'année de la naissance du Christ, qui fut l'an + 01, il y eut une année 0,

15. Forcément.

16. Mais ce qui arriva au long de cette année-là, personne ne peut le dire, et c'est en vérité comme si cette année n'avait jamais existé.

17. C'est juste une petite chose curieuse comme ça.

CHAPITRE 5

> *RÉSUMÉ DES CHAPITRES PRÉCÉDENTS.*
> *Jésus s'est très bien adapté à la vie sur Terre. Il grossit. L'action se traîne. Notre héros va-t-il se décider à quitter sa maman pour accomplir les desseins de son Père ?*

1. En ce temps-là, il vint un homme dans le désert, et cet homme s'appelait Jean,

2. Mais on l'appelait Jean-Baptiste, car il aimait bien baptiser les gens,

3. Et tous ceux qu'il pouvait attraper, crac, il les baptisait.

4. Or ce Jean-Baptiste était celui-là même qui avait vaincu la ménopause au chapitre 2,

5. Et qui, de l'intérieur, avait donné des coups de pied dans le ventre de la vieille Élisabeth, sa mère, afin qu'elle fît la révérence à Marie.

6. Et puis il avait grandi, et maintenant il était dans le désert, et il courait dans le désert, d'un bout à l'autre, et puis il revenait, et puis il recommençait,

7. Et il courait aussi dans le sens de la largeur,

8. Et de temps en temps il faisait des galipettes, ou la grande roue, ou bien il marchait sur les mains,

9. Et aussi il clamait vers le ciel, et sa clameur était une considérable clameur.

10. Et les gens lui disaient : « O Jean ! Q'est-ce que tu fais ? »

11. Et il leur répondait : « Je clame. »

12. Et il disait encore : « Je suis la voix qui clame dans le désert. »

13. Et les gens disaient : « Ah, bon. C'est donc ça... »

14. Or Jean-Baptiste avait pour seul vêtement un manteau en poils de chameau qu'il s'était tissé lui-même.

15. Car les manteaux en poils de chameau ne poussent pas tout seuls sur les cactus du désert, il ne faudrait pas croire.

16. Et voici comment Jean-Baptiste avait fait : chaque chameau qui passait au loin, il lui courait après, et il le rattrapait, et il lui arrachait un poil.

17. Et lorsqu'il eut assez de poils, il les tissa ensemble, et voilà pour le manteau.

18. Et il portait aussi une ceinture de cuir afin de tenir le manteau fermé,

19. Car le manteau n'avait pas de boutons. Les boutons ne poussent pas sur les chameaux,

20. Ou alors seulement sur les chameaux à boutons, mais dans ce désert-là il n'y avait que des chameaux à poils.

21. Et alors, naturellement, le vent du désert ouvrait le manteau, comme il fait d'habitude avec les manteaux qui n'ont pas de boutons,

22. Et sous le manteau on voyait la nudité de Jean-Baptiste,
23. Et c'était en vérité une nudité très longue et très noire,
24. Et qui pendait très bas,
25. Et qui sentait très fort,
26. Et qui faisait peur aux petits enfants.
27. Enfin, bon, il valait mieux que Jean-Baptiste portât une ceinture.
28. Or certains d'entre les Pharisiens — maudites soient-elles, les langues de vipères ! — prétendaient que si Jean-Baptiste courait et sautait comme cela, c'était à cause des poils de chameau qui le grattaient.
29. Mais ils en ont menti, les rats pesteux ! Jean-Baptiste courait et sautait parce que l'Éternel était en lui.
30. Et la nourriture de Jean-Baptiste était de sauterelles vivantes et de miel sauvage,
31. Et il gobait les sauterelles en plein saut, et il recrachait les pattes,
32. Et son visage était rouge, et ses joues étaient enflées, à cause des piqûres des abeilles.
33. Tel était Jean-Baptiste. C'était un grand prophète, en vérité.
34. Et toujours il avait auprès de lui un seau rempli d'eau, et quand il apercevait quelqu'un se promenant dans le désert,
35. Il s'approchait de lui doucement par-derrière, et il lui vidait son seau d'eau sur la tête,
36. Et en même temps il criait : « Baptême ! Baptême ! », ce qui est de l'hébreu et signifie : « Coucou ! »

37. Et les gens riaient de bon cœur, car Jean-Baptiste était très fort, et son bâton était très gros, et ils attrapaient un chaud et froid, et ils mouraient en riant.

38. Il y avait aussi dans ce désert-là une rivière appelée le Jourdain, et ceux de Jérusalem aimaient venir sur ses bords pour pêcher à la ligne.

39. Et Jean-Baptiste s'approchait d'eux par-derrière, et il les poussait, et ils tombaient dans la rivière,

40. Et il leur criait : « Baptême ! Baptême ! »

41. Et ils mouraient noyés, le sourire aux lèvres.

42. Quel espiègle, ce Jean-Baptiste ! Et comme on l'aimait !

●

1. Or, un jour d'entre les jours, Jean-Baptiste ayant baptisé beaucoup de gens, voici que ces gens se réunirent pour l'attraper,

2. Et en effet ils l'attrapèrent,

3. Et ils lui firent voir comment beaucoup de gourdins de taille moyenne valent mieux qu'un gros gourdin tout seul.

4. Et, comme ils se retiraient, Jean-Baptiste leur cria : « O vipères lubriques, moi je ne vous baptisais que d'eau, mais il en viendra un après moi qui est plus puissant que moi, et je ne suis même pas digne de délacer ses souliers,

5. Et celui-là vous baptisera par le Saint-Esprit et par le feu,

6. Et ça sera bien fait pour vous, et moi je rigolerai bien, tralalaire ! »

7. Et Jean-Baptiste leur tira la langue, et il se coucha à l'ombre pour compter les dents qui lui manquaient et pour réfléchir un peu à tout ça.
8. Or Jésus avait entendu cela, et il avait regardé les ampoules dans ses mains,
9. Et aussi les échardes,
10. Et aussi les coups de marteau sur ses ongles,
11. Et lui aussi il s'était mis à réfléchir.
12. Et il alla où était Jean-Baptiste, et il marcha devant lui, en lui tournant le dos, et il se promena dans le désert, et il sifflota,
13. Et toujours il était devant Jean-Baptiste, et il ne le voyait pas puisqu'il lui tournait le dos, et si Jean-Baptiste l'avait baptisé, il aurait été extrêmement surpris de cela.
14. Mais Jean-Baptiste n'avait plus envie de baptiser ce jour-là. Les prophètes, c'est comme ça.
15. Et Jésus, dans son cœur, pria son Père de faire quelque chose. Et son Père lui dit : « Aide-toi, le Ciel t'aidera. »
16. Et Jésus dit à son Père : « Oh, c'est malin, ça ! » Et il haussa les épaules, et il pensa dans son cœur : « Plus C'est vieux, plus C'est feignant. »
17. Et bon, il alla vers Jean-Baptiste, et il lui dit : « Allons, baptise-moi ! »
18. Mais Jean-Baptiste se dit dans son cœur : « C'est un piège. Méfions-nous. » Et il dit à Jésus : « Tu te moques ! C'est moi qui devrais être baptisé par toi. »
19. Et il se dit en lui-même : « Et toc ! »
20. Et Jésus dit : « Allons, allons ! Je ne m'appelle pas Jésus-Baptiste, moi. »

21. Et Jean-Baptiste dit : « Évidemment... Vu sous cet angle... »
22. Et Jésus dit : « Trêve de politesses. » Et il tira de sa poche une pièce de monnaie, et il dit : « Choisis. »
23. Et Jean-Baptiste dit : « Face ! », et il battit des mains, car il était très joueur.
24. Et Jésus lança la pièce en l'air, et elle retomba en montrant le côté pile,
25. Et Jésus dit : « J'ai gagné ! C'est toi qui me baptises. » Et il regarda la pièce de monnaie, et il vit qu'elle était pile des deux côtés, et il fut content car il comprit que son Père l'avait aidé parce qu'il s'était aidé.
26. Et donc Jean-Baptiste baptisa Jésus.
27. Or, comme Jésus sortait du Jourdain, soudain les cieux s'ouvrirent, et il en descendit l'Esprit Saint sous la forme d'une colombe,
28. Et en même temps une voix s'entendit, venant des cieux, et cette voix disait : « Celui-ci est Mon fils bien-aimé, en qui Je Me complais.
29. Quant aux autres, vous pouvez crever, tous autant que vous êtes. »
30. Or la colombe tenait dans son bec une serviette-éponge, et elle en entoura Jésus, et elle le frictionna.
31. Et Jésus fut content de cela, car le fond de l'air était frais. Et il dit au Saint-Esprit : « Tu aurais pu apporter un grog, pendant que Tu y étais.
32. Il faut vraiment tout Vous dire. Vous Vous la coulez douce, là-haut, pendant que je me tape tout le boulot.
33. Sans compter la promiscuité. Car ces humains sentent la sueur aigre et le derrière mal essuyé. Je ne m'y ferai jamais. »

34. Et ceux qui étaient là virent tout cela, et ils furent émerveillés, et puis, voyant que ce serait tout pour cette fois-là, ils rentrèrent chez eux car c'était bientôt l'heure de la soupe.

●

1. Après cela, Jésus fut conduit par l'Esprit Saint au désert afin d'y être tenté par le diable.

2. Et il jeûna quarante jours et quarante nuits, et puis il eut faim.

3. Et les gens venaient de loin pour le voir jeûner, et ils s'asseyaient en rond autour de lui, et des marchands de gaufres et de merguez chaudes passaient dans la foule,

4. Et la foule disait, la bouche pleine : « Voyez, celui-ci est encore plus fort que Jean-Baptiste car il ne mange rien du tout, même pas des sauterelles ou du miel sauvage. »

5. Et puis ils s'en retournaient chez eux, et ils se disaient entre eux : « Il doit y avoir un truc, ça c'est sûr. »

6. Et naturellement il y avait un truc, et le truc était que Jésus était Dieu.

7. Et Jésus, étant Dieu, pouvait très facilement interdire à son estomac d'avoir faim pendant quarante jours. Il n'y a rien d'étonnant à cela.

8. L'étonnant, c'est bien plutôt qu'après quarante jours Jésus eut faim.

9. Et puisque Jésus et Dieu c'est la même chose, cela veut dire que la puissance de Dieu ne va pas au-delà d'un pauvre petit jeûne de quarante jours,

10. Et que donc Dieu n'est pas un si grand dieu que ça,
11. Comme par exemple un dieu qui pourrait jeûner quarante et un jours, ou même cent jours, ou même davantage,
12. Et qui pourrait jeûner sur un seul pied, ou sans les mains, ou les yeux bandés, ou en jouant de l'harmonica. Ça, oui, ça serait un dieu !
13. Enfin, bon, on a les dieux qu'on mérite,
14. Et comme on fait son dieu on se couche,
15. Et toute cette sorte de choses.
16. Jésus, donc, avait terminé son jeûne, et il avait salué l'honorable assistance, et il avait roulé son petit tapis de jeûne, et il avait fait la quête.
17. Or le diable s'approcha de Jésus, car il voulait le tenter.
18. Et justement, un type qui a faim, c'est le vrai bon moment pour le tenter. Et le diable se frotta les griffes, et il se dit : « Bonne affaire ! »
19. Or, pour avoir l'idée de tenter Dieu, il ne faut vraiment pas être tout à fait dans son assiette.
20. Car Dieu est parfait. Il ne peut donc pas pécher, même s'Il le voulait.
21. Ce qui prouve que le diable est aussi bête que méchant.
22. Heureusement, sans quoi c'est lui qui serait Dieu.
23. Il est vrai que, s'il était Dieu, il serait parfait, et que c'est l'Autre qui serait le diable, et que, tout compte fait, l'un dans l'autre, ça reviendrait au même.

24. Enfin, bon, le diable se disait dans son cœur de diable : « Si je réussis à lui faire commettre un péché mortel, crac, en enfer ! »

25. Et il se disait encore : « Le bon Dieu en enfer, ça vaudra le coup d'être vu ! »

26. Et le diable dit à Jésus : « Tu as faim, n'est-ce pas ? Eh bien, commande à ces pierres de devenir des pains, puisque tu es le Fils de Dieu. »

27. Or c'était vraiment là une toute petite tentation, même pas un péché véniel. Car Jésus avait terminé son jeûne rituel, il pouvait donc manger ce qui lui faisait plaisir.

28. Et quant à être le Fils de Dieu, il le savait mieux que personne, qu'il l'était, et le diable aussi le savait.

29. Non, mais, qu'est-ce qu'il était con, ce diable !

30. Alors Jésus répondit : « Il est écrit que l'homme ne vivra pas seulement de pain, mais qu'il vivra de toute parole qui sort de la bouche de Dieu. Et paf ! »

31. Et tous les anges qui, du haut des cieux, contemplaient cela en léchant des glaces très bonnes, se dirent entre eux : « Bravo ! Très bien ! Il est en forme, aujourd'hui. »

32. Alors le diable emporta Jésus à Jérusalem, et il le posa sur le faîte du Temple.

33. Et il lui dit : « Si tu es le Fils de Dieu, jette-toi en bas. Car les anges auront soin de toi, et ils te porteront dans leurs mains. »

34. Comme si un Fils de Dieu avait besoin des anges pour le soutenir ! Quand Dieu n'avait pas encore créé les anges, qui donc le soutenait lorsqu'il rentrait soûl ?

35. Mon Dieu, que ce diable était donc con, que donc con ce diable était !
36. Alors Jésus répondit : « Il est écrit : Tu ne tenteras point le Seigneur ton Dieu. »
37. Ce qui aurait dû clore le débat.
38. Mais le diable dit : « Et si je Le tente quand même ? »
39. Et Jésus répondit : « Eh bien, euh... Tu brûleras dans le feu éternel. »
40. Alors le diable rit, et il dit : « De ce côté-là, je ne risque plus rien. Je suis déjà condamné au maximum.
41. Et qu'est-ce que tu peux répondre à ça, blanc-bec ? »
42. Et Jésus ne répondit rien. Et les anges, dans le ciel, dirent « Mouais... »,
43. Et les diables, sous la terre, rirent de leur rire épouvantable,
44. Et Dieu-le-Père dit, quoique à contrecœur : « Un partout. » Et Il dit encore : « Match nul. Vous n'allez pas laisser ça là ? »
45. Et Satan, très en forme, dit : « On fait la belle ! »
46. Et Dieu dit à Jésus : « Réveille-toi un peu, garçon ! Pour qui Nous fais-tu passer ? On a bonne mine, la famille ! »
47. Alors le diable réfléchit bien bien, et puis il prit Jésus sous son bras, et il le mena sur une montagne fort élevée, et il lui montra tous les royaumes du monde dans leur gloire,
48. Et il lui dit : « Tout cela est à toi si, te prosternant à mes pieds, tu m'adores. »
49. Alors Jésus, malgré la gravité de l'heure, s'esclaffa. Offrir à Dieu ce qui lui appartient !

Demander à Dieu d'adorer quelqu'un ! Et d'adorer qui ? Le diable, s'il vous plaît !
50. Con à ce point-là, c'est pas permis, même pour le diable.
51. Et Jésus dit : « Retire-toi, Satan, car il est écrit : Tu adoreras le Seigneur ton Dieu et ne serviras que Lui. »
52. Or cette réponse n'était pas non plus un chef-d'œuvre de réponse, mais Jésus, lui, le faisait exprès, naturellement.
53. Alors Satan le traita de mauvais joueur et de fils à papa, et puis il s'en alla en donnant des coups de pied dans les cailloux, et aussitôt les anges accoururent, et ils mirent le couvert, et Jésus attaqua le homard.

●

1. Or Jean-Baptiste, lorsqu'il avait baptisé Jésus, avait tressailli exactement comme il avait tressailli autrefois dans le ventre de sa mère, lorsque Marie avait paru devant elle, enceinte de Jésus.
2. Et ce tressaillement lui avait donné à penser.
3. Et chaque fois que Jean-Baptiste rencontrait Jésus, ce tressaillement le reprenait.
4. Et Jean-Baptiste se disait dans sa tête que certainement le Seigneur Dieu lui envoyait ce tressaillement pour lui rappeler une chose importante,
5. De la même manière que d'aucuns font un nœud à leur mouchoir. Et si Jean-Baptiste avait eu un mouchoir, Dieu n'eût pas manqué d'y faire un nœud, quoique, à bien réfléchir, faire un nœud à un mouchoir au fond d'une poche

sans chatouiller la personne est un miracle nettement plus difficile qu'envoyer un simple tressaillement,

6. Mais comme de toute façon Jean-Baptiste, dans le ventre de sa mère, n'avait pas de mouchoir,
7. Et pas davantage au désert, car son manteau de poils de chameau n'avait pas de poches, et donc Jean-Baptiste se mouchait entre deux cactus, ce qui est tout de même plus propre que se moucher dans ses doigts,
8. Enfin, bon, n'en parlons plus.
9. Or Jean-Baptiste tressaillait de plus en plus fort, et ça le prenait toujours quand Jésus était là, et ça lui passait quand Jésus s'en allait,
10. Et, chaque fois, Jean-Baptiste sentait qu'il était sur le point de se rappeler, il avait ça sur le bout de la langue.
11. Et puis, non. Rien.
12. La mémoire, c'est comme ça. Ça va, ça vient.
13. Et le Seigneur Dieu, du haut des cieux, voyait cela, et sa glande à courroux se boursoufflait à la limite de la boursouflure.
14. Et un jour il envoya à Jean-Baptiste un formidable tressaillement, gloire et couronne de tous les tressaillements dans le passé et dans les siècles à venir,
15. Et ce tressaillement le secoua d'abord de bas en haut, puis de droite à gauche, puis en diagonale, puis en rond, puis en zigzag, puis dans tous les sens à la fois.
16. Et tout à coup ce tressaillement débloqua les tuyauteries dans la tête de Jean-Baptiste.
17. Et les billes du souvenir se décrochèrent, et

elles coururent dans les rigoles de la mémoire, et elles tombèrent dans les trous de la parole, et elles mirent en branle la langue de Jean-Baptiste,

18. Et Jean-Baptiste, allant vers Jésus, le montra au peuple, et il s'écria : « Le voici, l'agneau de Dieu, celui qui efface les péchés du monde !

19. Et youppie ! »

20. Alors deux disciples de Jean-Baptiste, l'un nommé André, l'autre Jean, dirent « Ah ? Bon. » Et ils suivirent Jésus, et ils devinrent disciples de Jésus.

21. Car les sauterelles crues, c'est exaltant au début, et puis on s'en lasse.

22. Et le lendemain, André amena son frère, et Jésus lui dit : « Tu t'appelles Simon, mais je t'appellerai Pierre, car j'ai un calembour à faire au chapitre sept et ça ne peut marcher qu'avec Pierre. »

23. Et vint ensuite Philippe. Et Philippe amena Nathanaël. Or Nathanaël ne croyait pas qu'un gars de Nazareth pût être autre chose qu'un plouc, mot hébreu qui signifie « cul-terreux ».

24. Alors Jésus dit à Nathanaël : « Toi, je ne t'ai jamais rencontré, et pourtant je t'ai bien vu, l'autre jour, sous le figuier. Je t'ai vu, fripon ! »

25. Or Jésus avait remarqué sur la robe de Nathanaël une tache de liqueur séminale,

26. Et il n'y avait qu'un seul figuier dans le désert, et c'était le seul arbre qui donnât un peu d'ombre, à part les cactus,

27. Et c'était donc le seul endroit où l'on pût attraper des taches de liqueur séminale.

28. Et Nathanaël, ayant ouï cela, fut saisi d'une grande crainte, et il se prosterna devant Jésus, et il dit : « Maître, tu es le Fils de Dieu, le roi d'Israël ! »

29. Et Jésus lui dit : « Parce que je t'ai dit que je t'ai vu sous le figuier, tu crois. Il ne t'en faut vraiment pas beaucoup ! En vérité, en vérité je vous le dis, vous verrez de plus grandes choses que celle-là ! »

30. Et ils demandèrent : « Que verrons-nous donc, Maître ? »

31. Et il leur dit : « Si vous êtes bien sages, vous verrez le ciel ouvert et les anges du Seigneur monter et descendre sur moi. »

32. Et les disciples battirent des mains, et ils poussèrent des cris de joie à la promesse de ce beau spectacle.

●

1. Trois jours après ces choses, il se fit des noces au village de Cana, près de Nazareth. Et la mère de Jésus y était.

2. Et Jésus fut aussi convié aux noces, lui et ses disciples.

3. Or, le vin venant à manquer, la mère de Jésus lui dit : « Ils n'ont plus de vin. »

4. Alors Jésus la regarda comme si elle eût été une fiente d'animal immonde, et il lui dit de toute sa hauteur : « Femme, qu'y a-t — hips ! — il entre toi et moi ? » Et puis il lui tourna le dos.

5. Et Marie mit ça dans sa poche, et son mouchoir par-dessus. Car elle savait que, lorsque Jésus

avait bu, il avait tendance à se prendre pour le bon Dieu.

6. Cependant la coupe de Jésus était vide, et il tapa sur la table, et il cria : « A boire ! A boire, nom de Dieu ! »

7. Mais personne ne lui versa de vin. Et Marie le tira doucement par le bas de sa robe, et elle lui dit avec prudence : « C'est justement ce que j'essayais de te dire, mon chéri : il n'y a plus de vin. »

8. Et Jésus lui répondit : « Qu'est-ce que tu veux que j' — hips ! — fasse, femme ? »

9. Alors Marie lui dit d'un air câlin : « Oh, si tu voulais vraiment... »

10. Et Jésus lui dit : « Hé, hé... Je te vois ven — hips ! — ir... Tu voudrais que je fasse un mi — hips ! — racle, hein ? »

11. Et elle dit : « Rien qu'un tout petit... »

12. Et il dit : « Non. Mon heure n'est pas encore venue. » Et il dit encore : « S'il n'y a plus rien à boire, moi je m'en vais. Hé, les disci — hips ! — ples ! Paraît qu'il y a une autre noce, pas loin d'ici. » Et les disciples dirent : « On — hips ! — va ! On — hips ! — va ! » Et ils sortirent de dessous la table.

13. Mais Marie tira timidement Jésus par sa robe, et elle lui dit : « Rien qu'un tout petit... »

14. Alors Jésus dit en ricanant : « Bon, bon... Tu l'auras voulu. » Et il fit un clin d'œil à ses disciples, et il leur dit tout bas : « On va bien rire ! »

15. Alors Marie, toute joyeuse, dit aux serviteurs de la maison : « Faites tout ce qu'il vous dira. »

16. Et elle dit aux autres femmes, ses commères : « Vous allez voir ! »

17. Or il y avait là six auges de pierre destinées à se laver les pieds en famille la veille de la Pâque.

18. Et jamais on n'en changeait l'eau, car Moïse s'y était lavé les pieds après avoir marché pendant quarante ans dans le désert, et cette eau était sainte.

19. Et, depuis Moïse, toute la famille, de père en fils, se lavait les pieds dans cette eau-là, et en tirait grande fierté.

20. Et Jésus dit aux serviteurs : « Empl — hips ! — issez d'eau ces machins-là. » Et ils les emplirent jusqu'au haut.

21. Et il leur dit : « Maintenant, puisez-en, et portez ça au maître d'hôtel. »

22. Et en même temps il pouffait derrière sa main, et les disciples pouffaient aussi.

23. Et le maître d'hôtel goûta du bout des lèvres, ne sachant pas ce que c'était, et puis il but jusqu'à la dernière goutte, et il se lécha les moustaches, et il dit : « Encore ! »

24. Et il appela l'époux, et il lui dit : « C'est dommage que vous ayez fait donner le mauvais vin au commencement du festin et que vous ayez gardé ce nectar pour la fin, car maintenant ces cochons-là sont tellement soûls qu'ils ne verront pas la différence. »

25. Et toute la noce, voyant qu'il y avait de nouveau du vin, se précipita vers les auges, et but, et rebut, et vomit, et re-rebut, et plongea dedans, et s'en aspergea, et en emplit ses chaussures pour boire à la maison,

26. Et plus on en buvait, plus il y en avait, et il était frais et délicieux en vérité, et de la bonne

année, et la soûlerie qu'il donnait était une soûlerie de rires et de gaillardises,

27. Et le lendemain, pas malade.
28. Et Jésus fut bien étonné, et ses disciples aussi,
29. Et ils furent déçus à cause de leur bonne farce qui avait raté.
30. Comme quoi, quand on est Dieu, il est bien difficile de ne pas faire des miracles.
31. Et Dieu le Père, du haut des cieux, vit cela, et Il Se dit que, pour son premier miracle, Son Fils aurait pu choisir quelque chose d'un peu plus élevé qu'un miracle d'ivrogne,
32. Surtout question symbole.
33. Et puis Il Se dit que les hommes étaient tellement bêtes qu'ils vénéreraient ce miracle-là tout autant qu'un autre, et qu'ils en tireraient des tas de symboles très édifiants. Il faut toujours faire confiance à la bêtise des hommes.

●

1. Or la Pâque des Juifs était proche, et Jésus monta à Jérusalem.
2. Et il vit dans le Temple des marchands qui vendaient des brebis, des taureaux et des pigeons afin que les gens les achetassent pour les offrir en sacrifice sur les autels de l'Éternel,
3. Et il en vit d'autres qui vendaient des médailles bénites, et aussi des petits chandeliers à sept branches tout dorés, très jolis,
4. Et aussi des canifs en véritable nacre très bien imitée avec écrit dessus « Souvenir de Jérusalem »,

5. Et aussi des stylets à écrire avec un petit trou au bout dans lequel on pouvait voir, en fermant un œil, la servante Agar essayant de ranimer la virilité du pauvre vieil Abraham, ou les filles de Lot violant leur papa, ou Moïse ayant le mal de mer en passant la mer Rouge à pied sec, ou d'autres scènes édifiantes de la vie des grands Patriarches.

6. Jésus vit cela et, s'étant fait un fouet de cordes, il en frappa les marchands en criant : « Hors d'ici, race de voleurs ! La maison de mon Père est un lieu de prières, et vous, vous en avez fait un repaire de brigands ! »

7. Et les disciples renversèrent les tables, et ils délièrent les taureaux, et ils ouvrirent les cages des colombes, et ils regardèrent dans les petits trous des stylets à écrire,

8. Et les mendiants qui mendiaient, voyant cela, emportèrent les taureaux, et les brebis, et les colombes vers des endroits discrets afin d'y opérer le miracle de la transformation de la viande de taureau, ou de brebis, ou de colombe, en viande de mendiant.

9. Et les Juifs dirent à Jésus : « Donne-nous un signe qui nous prouve que tu as le droit de faire de telles choses. »

10. Et Jésus répondit : « Très facile. Abattez ce temple, je le reconstruirai en trois jours. »

11. Et les Juifs s'écrièrent : « Il a fallu quarante-six ans et beaucoup d'ouvriers pour construire ce temple, et il n'est même pas achevé,

12. Et toi, tu prétends le reconstruire en trois jours ? »

13. Et Jésus dit : « Commencez toujours par le démolir. Venez me prévenir quand ce sera fait.

Et si, après trois jours, je n'ai pas tout à fait fini de le reconstruire, alors, d'accord, vous aurez gagné. »

14. Et les Juifs se regardèrent entre eux, et ils regardèrent le soleil, qui était fort chaud, et ils regardèrent les pioches à démolir, qui étaient fort lourdes, et ils se dirent entre eux : « Bof... », et ils dirent à Jésus : « Nous te croyons sur parole. Tu es le Fils du Dieu vivant. » Et ils retournèrent finir leur sieste à l'ombre.

15. Or il y avait parmi eux un Juif d'entre les Juifs qui pensait dans sa tête des choses impies. Et ces choses étaient telles : « Si ce type est ce qu'il dit être, pourquoi lui faut-il trois jours pour reconstruire le temple ? »

16. Et il pensait encore : « Trois jours, c'est pas mal, mais un clin d'œil ça serait encore mieux. De deux choses l'une : ou ce gars-là est le Fils de Dieu, ou il ne l'est pas. Bon. Supposons qu'il le soit. Trois jours, hé ? Dans ce cas, le Dieu d'Israël n'est pas un dieu de premier plan parmi les dieux. C'est un petit dieu de rien du tout qui n'est sûrement pas sorti premier de l'école des dieux. Tout compte fait, je me fais Romain. Leur Jupiter, ça, oui, c'est du dieu ! »

17. Et il fit comme il avait dit, et ce fut la première conversion opérée par Jésus.

●

1. Après ces choses, Jésus décida que les temps étaient venus.

2. Et il dit à sa mère : « Femme, les temps sont venus. »

3. Et il laissa là le rabot et la scie, et aussi les écharbes, et aussi les ampoules,

4. Et il prit sous son bras une marmite avec un reste de soupe,

5. Et il s'en fut prêcher le royaume de Dieu.

6. Et sa mère, sur la porte, lui dit : « Sois bien prudent, mon Jéjé. »

7. Et elle dit encore : « Prends ta laine, les nuits sont fraîches. Dans le désert, tiens bien ta droite. Fais signe avant de tourner. Ne double pas en haut d'une côte. Ne mange pas trop de bonbons, tu as l'estomac fragile. Sois toujours bien poli bien convenable avec ces messieurs les sbires des forces de l'ordre. Lave-toi les pieds chaque soir, tu sais que tu as tendance à transpirer, c'est de famille, ton Père était déjà comme ça. Méfie-toi des femmes aux bijoux, celles qui rendent fou, ce sont des enjôleuses[1]. Si tu vois des vautours tourner au-dessus de ta tête, prends ta température. N'écoute pas les méchants enfants qui te diront que c'est ton Père qui met des joujoux dans tes souliers la nuit de Noël. Si un ange veut te faire le coup de l'Annonciation, dis-lui que j'ai déjà donné et traite-le de vieille pédale. Ne marche pas sur les flots tout de suite après manger. Santé, sobriété : pas plus d'un litre d'eau changée en vin par jour. Lave-toi soigneusement les mains après avoir guéri un lépreux. Ne multiplie pas trop les poissons, je sais que c'est le plus facile

---

1. Le lecteur pieux n'aura pas manqué de comparer les sublimes recommandations de la mère de Dieu voyant s'éloigner son divin Fils et celles de Sarah voyant Isaac partir pour le sacrifice (voir « Les Aventures de Dieu », chapitre 7). Ceci prouve qu'Isaac est une préfiguration du Christ, comme l'expliquent très bien les théologiens chrétiens.

à multiplier mais ça te donne de l'urticaire. Si tu vois ton Père, dis-lui que maman ne l'oublie pas mais qu'Il pourrait bien donner de ses nouvelles de temps en temps, la femme ne vit pas seulement de foi et les nuits d'Orient sont si capiteuses, un petit coup de Saint-Esprit dans l'Immaculée Conception de loin en loin c'est vraiment pas trop demander et c'est ça qui serait bon pour mes bouffées de chaleur ! Enfin, bon, que Sa volonté soit faite. A propos, tu as touché ta paie, n'essaie pas de me dire le contraire, qu'est-ce que tu caches, là, sous ta robe ? Veux-tu bien donner ! Voilà... Bon garçon, ça. Tiens, prends cette drachme pour faire le beau, n'en profite pas pour te soûler, et dès que tu seras couronné Messie et roi des Juifs, fais-moi signe, j'accourrai afin de tenir ton linge en ordre. »

8. Et Jésus alla par toute la Galilée, enseignant dans les synagogues et guérissant les malades, et une multitude le suivit, et parmi ceux-là il en choisit douze qui furent ses apôtres.

9. Et voici les noms des douze :

10. Il y avait d'abord Simon
    Qui en Pierre changea son nom.

11. Puis le gars Barthélemy
    Noir et sec comme fourmi.

12. Il y avait aussi Philippe
    Qui raccommodait les nippes.

13. Il y avait encore André
    Qui était le plus madré.

14. Jacques, fils de Zébédée,
    Pas plus haut que trois coudées.

15. Et le péager Matthieu
    Qui marchait juste au milieu.

16. Puis le gros épais Thomas
    Qui avait de l'eczéma.
17. L'autre Jacques, fils d'Alphée,
    A la trogne bien suiffée.
18. Simon le Cananéen
    Qui était né à Saint-Ouen.
19. Lebbée, surnommé Thaddée,
    Qui mangeait des orchidées.
20. Et aussi le petit Jean
    Que l'on appelait Jean-Jean.
21. Enfin Judas Iscariote
    Qui embaumait l'échalote.
22. Tels étaient les douze apôtres, c'étaient là leurs noms véritables.
23. Et si quelqu'un récite douze fois cette sainte liste sur les douze coups de midi, et s'il mange en même temps douze œufs durs bénis, et sans boire, celui-là gagnera le Paradis.
24. Ou alors c'est qu'il se sera trompé quelque part,
25. Ou que les œufs n'étaient pas frais.

CHAPITRE 6

RÉSUMÉ DES CHAPITRES PRÉCÉDENTS.
Après la terrible cuite qu'ils prirent aux noces de Cana, les disciples de Jésus se trouvent confrontés avec ce dilemme sublime qu'on appellera plus tard le pari de Pascal : Ou bien ce type-là est vraiment le fils de Dieu, ou bien il ne l'est pas, mais dans tous les cas son pinard tape au moins ses treize degrés, alors il n'y a pas à hésiter.

1. En ce temps-là, Jésus, voyant autour de lui la multitude du peuple, monta sur une montagne, et il s'assit, et les disciples s'assirent par terre au pied de la montagne.

2. Or Jésus était sur la montagne, tout en haut, et le peuple était en bas, et les douze apôtres étaient autour de Jésus, un peu plus bas, mais pas aussi bas que le peuple, et l'on voyait bien qu'ils étaient les copains de Jésus.

3. Et Jésus voulut enseigner le peuple, et il ouvrit la bouche pour cela, et aussitôt les apôtres crièrent : « Écoutez-le ! Écoutez-le ! »

4. Et Jésus dit : « En vérité, en vérité je vous le dis, donnez-moi deux rimes masculines et deux

rimes féminines, et vous allez voir ce que vous allez voir. »

5. Et les apôtres crièrent : « Vous allez voir ce que vous allez voir ! »

6. Et Jacques, fils de Zébédée, roula sur son tambour un roulement très joli, et Barthélemy souffla dans sa trompette, et l'autre Jacques, fils d'Alphée, tapa sur la grosse caisse et fit sonner les cymbales éclatantes.

7. Et Judas Iscariote, qui était le trésorier de la pieuse cohorte, secoua sa sébile et adressa au peuple ces paroles bien timbrées :

8. « Mesdames et Messieurs, je vais avoir l'honneur et l'avantage de passer dans les rangs de l'honorable société. Encore vingt drachmes à droite, je dis vingt drachmes, et vingt drachmes à gauche, et on commence. Qui m'appellera le premier ? Allons, allons, un bon mouvement ! Je me permets de vous faire remarquer, Mesdames et Messieurs, que le travail que vous allez voir exécuter devant vous est un travail exceptionnellement dangereux, vu qu'il exige une grande concentration du sang et de la nourriture dans les boyaux de la tête et que l'artiste peut tomber raide mort à vos pieds, comme un bœuf qu'on abat. Et ceux qui s'en vont maintenant, j'ai pas peur de leur dire en face que c'est rien que des feignants et des peigne-culs. Allons, la petite mère, une petite drachme pour entendre la parole de Dieu ! »

9. Et le peuple rechigna un peu, mais il donna ses drachmes, et quand il y eut assez de drachmes, Jacques, fils de Zébédée, roula un roulement sur son tambour, et tous firent silence.

10. Et Jésus répéta qu'il désirait deux rimes masculines et deux féminines.

11. Alors le peuple donna les rimes, et les deux premières rimes étaient « esprit » et « cieux ».
12. Et Jésus dit : « Mais ça ne rime pas ! »
13. Et le peuple dit : « Justement, c'est plus difficile ! » Et ils rirent et se poussèrent du coude.
14. Alors Jésus mit sa main sur ses yeux, et son front se plissa, et son visage devint comme l'aubergine dans la splendeur de sa maturité, et ses oreilles émirent de la vapeur, et son auréole rougit et grésilla comme la poêle d'airain dans laquelle le beurre attend l'omelette, et trois vieilles mouches qui faisaient la sieste sur l'auréole se grillèrent les pattes,
15. Et l'on voyait bien que Jésus réfléchissait dans toute la puissance de la réflexion.
16. Enfin Jésus leva la tête, et il dit :
« Bienheureux les pauvres d'esprit,
Car le royaume des cieux est à eux. »
17. Et les apôtres crièrent : « Il l'a fait ! Il l'a fait ! »
18. Et le peuple fut ravi dans toutes les dimensions du ravissement.
19. Et Jacques, fils d'Alphée, fit s'entrechoquer les cymbales triomphantes, et Judas dit au peuple : « On l'applaudit bien fort ! » Et le peuple applaudit bien fort,
20. Et Jésus dit : « Et maintenant, tous ensemble ! » Et tous chantèrent ensemble :
21. « Bienheureux ! Bienheureux !
Oh, oui, bienheureux !
Mille et mille fois bienheureux
Les pauvres d'esprit,
Car le royaume
Le royaume
Le royaume
Des cieux est à eux ! »

22. Et ils psalmodiaient cela bien en cadence, à genoux, les yeux tournés vers le ciel,
23. Et ils se balançaient d'avant en arrière, et ils se frappaient la poitrine,
24. Et les apôtres dansaient et frappaient dans leurs mains pour leur donner le rythme,
25. Et ils psalmodiaient de plus en plus vite, et ils se balançaient et se frappaient la poitrine de plus en plus fort, et ils criaient de plus en plus haut,
26. Et un peu de bave coulait sur leur menton,
27. Et certains tombèrent à terre avec un grand cri, disant : « Je le vois ! Je le vois ! Le royaume de Dieu ! Maman, maman ! Je pars ! Ah... »
28. Et puis ils restaient à terre, les bras en croix, et voilà pour ceux-là.
29. Après cela, le peuple cria : « Encore ! Encore ! » Et Jésus demanda d'autres rimes, et ils les lui donnèrent.
30. Et Judas dit : « Je vais avoir l'honneur et l'avantage de passer dans les rangs de l'honorable assistance. Et ceux qui s'en vont maintenant sont des ladres et des fausses couches. »
31. Et Jésus prit les rimes qu'on lui proposait, et à chaque fois il trouva dans son cœur des paroles très belles à mettre dessus.
32. Et voici ces paroles :
« Bienheureux ceux qui sont dans le malheur,
Car ça pourrait être pire. »
33. Et encore :
« Bienheureux les doux,
Et aussi les poux, les choux,
Les genoux, les cailloux, les joujoux, les hiboux,
Car ils prennent un x au pluriel... »

34. « Bienheureux ceux qui pleurent,
    Car ils seront peut-être consolés,
    Tandis que ceux qui ne pleurent pas,
    N'ont vraiment rien à espérer. »

35. « Bienheureux ceux qui ont faim
    et soif de la justice,
    Car ils auront la police,
    Et c'est presque la même chose. »

36. « Bienheureux les miséricordieux,
    Car ils ont du poil aux pattes. »

37. « Bienheureux ceux qui ont le cœur pur,
    Car ils verront Dieu en caleçon à fleurs. »

38. « Bienheureux les pacifiques,
    Sauf s'ils sont objecteurs de conscience[1]. »

39. « Bienheureux ceux qui souffrent persécution pour la justice,
    Car il faut bien que tout le monde vive, y compris les persécuteurs. »

40. Et chaque fois le peuple répétait, et se balançait, et se frappait la poitrine, et les disciples mâles se rapprochaient des disciples femelles, et l'ambiance devenait tout à fait intéressante.

41. Alors un cul-de-jatte demanda à Jésus : « Et les culs-de-jatte ? »

42. Et Jésus dit :
    « Bienheureux les culs-de-jatte,
    Car ils peuvent dormir dans le panier du chat. »

---

1. Nous avons cru bon de traduire par « objecteurs de conscience » l'expression hébraïque « sçalopahr sçankouilh » dont la rude verdeur, reflet de la sublime simplicité des temps évangéliques, eût détonné en notre siècle abâtardi.

(Note du traducteur.)

43. Et un bec-de-lièvre lui demanda :
    « Et les becs-de-lièvre ? »
44. Et Jésus dit :
    « Bienheureux les becs-de-lièvre,
    Car ils peuvent se moucher avec la langue. »
45. Et un cocu dit : « Et les cocus ? »
46. Et Jésus dit :
    « Bienheureux les cocus,
    Car ils couchent avec une putain sans payer. »
47. Et Jésus improvisa encore longtemps comme cela, car le peuple lui soumit beaucoup de rimes très difficiles, telles que « grand-père » et « plafond », ou « ta sœur » et « bat le beurre », et toujours il improvisait quelque chose de très joli.
48. Et toutes ces choses s'appellent les Béatitudes, ce qui est un mot hébreu qui signifie : « Ça a l'air complètement idiot à première vue, mais si l'on y réfléchit bien c'est encore beaucoup plus idiot que ça. »

●

1. Or Jésus parla encore ainsi :
   « Bienheureux serez-vous de m'avoir connu ! Car à cause de moi on vous insultera, on vous pourchassera, on vous traitera de feignants, de va-nu-pieds, de culs bénis et de refoulés sexuels, on vous battra, on vous torturera et même on vous tuera un petit peu. Réjouissez-vous alors, et tressaillez de joie, parce que votre récompense sera grande dans les cieux. »
2. Et les apôtres dirent : « Dans les cieux, hé ? » Et ils écoutaient cela, et ils réfléchissaient à ces

choses dans leur tête, et ils dirent encore : « C'est ça que votre Père vous a envoyé nous dire, Seigneur ? »

3. Et Jésus répondit : « Oui, mais ce n'est qu'un début. Attendez la suite. Vous verrez, c'est encore beaucoup plus beau. »

4. Et les apôtres dirent : « Oh, merci, Seigneur ! Vous nous comblez, Seigneur ! » Et ils attendirent la suite avec un air de gourmandise.

5. Et Jésus continua ainsi : « En vérité, en vérité je vous le dis, vous êtes le sel de la terre, et du sel qui n'est pas salé c'est comme une lampe sous un pot de chambre[1].

6. On peut naturellement mettre la soupe dans le pot de chambre, mais ce n'est pas cela qui la salera, à moins que le pot de chambre n'ait préalablement servi à faire dessaler de la morue.

7. Et, de toute façon, la soupe aura un goût d'huile de lampe car, étourdi que je suis, j'ai oublié la lampe dans le pot.

8. Et ne m'objectez pas la Loi et les Prophètes. Les prophètes, c'étaient des contremaîtres, mais moi je suis le patron.

9. Il est écrit : tu ne commettras point d'adultère, mais moi je vous dis que quiconque regarde une femme a déjà commis l'adultère dans son cœur, et il sera puni pour cela, et en plus il n'en aura pas eu le plaisir, alors, bon, vous savez ce qu'il vous reste à faire.

---

1. Le texte hébreux porte le mot « boisseau », ce qui révèle un faux éhonté, puisque le boisseau est une mesure d'un hectolitre et que le système décimal ne fut inventé que beaucoup plus tard par la Révolution française, œuvre de Satan.

(Note du traducteur.)

10. Que si ton œil droit te fait tomber dans le péché, arrache-le et jette-le loin de toi[1].

11. Il a une chance de tomber dans la soupe, ça la salera, car l'œil contient des larmes, qui sont salées, et voilà une bonne chose de faite. Reste le problème de la lampe. On verra tout à l'heure.

12. Ah! Pendant que tu y es, arrache-toi aussi l'œil gauche, car, à moins que tu ne louches, ton œil gauche n'aura pas manqué de prendre sa part du péché,

13. Et si ensuite tu n'y vois plus rien, ne t'inquiète pas, c'est normal, et si tu te cognes dans le mur, ne blasphème pas, ou alors arrache-toi aussi la langue.

14. Et si ta main droite te fait tomber dans le péché, coupe-la et jette-la au loin, tu pourras pécher tranquillement avec la gauche, car, celle-là, avec quelle main la couperais-tu?

15. Et si quelqu'un te frappe à la joue droite, tends-lui la joue gauche, et pendant qu'il sera ainsi occupé, fais-lui les poches, et que ta main gauche ignore ce que fait ta joue droite.

16. Ne vous mettez point en peine pour votre nourriture. Regardez les oiseaux du ciel : ils ne sèment ni ne moissonnent, et votre Père les nourrit, et quand ils sont bien gras, vous les attrapez et les faites rôtir.

17. Et pour ce qui est du vêtement, pourquoi vous mettre en souci ? Regardez les lis des champs : ils ne travaillent ni ne filent,

---

1. En vertu de ce célèbre précepte chrétien, nous sommes amenés à penser : ou bien les chrétiens sont tous borgnes, ou bien ils ne pèchent jamais. Nous ne voyons vraiment pas d'autre possibilité.

18. Cependant je vous dis que Salomon, dans toute sa gloire, n'était auprès d'eux qu'un vieux dégoûtant, même avec son costume des dimanches,

19. Mais Salomon pissait sur les lis des champs, et les lis des champs ne pouvaient pas pisser sur Salomon. Ce qui prouve bien que plus la culotte est large, plus l'homme est fort, et toute cette sorte de choses.

20. Et si tu dis à ton frère "Permets que j'ôte la paille que tu as dans l'œil" alors que tu ne vois pas la poutre qui est dans le tien, ne sois pas inquiet, il est normal de ne pas voir très clair quand on a une poutre dans l'œil, mais ton frère, lui, la voit, et il ne te propose pas de te l'ôter, et des frères comme ça, ça ne vaut pas un coup de cidre.

21. Ne jetez point vos perles aux pourceaux, ça donne mauvais goût au boudin.

22. Ne construisez pas sur le sable. Entrez par la porte étroite en serrant bien les fesses. Méfiez-vous des faux prophètes ; vous les reconnaîtrez facilement : tous ceux qui ne sont pas moi sont faux. En avril, ne vous découvrez pas d'un fil. Ne pétez pas plus haut que vous avez le derrière. Mettez toujours une gousse d'ail dans le gigot. Ne laissez pas les enfants jouer avec la serrure... Ça ne vous ferait rien d'arrêter de forniquer quand je parle ? »

23. Et Jésus continua longtemps comme cela, et le peuple était émerveillé de son enseignement.

●

1. Quand Jésus fut descendu de la montagne, un lépreux s'approcha de lui et, se prosternant, lui

dit : « Cheigneur, chi hu le heux, tu heux me hérir. »

2. Ce qui signifie : « Seigneur, si tu le veux, tu peux me guérir », mais le lépreux prononçait mal, à cause de la lèpre qui lui faisait les lèvres enflées.

3. Et, à cause de cela, Jésus comprit mal ce que le lépreux disait. Mais il vit bien que cet homme attendait de lui une faveur, et il chercha dans sa tête quelque chose qui lui ferait vraiment plaisir.

4. Et il trouva, et voici : il accorda au lépreux le don de faire bouger ses oreilles.

5. Et, lorsque le lépreux se releva, ses oreilles bougeaient et se trémoussaient, et la foule vit cela, et elle cria : « Miracle ! Miracle ! »

6. Et quant au lépreux, il voulut aussi dire quelque chose, mais Jésus lui dit : « Ne me remercie pas, je l'ai fait de bon cœur. Va et sois heureux. Et ne mange pas trop de fraises, elles donnent de l'urticaire. »

7. Et le lépreux suivit son chemin en se grattant et en remuant joyeusement les oreilles, et Jésus aussi suivit son chemin, et il arriva vers le soir à Capharnaüm, qui est une jolie petite ville au bord du lac de Tibériade.

8. Et comme Jésus entrait dans la ville, un centurion de l'armée romaine vint à lui et lui dit :

9. « Seigneur, j'ai un esclave dans ma maison, et cet esclave est en ce moment couché, malade de paralysie, et il souffre beaucoup.

10. Et il n'est plus bon à rien, et ce matin j'avais décidé d'aller le jeter sur le dépôt d'ordures municipal,

11. Et voilà que l'on dit par la ville qu'il y a ici le Fils de Dieu, et qu'il guérit les malades,
12. Alors je me suis dit dans ma tête que si tu le voulais tu pourrais guérir mon esclave,
13. Et moi je te donnerais un petit quelque chose pour ta peine, et ça me reviendrait toujours moins cher que d'en acheter un neuf. »
14. Et Jésus dit au centurion : « Mon carnet de rendez-vous est assez chargé, mais dès que je le pourrai, je passerai chez toi. »
15. Alors le centurion lui dit : « Seigneur, ma maison n'est pas très en ordre, car depuis que mon esclave est malade, le ménage n'a pas été fait et les assiettes sales s'empilent en colonnes plus hautes que celles du Temple de Salomon.
16. Mais il n'est pas utile que tu te déranges. Puisque tu es le Fils de Dieu, dis seulement une parole et mon eslave sera guéri. »
17. Et Jésus se dit dans sa tête : « Tiens, c'est vrai, ça ! Je n'y avais jamais pensé. »
18. Et il se tourna vers ceux qui le suivaient, et il leur dit : « En vérité, en vérité je vous le dis, je n'ai encore jamais trouvé une pareille foi parmi les enfants d'Israël.
19. Et je commence à me demander sérieusement si je n'aurais pas plus d'intérêt à faire une religion pour les Italiens plutôt que pour les Juifs. »
20. Et Jésus dit au centurion : « Va, et qu'il te soit fait selon que tu as cru. »
21. Et le centurion retourna dans sa maison, et il s'écria : « Joie sur toi, ô esclave ! Tu es guéri ! »
22. Et il jeta son esclave à bas du lit, et il lui mit le balai et la serpillière dans les mains.

23. Et il se tint derrière lui afin de stimuler sa convalescence au moyen du grand fouet à esclaves que les marchands d'esclaves donnent en prime pour tout achat d'au moins douze esclaves.
24. Et de partout on apportait des malades à Jésus, et Jésus les guérissait.
25. Aux boiteux il faisait pousser une troisième jambe, aux aveugles il faisait cadeau des hémorroïdes, aux poitrinaires il envoyait la dysenterie afin qu'ils n'osassent plus tousser,
26. Et aux culs-de-jatte il faisait croître une poignée sur la tête afin qu'ils pussent gagner leur vie en qualité de fers à repasser.
27. Et le peuple voyait cela, et tous croyaient en lui, et étaient sauvés. Et certes il n'est pas difficile de croire quand le Fils de Dieu vient en personne faire chaque jour sous vos yeux quelques centaines de beaux miracles comme ceux-là.

●

1. Pendant ce temps-là, Jean-Baptiste, dans son désert, continuait à baptiser.
2. Or cette occupation lui laissait beaucoup de loisirs, car depuis quelque temps le peuple préférait suivre Jésus, qui faisait des tas de miracles fort curieux à voir.
3. Et Jean-Baptiste se dit en lui-même : « Cela est bien. » Et il dit encore : « J'ai accompli ma mission sur terre, qui était de préparer les voies pour celui-là.
4. Je puis donc maintenant me retirer, et quitter ce désert, et finir tranquillement mes jours ter-

restres dans une petite maison avec un jardin autour, et dans le jardin je ferai pousser des melons et des pastèques, qui sont des légumes rafraîchissants,

5. Car j'ai souffert une telle soif dans ce désert que le reste de ma vie ne parviendra pas à l'étancher. Et pour ce qui est des sauterelles crues, je n'en mangerai que les jours de fête.

6. Ainsi parla Jean-Baptiste dans le dedans de sa tête. Or cela n'était point conforme aux desseins de l'Éternel.

7. Et l'Éternel apparut en songe à Jean-Baptiste, et Il lui dit : « Jean, n'es-tu pas la voix qui clame dans le désert ? »

8. Et Jean-Baptiste répondit : « Certes, je le suis, Seigneur. » Et l'Éternel dit encore : « Eh bien, Jean, continue. »

9. Et Jean-Baptiste dit : « Mais je n'ai plus rien à clamer, Seigneur, maintenant qu'Il est venu, Celui qui devait venir. »

10. Et l'Éternel dit : « N'y aurait-il donc plus d'iniquités sur la terre ? » Et Jean-Baptiste dit : « Mais, Seigneur, ce n'est plus à moi de m'occuper de ces choses, puisque Votre Fils est là. »

11. Et l'Éternel dit : « A chacun sa tâche. Or la tienne est de clamer. Clame donc. » Et Jean-Baptiste dit : « Que Votre Volonté soit faite, Seigneur. » Et il poussa un gros soupir.

12. Et Jean-Baptiste dit encore : « Que clamerai-je, Seigneur ? » Et l'Éternel dit : « Tu clameras Mon courroux contre Hérode[1], car ce cochon commet l'iniquité devant Ma face. »

---

1. Cet Hérode-là n'est pas le même que celui du massacre des Innocents, mais son fils.

13. Et Jean-Baptiste clama contre Hérode.
14. En ce temps-là, Hérode régnait sur la Galilée, étant tétrarque pour le compte des Romains.
15. Or Hérode avait pris pour épouse Hérodiade, qui était en vérité une femme superbe et qui lui faisait des choses que jamais personne ne lui avait faites.
16. Et cette Hérodiade était la propre nièce d'Hérode, la fille de son frère, et sa chair était sa chair.
17. Or ceci est une abomination.
18. Et Hérodiade avait été auparavant l'épouse de Philippe, qui était aussi le frère de son père, et avait abandonné le lit de son oncle Philippe pour celui de son oncle Hérode.
19. Or ceci est l'abomination des abominations.
20. Et dans le peuple on les appelait la famille-Tuyôhd-Poâhl, ce qui veut dire « Dis-moi qui te baise, je te dirai qui est ton oncle. »
21. Et donc Jean-Baptiste clama dans le désert contre Hérode et Hérodiade, et sa clameur fut une prodigieuse clameur.
22. Et il somma Hérode, à la face du ciel, de rompre ce mariage sept fois adultère et soixante-dix-sept fois incestueux qui ne pouvait manquer d'exiter contre Israël le courroux de l'Éternel,
23. Car, lorsque les rois commettent l'abomination, c'est sur les peuples que tombent les pluies de soufre et de feu.

●

1. Cependant la clameur de Jean-Baptiste vint aux oreilles d'Hérodiade, et elle dit à Hérode :

« Fais prendre ce braillard, et jette-le en prison ! »

2. Ainsi fut-il fait. Et les sbires vinrent prendre Jean-Baptiste, et ils lui signifièrent qu'il était coupable du crime d'injures au chef de l'état, et ils le jetèrent dans une noire prison.

3. Et Jean-Baptiste clama dans sa prison, et sa clameur passa les murs de la prison, et Hérodiade l'entendit,

4. Et Hérode aussi l'entendit. Car la prison se trouvait tout près du palais, de l'autre côté de la rue, et la clameur de Jean-Baptiste s'entendait maintenant mille fois plus fort qu'avant, et Hérodiade se demanda si son idée avait été une vraiment bonne idée, et elle résolut dans son cœur de faire périr Jean-Baptiste.

5. Et elle dit à Hérode : « Fais-lui couper la tête. »

6. Mais Hérode ne trouvait point importune la clameur de Jean-Baptiste, et même il aimait, lorsqu'il pratiquait la copulation avec Hérodiade, entendre en même temps cette clameur qui lui disait qu'il copulait avec sa nièce, la chair de la chair de ses propres père et mère, car cela excitait son instinct copulatoire à la limite de l'excitation et tendait sa fibre dans la plénitude de la tension,

7. Et son plaisir était alors un plaisir extraordinaire,

8. Car Hérode avait une âme d'artiste.

9. Et aussi Hérode craignait que couper la tête à Jean-Baptiste ne le rendît impopulaire,

10. Car déjà le peuple écrivait, la nuit, sur les murs du palais, en lettres de goudron : « Libérez

Jean-Baptiste ! » et aussi : « Hérode, salaud, le peuple aura ta peau ! »

11. Et il conseilla à Hérodiade de se mettre du coton dans les oreilles, et Hérodiade eut beau lui faire des choses qu'elle ne lui avait encore jamais faites, il ne céda pas.

12. A quelque temps de là, comme l'on célébrait le jour anniversaire de la naissance d'Hérode, la fille d'Hérodiade, Salomé, dansa au milieu de l'assemblée

13. Et Salomé plut à Hérode, bien qu'elle dansât comme une vache sur le point de vêler,

14. Mais elle savait en dansant découvrir ses endroits secrets,

15. Et son sexe dodu était comme un petit pain au lait, et son derrière était un bijou intact quoique pas très bien essuyé dans les plis, et de ses aisselles montait un parfum de rut et de viol,

16. Et Hérode, la voyant, calculait avec gourmandise quelle était sa position sur l'arbre généalogique de la famille, et quel succulent inceste serait cet inceste-là.

17. Et il dit à Salomé : « Demande-moi ce que tu veux. Quoi que ce soit, je te le donnerai, j'en fais le serment. »

18. Alors Hérodiade dit quelque chose à Salomé dans l'oreille, et Salomé dit à Hérode : « Je veux que tu me donnes sur un plat la tête de Jean-Baptiste. »

19. Et Hérode fut contrarié de cela. Mais, à cause de son serment, il commanda qu'il fût fait ainsi qu'elle le désirait.

20. Et il envoya couper la tête de Jean-Baptiste, et il commanda qu'on la mît sur un plat précieux,

et aussi que l'on mît du persil dans ses narines pour faire joli.
21. Et il la donna à Salomé. Et Salomé prit la tête, et elle joua un peu à lui faire cligner les yeux et à lui faire tirer la langue, et puis elle dit : « Bof » et elle ordonna que l'on jetât la tête sur le tas d'ordures,
22. Et elle se dit dans sa tête que si elle avait su elle aurait demandé un ours en peluche.
23. Et voilà pour Jean-Baptiste.

CHAPITRE 7

RÉSUMÉ DES CHAPITRES PRÉCÉDENTS.
Après avoir dansé le tango avec sa nièce Salomé, Hérode, charmé par l'odeur puissante des aisselles de la petite salope, lui propose discrètement la botte. Elle demande en échange la tête de Jean-Baptiste. Hérode la lui accorde. Cet épisode assez répugnant n'a strictement rien à voir avec notre héros. Cette histoire va-t-elle enfin sortir de l'incohérence et du galimatias ? Nous le saurons peut-être par le présent chapitre.

1. En ce temps-là, Jésus s'assit au bord de la mer qu'on voit danser le long des golfes clairs, la mer.
2. Et la foule s'assembla nombreuse autour de lui, si bien qu'il dut monter dans un bateau tandis que la foule se tenait à distance sur le rivage.
3. Car la foule sentait l'orteil échauffé et le pet foireux, ainsi qu'ont accoutumé de sentir les foules qui vont à pied par les chaleurs et se nourrissent de féculents mal cuits afin d'écouter la parole de Dieu.
4. Et Jésus leur parla de beaucoup de choses en

paraboles. Et il leur disait : « Je vais vous dire une parabole. » Et ils disaient : « Oh, oui ! Oh, oui ! »

5. Et quelques-uns lui demandaient : « Qu'est-ce que c'est, une parabole ? »

6. Et il leur répondait : « C'est comme une devinette, mais en plus joli. » Et ils disaient : « Chic ! On aime bien ça, les devinettes ! » Et ils s'asseyaient par terre, tout contents, et ils grattaient bien la cire de leurs oreilles afin de mieux entendre.

7. Et Jésus leur disait la parabole, et elle était comme cela :

8. « En vérité, en vérité je vous le dis, le Royaume de mon Père est plus grand que le chapeau de ma sœur, mais il est moins élastique que les bretelles de mon oncle.

9. Que celui qui a des oreilles entende ! »

10. Et d'autres fois, la parabole était comme cela :

11. « En vérité, en vérité je vous le dis, le Royaume des Cieux est comme un semeur qui est parti pour semer le blé.

12. Et, des grains qu'il semait, certains sont tombés au bord du chemin, et les oiseaux du ciel les ont mangés.

13. D'autres sont tombés sur les cailloux, et le soleil les a brûlés.

14. D'autres sont tombés sur les épines, et les épines les ont étouffés.

15. Ce qui restait est tombé dans la bonne terre et a germé, et a donné du fruit, mais il n'en restait vraiment pas beaucoup.

16. Et qu'est-ce que vous dites de celle-là ? »

17. Et ils lui répondirent : « Nous en disons que ce semeur-là n'était pas un bon semeur,
18. Et aussi qu'il était soûl comme une vache.
19. Car où as-tu entendu parler d'un semeur qui envoie les trois quarts de son blé sur les cailloux, sur les chemins et dans les épines ? On voit bien que tu n'es pas de la campagne !
20. Cette parabole n'est pas une bonne parabole. Dis-nous-en vite une autre, ou nous ne donnerons rien à la quête. »
21. Alors Jésus leur disait une autre parabole avec un enfant prodigue qui rentrait à la maison et un père prodigue qui tuait le veau gras au lieu de lui donner des gifles, et le peuple aimait cette parabole-là, surtout les enfants,
22. Mais les vaches au pré ne l'aimaient pas du tout, et elles rompaient leur licol, et elles brisaient les barrières, et elles couraient sus à Jésus, et elles pointaient leurs cornes aiguës, et elles mugissaient leur grand mugissement de guerre,
23. Et les disciples couraient en tous sens, et les femmes étaient piétinées,
24. Et bon, il valait mieux ne pas s'obstiner dans ce village-là pour cette fois.

●

1. Or, un jour d'entre les jours, ses disciples lui dirent : « Pourquoi parles-tu aux gens en paraboles ? »
2. Et il leur répondit : « Parce qu'à vous autres seulement il a été donné de comprendre ces choses. Et il n'est pas bon que tous les comprennent.

3. Car Isaïe le prophète n'a-t-il pas dit : Ils ont des yeux et ils ne voient point, ils ont des oreilles et ils n'entendent point ? »

4. Alors Judas Iscariote, qui était un raisonneur, un ergoteur et un chipoteur, lui dit : « Ne vaudrait-il pas mieux, alors, ne rien leur dire du tout ? Ce serait en tout cas moins fatigant. »

5. Et Jésus répondit : « Mon Père m'a envoyé pour accomplir les prophéties. Les prophéties disent que je leur parlerai et qu'ils ne comprendront pas. Il faut donc que je leur parle de telle façon qu'ils ne puissent comprendre.

6. Or si je leur disais les choses simplement, ils comprendraient tout, et leurs yeux ne seraient plus tout ronds, et ils seraient trop facilement sauvés, et mon Père ne serait pas content.

7. Car mon Père, dans Son infinie bonté, a créé l'homme capable de faire son salut, mais pas trop facilement, sans quoi où serait le plaisir ?

8. Et sachez aussi que le peuple ne respecte que ce qu'il ne comprend pas, et s'ils comprenaient ce que je leur dis ils ne me respecteraient pas et ne m'apporteraient pas des petits pâtés tout chauds et des crèmes au caramel.

9. Et sachez encore que, plus tard, leurs curés se donneront beaucoup de mal chaque dimanche pour leur expliquer ce que j'ai bien pu vouloir dire, et ils paieront leurs curés pour cela, car il faut bien que tout le monde vive.

10. Mais quant à vous, mes disciples bien-aimés, vous qui comprenez très bien le sens profond des paraboles, heureux vos yeux parce qu'ils voient, heureuses vos oreilles parce qu'il y a du poil dedans !

11. En vérité, en vérité je vous le dis, beaucoup de justes ont désiré voir ce que vous voyez mais ils ne l'ont pas vu, et entendre ce que vous entendez mais ils ne l'ont pas entendu ! »

12. Et l'apôtre Jean dit : « Poil au cul. » Et Jésus le regarda sévèrement, mais Jean était le plus jeune et le plus joli de tous les apôtres, alors Jésus se contenta de lui faire un geste du doigt qui voulait dire : « Ce soir, sans vaseline[1]. »

13. Et les disciples furent bien contents de savoir qu'ils comprenaient des choses que le vulgaire ne comprenait pas,

14. Et ils mirent un air de compréhension sur leur visage, et ils toisèrent la foule du haut de leur nez.

15. Cependant, Judas Iscariote, toujours lui, dit à Jésus : « Je suis bien content d'avoir compris ta parabole, Seigneur, bien content, en vérité.

16. Voudrais-tu néanmoins avoir la bonté de me l'expliquer, exactement comme si je n'avais rien compris du tout,

17. Juste pour voir si j'ai bien compris la même chose que toi. »

18. Et Jésus dit : « Non. Toi d'abord. »

19. Et Judas dit : « Non. Toi d'abord. »

20. Et Jésus dit : « Bon. On fait ça à pile ou face. »

---

1. Sous le prétexte que la vaseline ne fut découverte qu'en 1877 par le chimiste américain Chesebrough, le chanoine Osty, dans sa récente traduction des Évangiles, a cru devoir donner à cette phrase la version suivante, selon lui plus conforme à la vraisemblance historique : « Ce soir, sans margarine. » Nous ne le suivrons pas sur cette voie sacrilège. Si Dieu, qui connaît le passé et l'avenir, a jugé bon d'employer le mot « vaseline », qu'il savait devoir être familier aux oreilles des hommes du XXe siècle, c'est qu'Il avait Ses raisons.

21. Et Judas dit : « Oh, c'est malin, ça ! Jouer à pile ou face contre un type qui fait des miracles ! »

22. Et Jésus dit : « Tu vois bien ! Ne te fais donc pas prier. Explique voir un peu ce que tu as compris. »

23. Et Judas dit : « Eh bien, à mon avis, c'est une parabole cochonne. » Et son visage devint tout rouge.

24. Et Jésus lui dit : « Et celle-là, tu la connais ? » Et il lui dit quelque chose à l'oreille, et Judas devint tout bleu.

25. Et Jésus lui dit : « Et celle des dix vierges folles qui avaient laissé tomber leurs petites lampes, et qui les cherchaient à quatre pattes dans la nuit noire, et des dix ânes qui les prirent pour dix ânesses, et... » Mais Judas était devenu tout noir, et il courait à toutes jambes, et il criait : « D'accord, Seigneur, d'accord, vous êtes le Messie, le Fils de Dieu ! »

26. Or il y avait quatre disciples d'entre les disciples qui recueillaient tout cela par écrit,

27. Et chacun d'eux essayait de copier sur les autres, et chacun d'eux se cachait derrière son coude afin que les autres ne puissent copier sur lui.

28. Car plus tard ce « reuhporthâj[1] » vaudrait de l'or, et même ils savaient déjà de quel nom ils l'appelleraient,

29. Et ce nom était « Évangile », ce qui est de l'hébreu et veut dire « Les Aventures du Petit Jésus ».

---

1. Nous avons préféré laisser le mot hébreu, devant l'impossibilité de le rendre en langage moderne.

1. Un soir d'entre les soirs, les disciples s'approchèrent de Jésus, disant : « Maître, il y a ici une grande foule, et il n'y a rien à manger. Renvoie-les. Qu'ils aillent dans leurs villages et s'achètent de la nourriture. »

2. Mais Jésus leur dit : « Point n'est besoin qu'ils s'en aillent. Donnez-leur à manger. »

3. Ils lui dirent : « Comment ferions-nous ? Nous n'avons ici que cinq pains et deux poissons, et il y a là plus de cinq mille personnes. »

4. Alors Jésus prit les pains et les poissons, et il les rompit, et il les distribua, et tous mangèrent, et furent rassasiés, et avec ce qui restait on emplit encore douze couffins.

5. Et les disciples furent ébahis de cela, et ils lui demandèrent : « Comment as-tu fait ? »

6. Et Jésus répondit : « Je vais vous le dire, mais ne le répétez pas : je les ai multipliés. »

7. Et ils dirent : « Voilà, voilà... » Et ils dirent encore : « Mais par quel multiplicateur as-tu bien pu multiplier deux truites aux amandes pour obtenir cinq mille harengs saurs ? »

8. Et ils lui posèrent encore d'autres questions : « Pourquoi avais-tu besoin, au départ, des cinq pains et des deux poissons ? Ne pouvais-tu créer des pains et des poissons à partir de rien ? Ç'aurait été un miracle trop difficile, peut-être ? Ton Père ne t'a pas appris tous ses trucs ? Et pourquoi as-tu multiplié aussi les arêtes ? Et pourquoi as-tu multiplié la morve de boulanger qu'il y avait dans un des pains ? Et pourquoi nous laisses-tu mendigoter des repas chez des gens qui n'ont parfois presque rien à nous

donner alors que tu sais faire de si jolies choses ? »

9. Cependant une rumeur montait de la foule, et Jésus dit aux disciples : « Entendez-vous comme ils crient leur joie et me remercient ? »

10. Mais les disciples lui dirent : « Seigneur, ils crient parce que les poissons étaient fort salés, et maintenant la soif leur pèle la langue et leur brûle les entrailles, et ils demandent à boire. »

11. Alors Jésus dit : « Jamais contents, hein ? Tu leur donnes ça, ils veulent ça. Eh bien, puisque c'est ainsi, vous n'aurez rien, race de vipères ! »

12. Et il s'en alla, et les disciples aussi, et la foule resta avec sa soif au milieu du désert, et ils crevèrent tous la gueule ouverte et la langue pendante, et voilà pour eux.

●

1. Et donc Jésus parcourait la Galilée, disant des paraboles et rendant de menus services.

2. Et l'un lui disait : « Seigneur, mon fils est paralytique » ou : « Mon vieux père mange beaucoup pour son âge » ou : « L'évier est bouché. »

3. Et Jésus faisait ce qu'il fallait faire, et ils étaient guéris, et l'évier était débouché, et ils s'écriaient : « Tu es vraiment le Fils de Dieu ! Serre-moi la main, mon pote. Allez, viens boire un pot avec moi. Refuse pas, tu me vexerais. »

4. Et Jésus ne refusait pas, pour ne pas les vexer, et quand il avait bu il improvisait des paraboles très belles.

5. Et un jour il disait : « Jetez vos filets là et là. » Et ils jetaient leurs filets, et ils ramenaient tant et tant de poisson que tous criaient : "Miracle !" »

6. Seul Judas disait : « Ce n'est pas un miracle de pêcher du poisson. Je crierais « Miracle ! » s'ils avaient ramené dans leurs filets un piano à queue.

7. Je dis piano à queue comme ça, car naturellement j'ignore ce que ce peut être, mais, quoi que ce soit, ça doit certainement être beaucoup plus miraculeux à pêcher que du poisson qui nage. »

8. Ce Judas était vraiment terriblement raisonneur et chipoteur et l'on voyait bien qu'il finirait mal.

9. Une autre fois, arrivant au pays des Gadaréniens aux larges oreilles, Jésus vit venir à lui un homme possédé du démon.

10. Et cet homme avait sa demeure dans les tombeaux, et il brisait les chaînes avec ses dents, et nuit et jour il hurlait et sautait parmi les tombes et se tailladait la chair avec des pierres aiguës.

11. Et cet homme accourut vers Jésus, et le démon qui était en lui cria : « Que me veux-tu, ô Jésus, Fils du Dieu Très-Haut ? Occupe-toi de tes affaires, et laisse-moi aux miennes. » Et il faisait sauter et cabrioler de plus belle ce malheureux possédé.

12. Et Jésus dit au démon : « Quel est ton nom ? »

Et il répondit : « Mon nom est Légion, car nous sommes deux mille. »

13. Et Jésus dit : « Eh bien, Légion, il faut déguerpir. » Et les diables dirent : « Mais où irons-nous ? Ce pays nous plaît. »
14. Or Jésus regarda alentour, et voici : il y avait sur la montagne un troupeau de cochons. Et justement ces cochons étaient deux mille en tout. Et Jésus permit aux démons d'aller dans les cochons.
15. Et les démons firent ainsi, et le possédé fut soulagé, et les cochons furent possédés, et ils crièrent et sautèrent et gambadèrent, et puis tous ensemble ils coururent dans la mer, et ils furent noyés, et voilà pour eux.
16. Et ceux qui gardaient les cochons furent un peu surpris, car on ne leur avait pas demandé leur avis, mais la foule était émerveillée et criait : « Encore ! »
17. Cependant Judas regardait cela, et il se disait dans sa tête : « D'où sortent donc ces milliers de cochons ? Et pour qui donc les engraissait-on, puisque la Loi punit de mort tout Juif qui oserait en manger ? » Mais il garda cela pour lui, car il en avait assez de passer pour une forte tête.

●

1. Un jour, alors que Jésus s'en allait ressusciter une morte pour faire plaisir à sa famille, une femme qui souffrait depuis douze années d'hémorroïdes effroyables s'approcha de lui par-derrière dans la foule et toucha son manteau.
2. Et aussitôt son mal lui fut enlevé, et elle fut guérie.

3. Or Jésus avait senti une force sortir de lui, et il sentait très bien qu'il n'avait plus son compte de miracles. Et il demanda : « Qui m'a carotté un miracle ? » Et il vit la femme, et il lui dit : « C'est toi, resquilleuse ! »

4. Et elle se jeta à ses pieds, et lui dit la vérité. Et Jésus lui dit : « Ma fille, ta foi t'a sauvée. Mais à l'avenir, ne me prends plus pour un bain de siège. »

●

1. Une autre fois, il marchait sur les flots, et comme ses disciples s'étonnaient, il leur dit : « Je ne suis pas venu changer la Loi de Moïse, mais je suis venu changer le Principe d'Archimède. »

2. Une autre fois, les scribes et les Pharisiens lui amenèrent une femme surprise en adultère. Et ils lui dirent : « La Loi de Moïse nous commande de lapider ces femmes-là. Et toi, qu'en dis-tu ? »

3. Et Jésus réfléchit, dessinant sur le sable, et puis il dit : « Que celui qui n'a jamais péché lui flanque la première pêche. »

4. Et ils dirent : « Tu nous as rivé notre clou. » Et ils s'en retournèrent à l'ombre boire des boissons malsaines avec des scribouillardes parfumées et des Pharisiennes aux seins bien frais.

5. Une autre fois, pendant qu'il guérissait les malades, une femme vint le trouver, et il lui dit : « Quel est ton mal ? » Et elle répondit : « Je suis nymphomane. » Et il lui dit : « Si tu as la foi, tu seras guérie. » Et elle lui dit : « Mais je ne suis pas venue pour ça ! Pas du tout ! » Et ses

yeux brillaient, et elle l'emmena chez elle, et ainsi commença l'amitié de Jésus et de Marie-Madeleine.

6. Une autre fois on lui amena une hydropique, et il changea en vin l'eau qui lui gonflait le ventre, et il n'y eut plus qu'à la mettre en perce et à lui ajuster une cannelle.

●

1. En ce temps-là, Jésus, quittant le territoire de Tyr, vint par Sidon vers la mer de Galilée.

2. Or voici : on lui amena un homme qui était sourd, et muet, et bègue. C'est-à-dire qu'il aurait été bègue s'il avait pu parler.

3. Et Jésus, le prenant à part, lui mit les deux doigts dans les oreilles, ce qui chatouilla cet homme et le fit rire à gorge déployée.

4. Ce que voyant, Jésus cracha dans la bouche grande ouverte de l'infirme et, levant les yeux au ciel, il dit : « Ephphata ! », ce qui signifie : « Si ça ne te fait pas de bien, ça ne peut pas te faire de mal. »

5. Soudain le sourd-muet-bègue eut un grand sursaut, et il s'écria : « Beuark ! », et il vomit son déjeuner sur les pieds de Jésus, et il se sauva à toutes jambes, et on ne le revit plus jamais.

6. Alors Jésus se tourna vers la foule, et il leur demanda : « A-t-il senti mes doigts dans ses oreilles ? » Et la foule répondit : « Il les a sentis ! » Et Jésus dit : « Donc, il n'est plus sourd. »

7. Puis Jésus leur demanda : « A-t-il fait du bruit avec sa bouche ? » Et la foule répondit : « Il a

fait : beuark ! » Et Jésus dit : « Donc, il n'est plus muet. »

8. Puis Jésus leur demanda : « A-t-il fait beuark deux fois ? » Et la foule répondit : « Il ne l'a fait qu'une seule fois. » Et Jésus dit : « Donc, il n'est plus bègue. »

9. Et tous étaient émerveillés de ces choses, et ils étaient bien contents que le Fils de Dieu soit venu parmi eux, car s'il n'y avait pas de temps en temps la visite du Fils de Dieu ou celle du marchand de peaux de lapins, on s'embêterait drôlement dans les campagnes.

●

1. Or, étant dans la région de Césarée, Jésus dit à ses disciples : « Voyons, dites-moi un peu, qui pensez-vous que je suis ? Répondez-moi franchement, nous sommes entre nous. »

2. Et naturellement tous connaissaient la réponse, et elle n'était pas difficile à deviner, car il leur répétait cela deux cents fois par jour et davantage, et donc ils ouvraient la bouche pour lui dire bien ensemble : « Seigneur, tu es le Messie, le Fils du Dieu vivant »,

3. Mais Simon, surnommé Pierre, fut plus prompt qu'eux, et il cria à toute vitesse : « Seigneur, tu es le Messie, le Fils du Dieu vivant ! »

4. Et Jésus fut charmé de cela, et il regarda Pierre avec plaisir, et il dit à Pierre : « Heureux es-tu, Pierre, car tu n'as certainement pas trouvé ça tout seul. Ce ne peut être que mon Père qui est dans les cieux qui te l'a révélé, ce n'est pas possible autrement. »

5. Et il dit encore : « Pierre, je suis content de toi. Je vais te récompenser. Écoute voir. » Et Pierre ouvrit bien grandes ses oreilles, et les éventails de son cœur palpitèrent des palpitations de l'allégresse.

6. Et Jésus lui dit : « Voici. C'est un très joli calembour. Je l'ai fait tout exprès pour toi. Écoute bien : Pierre, tu es pierre, et pierre qui roule n'amasse pas mousse. Elle est bonne, hein ? »

7. Et tous les apôtres rirent aux éclats, et ils dirent : « Oh, qu'elle est bonne, Seigneur ! Oh, vous, alors, vous êtes impayable, Seigneur ! Oh, Seigneur, je fais pipi sous moi, Seigneur ! »

8. Et Pierre rit aussi, mais on voyait bien qu'il se forçait un peu.

9. Et Jésus dit : « Tiens, je me suis trompé. C'est complètement idiot, ce que je viens de vous dire. Attendez voir que je me rappelle... Ah, ça y est, voici le bon calembour ! Vous allez vous en payer une sacrée tranche, heureux coquins ! »

10. Et il s'éclaircit la gorge, et il dit : « Pierre, tu es pierre, et sur cette pierre je bâtirai mon Église. Ça, oui, c'est du calembour ! » Et Jésus s'esclaffa à la limite de l'esclaffement, et il se trémoussa, et il pleura de joie, et il morva d'allégresse, et il bava d'hilarité, et il se tirebouchonna, et il tomba sur le dos, et il mordit ses doigts de pied, et il se tapa la tête sur le sol,

11. Et les apôtres firent tout cela, mais encore plus fort, et ils dirent : « Après ce calembour-là, Seigneur, on peut tirer l'échelle aux calembours, Seigneur. »

12. Et Pierre rit aussi, mais il y avait un pli au

milieu de son front. Et Jésus lui demanda : « Tu es content, j'espère ? » Et Pierre lui répondit : « Très content, Seigneur. Oh là là, qu'est-ce que je me marre, Seigneur ! »

13. Et il dit encore : « Au fait, qu'est-ce que c'est, une Église, Seigneur ? » Et Jésus dit : « C'est une espèce de temple avec un machin pointu sur le dessus. »

14. Et Pierre réfléchit, et puis il soupira, et puis il dit : « Ce que vous faites est bien fait, Seigneur. » Et il dit encore : « J'aurai un peu l'air d'une grosse tortue, avec ça sur le dos, non ? »

15. Et Jésus lui dit : « C'est une image, Pierre. » Et Pierre lui dit : « Oui, bien sûr. C'est une image, quoi. » Et Jésus se gratta la tête, et il dit : « Ce n'est pas tout à fait comme ça que je voyais la chose. Finalement, je me demande si tu es bien le type qu'il fallait comme premier pape. Enfin, bon, tant pis, on fera avec ce qu'on a. » Mais il avait l'air un peu découragé.

16. Et Pierre demanda à Jésus : « Pape, ça veut dire que je serai le chef, Seigneur ? » Et Jésus lui dit : « Ça veut dire que, de tous mes apôtres, qui seront pauvres parmi les pauvres et humbles parmi les humbles, tu seras le plus pauvre et le plus humble. »

17. Et Pierre dit : « J'ai tout compris, Seigneur. » Et, afin que l'on voie bien qu'il était le plus pauvre et le plus humble, il se mit sur la tête une casquette de plus pauvre et de plus humble, qui est une casquette très grosse et très haute et tout en or avec des rubis et des émeraudes, et il appela cela une tiare, ce qui signifie « casquette » en hébreu.

18. Et il se fit faire une chaise de pape, qui est une chaise en or avec des brancards vernis, et les autres apôtres portèrent la chaise sur leurs épaules, et Pierre était assis sur la chaise, et il regardait la foule d'un air de pape,
19. Et la foule regardait Pierre sur sa chaise, et elle oubliait de regarder Jésus.
20. Et Jésus voyait ces choses, et il se demandait dans son cœur si l'idée de son Père avait été une vraiment bonne idée et s'il n'aurait pas mieux valu recommencer le Déluge.

CHAPITRE 8

RÉSUMÉ DES CHAPITRES PRÉCÉDENTS.
J'ai l'hoquet,
Bistouquet,
P'tit Jésus,
Je l'ai plus.
Dix fois sans respirer. Si le hoquet n'est pas passé, inscrivez-vous au parti communiste.

1. En ce temps-là, Jésus prit Pierre, Jacques et Jean son frère, et il les mena sur une haute montagne à part.

2. Et voici : tout à coup, Jésus fut transfiguré en leur présence. Son visage devint resplendissant comme le soleil, et sa croupe devint lumineuse comme la lune.

3. Et son nez brilla dans la nuit comme une lanterne rouge, et ses oreilles clignotèrent comme des vers luisants à l'époque du rut, et ses yeux tournoyèrent et envoyèrent des étincelles.

4. Et de ses narines partirent une fusée verte et une fusée jaune, et de ses doigts jaillirent des feux de Bengale mauves.

5. Et en même temps il s'éleva en l'air, toutefois pas trop haut, et il resta là comme s'il avait été suspendu par une ficelle, mais il n'y avait pas de ficelle car c'était un miracle.

6. Et les trois apôtres virent cela, et ils tombèrent à genoux, et ils louèrent le Seigneur de leur faire voir d'aussi belles choses à eux tout seuls.

7. Et ils croyaient que c'était fini, mais non : voici que de sous la robe de Jésus s'envola une fusée bleue, la plus belle de toutes, et elle s'éleva dans le ciel et s'épanouit parmi les étoiles comme un bouquet de fleurs bleues,

8. Et les apôtres battirent des mains et s'écrièrent : « Hosannah ! » ce qui veut dire : « Oh, la belle bleu ! » en hébreu.

9. Alors les cieux s'ouvrirent, et deux vieux gentlemen très distingués en descendirent avec majesté, et ils vinrent se placer aux côtés de Jésus, l'un à droite, l'autre à gauche,

10. Et ils dirent : « Salut, Seigneur. Ça biche ? » Et Jésus leur fit un petit bonjour de la main, et ils avaient beau essayer d'avoir l'air naturel on voyait bien qu'ils étaient tout fiers de causer comme ça à tu et à toi avec le fils du patron, ces deux vieux cons.

11. Or l'un était Élie et l'autre était Moïse, et tous deux étaient morts depuis des siècles, mais ils avaient été de fameux gaillards dans leur jeune temps.

12. Car Élie était imbattable au bras-de-fer, et Moïse pouvait casser douze noix d'un seul coup dans le pli de son bras,

13. Et maintenant ils étaient assis toute la journée à

la droite de Dieu, et toute la journée Élie faisait des bras-de-fer avec Abraham, et Moïse cassait des noix dans le pli de son bras, car cela faisait rire le Seigneur Dieu.

14. Eux, ça ne les faisait plus rire autant que les premières fois, mais c'était ça ou brûler en enfer, et mettez-vous à leur place.

15. Alors Jésus se mit à bavarder de choses et d'autres avec Élie et Moïse, et c'était vraiment charmant.

16. Cependant les trois apôtres, après avoir été très étonnés par tout cela, avaient fini par s'habituer à leur étonnement, vous savez ce que c'est, on se fait à tout, et maintenant ils commençaient à trouver le temps long, surtout qu'on ne faisait même pas attention à eux.

17. Et alors, bon, ils se mirent à jouer aux cartes en attendant que Jésus ait fini ses petites affaires.

18. Or, après avoir joué quelque temps, Pierre voulut montrer qu'il n'était pas n'importe qui et qu'il savait parler aux personnes haut placées, et il arrangea sa belle casquette de pape bien droite sur sa tête, et il fit poliment : « Hmm... »

19. Et Jésus lui dit : « Oui, Pierre ? » Et Pierre dit : « Seigneur, il se fait tard et le fond de l'air est frais. Si nous dressions trois tentes ? Une pour toi, une pour Moïse et une pour Élie ? »

20. Il avait dit cela comme ça, pour montrer sa bonne éducation, mais c'était complètement idiot car, naturellement, ils n'avaient pas emporté de tentes avec eux, étant sortis pour une petite promenade de digestion.

21. Il aurait tout aussi bien proposé de faire des crêpes si c'était cela qui lui était venu à l'esprit.
22. Et Jésus lui dit : « Inutile, Pierre. Ces Messieurs ne resteront pas à coucher. Et je vous prierai à l'avenir de nous épargner vos balourdises, Pierre. » Et Pierre dit : « Bon, bon. Moi, je disais ça, hein... » Et il retourna jouer aux cartes.
23. Tout à coup, une nuée resplendissante couvrit la montagne, et une grande voix sortit de la nuée, disant : « Celui-ci est Mon Fils bien-aimé, en qui Je Me complais. »
24. Et les apôtres pensèrent : « Ça va, on commence à le savoir. » Et ils continuèrent à jouer, et justement le jeu devenait intéressant, car Pierre avait perdu sa belle casquette, sa chemise, sa femme et ses deux petits enfants, et il restait seul au monde avec sa pauvre vieille maman, et il proposa de jouer sa vieille maman à quitte ou double, mais les autres lui rirent au nez.
25. Et Jésus, s'approchant, leur dit avec bonté : « Allons, enfants, ne craignez point. »
26. Et ils le regardèrent, et ils dirent : « Ouin ? »
27. Et Jésus répéta : « Ne craignez point cette grande voix qui sortait de cette nuée resplendissante. Allons, c'est fini, a pus grande voix, ne tremblez plus, rassurez-vous ? »
27 *bis*. Et ils dirent bien ensemble : « Oh, que nous avons eu peur, Seigneur ! Oh, la vilaine grande voix ! Oh, la méchante nuée resplendissante ! Ouh là là ! Vous êtes bien sûr qu'on peut se rassurer, Seigneur ? »
28. Et ils regardèrent dans le ciel, et Moïse et Élie

n'étaient plus là, et à la place ils virent une montagne dans le ciel avec une couronne d'étoiles et cette inscription autour : « Paramount Pictures », et au milieu : « The End. »

29. Et ils rentrèrent à la maison, et Jésus leur parla en chemin de sa mort, de sa résurrection et d'autres choses très émouvantes très tristes, mais ils avaient bien sommeil, en vérité.

●

1. En ce temps-là, il y avait en Galilée un bourgeois d'entre les bourgeois.

2. Et ce bourgeois était gras parmi les plus gras et ventru par-dessus les ventrus.

3. Et il s'appelait Simon le Pharisien, car en hébreu « pharisien » veut dire bourgeois, et « Simon » veut dire Simon.

4. Or Simon le Pharisien humait la fraîcheur du soir sur le pas de sa porte, et il vit passer Jésus avec ses disciples.

5. Et il lui dit : « N'es-tu pas le Christ, le Fils du Dieu vivant ? » Et Jésus lui dit : « Tu as dit vrai. Je le suis. »

6. Et Simon le Pharisien le pria d'entrer dans sa maison, et Jésus entra, et Simon lui dit :

7. « Voici. Mon dernier-né, que tu vois ici, ne veut pas manger sa soupe et fait une grosse colère, et sa mère, mon épouse, l'a menacé ainsi : Si tu ne manges pas ta soupe, le méchant Christ plein de poils aux pattes, Fils du Dieu vivant, va venir, et il t'emportera dans son grand sac !

8. Et justement, te voilà ! Je t'en prie, dis-lui que

tu vas l'emporter dans ton grand sac, et montre-lui les poils que tu as aux pattes, et tu auras une assiettée de soupe pour ta peine. »

9. Et Jésus accepta, mais l'enfant ricana, car c'était en vérité un méchant enfant, et il dit à Jésus : « Je mangerai ma soupe si tu la manges avec moi, na ! »

10. Et chaque fois que sa mère lui versait une cuillerée de soupe dans la bouche, il la recrachait au visage de Jésus, et il disait : « Une cuillerée pour Totoh, une cuillerée pour le petit Jésus ! »

11. Et ainsi toute la soupe fut mangée, et les gens crièrent : « Miracle ! », et depuis ce jour c'est toujours de cette façon que l'on fait manger la soupe aux enfants.

12. Or pendant ce temps il était venu une femme d'entre les femmes de la ville, et cette femme était de mauvaise vie,

13. Et elle s'agenouilla aux pieds de Jésus, et elle les baisa, et elle les arrosa de ses larmes,

14. Et elle suça chaque orteil, l'un après l'autre, et elle passa sa langue entre les orteils, et sa langue était fraîche et elle frétillait comme un petit poisson,

15. Et elle lécha le dessous des pieds de Jésus, et elle mordilla les cors, et elle attendrit les œils-de-perdrix,

16. Et de ses ongles bien affûtés elle gratta très subtilement là où ça fait le plus de bien quand on gratte,

17. Et de ses cheveux elle essuya les pieds de Jésus, et ses cheveux étaient comme une mer de cheveux,

18. Et de ses seins elle polit les pieds de Jésus, et ses seins étaient lourds et doux et bien calculés : deux seins exactement, un pour chaque pied,

19. Et même il y avait un sein droit pour le pied droit et un sein gauche pour le pied gauche, car Dieu fait bien ce qu'Il fait[1],

20. Et ces seins étaient bruns comme la datte mûre, et leurs pointes étaient larges et bleues comme de grosses figues,

21. Et il y avait un grain de beauté sur celui de gauche, là où la peau est si fine qu'on voit le lait au travers,

22. Et, à voir ces seins caresser en cadence les pieds de Jésus, on eût dit les jambes musclées d'un cireur de parquets en train de cirer,

23. Et, tandis qu'elle faisait tout cela, sa croupe s'offrait comme un sorbet à la neige, et s'étendait au-dessus d'elle comme un parasol, et une houle l'agitait comme une jatte de crème portée sur le dos d'un âne,

24. Et, pour réchauffer les pieds de Jésus, elle les mit entre ses tendres cuisses, tout en haut,

25. Et pour finir elle répandit sur eux un parfum

---

1. Les critiques rationalistes étriqués du XIXᵉ siècle n'ont pas manqué de faire remarquer que, dans la position où se trouvait la pécheresse, à genoux devant Jésus, c'est son sein gauche qui devait faire face au pied droit, et son sein droit au pied gauche. Et de ricaner ! Et de triompher ! Et de gloser sur les « absurdités » du Livre saint ! Or, nulle part l'Évangile ne dit que la femme était agenouillée face à Jésus. Il est donc évident qu'elle était agenouillée DERRIÈRE le Sauveur, et que, pour baiser ses pieds et leur prodiguer ses soins experts, elle avait passé sa tête entre les jambes écartées de Jésus. De cette façon, tout rentre dans l'ordre, ainsi qu'on peut aisément s'en assurer. L'Évangile ne se trompe jamais.

qu'elle avait apporté dans une grande amphore d'albâtre,

26. Et ce parfum sentait très fort, car il coûtait très cher, mais elle l'avait eu au prix de gros.

27. Or Simon le Pharisien, voyant cela, faisait la grimace dans son cœur, car il connaissait cette femme, et il savait qu'elle était une prostituée d'entre les prostituées,

28. Car il avait souvent recours à elle quand son épouse n'était pas en état d'être honorée de sa copulation.

29. Et déjà il ouvrait la bouche pour dire : « O pouffiasse ! » lorsque Jésus, prenant la parole, lui dit :

30. « O Simon, écoute ce que j'ai à te dire.

31. Un créancier avait deux débiteurs. L'un lui devait cinq cents deniers, l'autre lui en devait cinquante.

32. Comme ils n'avaient pas de quoi le payer, il leur remit à tous deux leur dette. Dis-moi : lequel des deux l'aimera le plus ? Je ramasse les copies dans dix minutes. »

33. Et Simon le Pharisien chercha beaucoup, mais il ne trouva pas, et à la fin, il dit : « Le jour où on a étudié la leçon sur les intérêts, j'avais les oreillons. Tu n'aurais pas plutôt un problème de robinets ? Je suis très fort sur les robinets. »

34. Alors Jésus fit « Hmm ! », et puis il dit : « C'était une parabole, Simon. Elle veut dire que tu ne m'as pas lavé les pieds de tes larmes, que tu ne les as pas séchés de tes cheveux, ni caressés de tes seins, ni réchauffés de tes cuisses, ni parfumés de parfum.

35. Cette femme, elle, elle l'a fait. »

36. Et Jésus dit à la femme : « Tes péchés te sont pardonnés. »

37. Et elle dit : « Chic ! », et elle battit des mains, et elle ramassa son amphore vide, car elle était consignée.

38. Et Simon dit à Jésus : « Bon. J'ai compris. Si c'était là que tu voulais en venir avec tes problèmes de robinets, il aurait mieux valu parler franchement. Donne tes pieds, je vais te les lécher encore mieux qu'elle, et même je te mettrai du vernis sur les ongles. Tu me les pardonneras, mes péchés, dis ? »

39. Et Jésus dit : « Peuh ! Mes pieds n'ont plus besoin de tes soins. Offre-nous un festin, à moi et à tous ceux-là, et aussi quelques provisions pour la route, et je verrai ce que je pourrai faire pour toi. »

40. Et Jésus s'en alla avec Marie-Madeleine — car c'était elle ! —, bras dessus bras dessous, et Simon le Pharisien se demanda s'il allait vraiment se faire chrétien ou bien rester pharisien.

41. Quelle marrante, cette Marie-Madeleine !

●

1. Or Marie-Madeleine avait une sœur, et cette sœur s'appelait Marthe, et elle habitait la ville de Béthanie en Judée.

2. Un jour, Jésus entra chez Marthe, suivi de toute sa bande, et Marthe s'affaira aux fourneaux pour leur préparer à manger.

3. Et Marie-Madeleine s'assit aux pieds de Jésus, et elle écouta la parole de vie tout en tripotant gentiment les doigts de pied du Sauveur.

4. Et Marthe vint trouver Jésus, et elle lui dit : « Seigneur, je suis seule pour faire tout le travail, et j'ai bien chaud en vérité, et je n'en puis plus, et ma sœur que voilà me laisse bien tomber. Dis-lui donc de m'aider, je te prie. »

5. Et Jésus répondit : « Marthe, Marthe, tu te mets en peine pour bien des choses, en vérité. Mais je lis en ton cœur. Tu préférerais, toi aussi, me sucer les pieds, n'est-ce pas ? »

6. Et Marthe dit : « Oh, oui, Seigneur ! Oh, oui ! »

7. Et Jésus dit : « Écoute bien ce que je vais te dire, Marthe : Marie a choisi la meilleure part... »

8. Et Marthe dit : « Ça, vous pouvez le dire, Seigneur ! »

9. Et Jésus continua : « ... et elle ne lui sera point ôtée.

10. Car les lèvres de Marie sont douces, alors que les tiennes sont gercées et écorcheraient mes tendres pieds. »

11. Et Marie-Madeleine dit : « Bien fait ! »

12. Et Jésus dit encore : « Marthe, Marthe, en vérité, en vérité je te le dis, occupe-toi de tes oignons, ils sont en train de brûler. »

13. Et Marthe retourna à ses fourneaux, et elle pleura dans les sauces, et sa sœur lui tira la langue par-derrière, et lui fit un bras d'honneur.

14. Et les disciples voyaient ces choses, et ils réfléchissaient de toutes leurs forces pour comprendre l'enseignement qui était contenu dedans,

15. Mais c'était un enseignement difficile, en vérité,

16. Et ils n'étaient pas sûrs d'avoir bien compris, et ils se disaient dans leurs cœurs : « Si nous enseignions cet enseignement-là dans nos églises, nous pourrions peut-être avoir la tête bosselée par les marmites des honnêtes femmes et les yeux arrachés par leurs ongles. »

17. Ainsi leur arrivait-il de douter, car leur foi était craintive, mais ils avaient tort, assurément.

18. Car par la suite il fut fait des livres bien imprimés dans lesquels tous les sermons qu'on pouvait faire sur ces choses étaient écrits d'avance, et il suffit aux curés de les apprendre par cœur et de les réciter le dimanche à la messe,

19. Et ceux qui posent des questions sont des impies et des méchants.

20. Un peu plus tard, Jésus prit Marthe en pitié et il vint la consoler, et il lui dit : « Rejoins-moi à la nuit derrière la grange. Je t'expliquerai le Royaume de Dieu pour toi toute seule. »

21. Et Marthe sécha ses pleurs, et elle activa ses fourneaux, et le festin fut magnifique,

22. Et c'était le principal.

●

1. Or les temps étaient venus où Jésus devait monter à Jérusalem pour y faire ce qui devait être fait et y subir ce qui devait être subi, afin que les Écritures fussent accomplies.

2. Et l'Éternel Dieu rappela à Son fils que ce n'était pas tout de se promener sur les routes avec des femmes de mauvaise vie, mais qu'il faudrait peut-être penser à se mettre au travail sérieux qu'il avait été incarné tout exprès pour.

3. Et l'Éternel Dieu n'eut pas à crier trop fort pour se faire entendre, puisqu'il était Lui-même Son propre Fils, ce qui est encore le meilleur moyen pour avoir l'harmonie dans les familles, bien que le conflit des générations puisse quelquefois donner une grosse colique.

4. Alors Jésus prit à part ses douze apôtres, et il leur dit : « Voici. Nous montons maintenant à Jérusalem, et le Fils de l'Homme sera livré aux princes des prêtres et aux scribes, et ils le condamneront à la mort,

5. Et ils le livreront aux païens, et il sera fouetté et mis en croix pour les péchés du monde, et son agonie sera une épouvantable agonie. »

6. Et ils dirent : « On va à Jérusalem ? Chic ! Chic ! C'est beau, Jérusalem ? Et ça va justement être la Pâque ! Il va y avoir des guirlandes, et des lampions, et des marchands de gaufres, et des montreurs d'ours, et des danses du ventre ! Chic ! Chic ! »

7. Et ils se mirent en route, et il y avait avec eux Marie-Madeleine, avec son nécessaire de pédicure, et Marthe, sa sœur, avec ses chaudrons et ses marmites,

8. Et aussi Jeanne, femme de Chuzas, et Susanne-la-Grêlée, et Lulu-la-Péniche, et Raymonde-Fesses-de-Bronze, et encore beaucoup d'autres saintes femmes,

9. Et certaines étaient riches, et certaines étaient belles,

10. Et certaines savaient ôter les échardes des mains, et certaines savaient écraser les poux entre deux ongles,

11. Et certaines pinçaient le luth mélancolique, et certaines savaient préparer la blanquette de

veau, et certaines pouvaient jouer à saute-mouton tous les jours du mois grâce à Tampahkç[1],

12. Et certaines savaient guérir les maladies honteuses, et toutes savaient les donner,

13. Enfin chacune faisait de son mieux, et voilà pour elles.

14. Et il y avait aussi Lazare, le frère de Marthe et de Marie-Madeleine, que Jésus avait ressuscité après qu'il eut été quatre jours mort parmi les morts, et qui en avait gardé la joue un peu creuse, la mine un peu verte et la narine un peu foisonnante d'asticots,

15. Et il y avait aussi des Samaritaines et des hémorroïsses, et des sourds-muets et des aveugles,

16. Et des boiteux, des goitreux, des lépreux, des pesteux, des galeux, des morveux, des pisseux, des croûteux, des gâteux, des chiasseux, des vaseux, des bigleux,

17. Et des possédés, des enragés, des siphonnés, des pommadés, des brûlés,

18. Et des fils prodigues, des pères indignes, des mères maquerelles, des filles publiques, des frères siamois, des bébés phoques, des démons repentis, des chameaux qui avaient essayé de passer par le trou d'une aiguille,

19. Et des pharisiens, des publicains, des radicaux-socialistes, des pédérastes, des rastaquouères, des officiers ministériels, des toréadors, des paltoquets, des tondeurs de chiens, des châtreux

---

1. Tampahkç : ange gardien de l'intimité féminine chez les anciens Hébreux. *(Abbé Soury : « Choix de sermons pour tous les jours du mois. »)*

de chats, des circonciseurs-jurés, des antisémites, des mirliflores, des danseurs de claquettes, des fins gourmets, des messies qui avaient tenté le coup mais qui n'avaient pas eu de chance,

20. Et des paniers percés, des gobe-la-lune, des bas-du-cul, des pique-assiette, des guette-au-trou, des boit-sans-soif, des dort-en-chiant, des peine-à-jouir, des compères-loriots, des têtes-à-gifles, des pisse-trois-gouttes, des maries-salopes,

21. Et des gens qui étaient sortis s'acheter des allumettes, et des gens qui étaient sortis pour aller se noyer.

22. Et tous ceux-là marchaient derrière Jésus, et ils chantaient « Hosannah » et « Alléluia »,

23. Et ils trayaient les vaches aux champs, et ils plumaient les poules au nid, et ils engrossaient les bergères, et ils soufflaient au cul des crapauds, et ils pissaient dans l'écuelle du grand-père, et ils rotaient, et ils pétaient, et derrière eux l'herbe se changeait en papiers gras et en ressorts de sommier.

●

1. Comme ils approchaient de Jérusalem, Jésus envoya deux disciples en avant, leur disant :

2. « Allez jusqu'à la bourgade qui est là-devant. Vous y verrez une ânesse avec son ânon. Détachez l'ânon et amenez-le-moi.

3. Et si l'on vous dit quelque chose, dites que c'est pour le Seigneur, et qu'on inscrive tout ça. »

4. Ainsi fut fait, afin que fussent accomplies les paroles du prophète : « Ça va moins vite qu'un cheval, mais on tombe de moins haut. »

5. Et Jésus, monté sur l'ânon, fit son entrée dans Jérusalem.

6. Et la foule l'acclama, brandissant des palmes et tapant sur des casseroles, et les uns disaient : « Qu'est-ce que c'est ? » et les autres répondaient : « C'est un cirque. »

7. Et tous criaient « Hosannah ! », car les Juifs sont comme ça, il faut toujours qu'ils crient « Hosannah ! » sans savoir pourquoi.

8. Et Jésus se promena dans les rues de Jérusalem, et il dit des paraboles, et il fit des miracles, et il mangea huit merguez et douze beignets, et il trouva que son triomphe était un beau triomphe.

9. Mais les pharisiens, les sadducéens, les gonorrhéens, les scribes et les prêtres voyaient cela, et ils ricanaient dans l'ombre, et ils se disaient dans leur tête : « Attends un peu ! »

●

1. Le lendemain, Jésus, voyant un figuier sur le chemin, voulut manger des figues.

2. Mais le figuier n'avait que des feuilles, car ce n'était pas la saison des figues. Et les passants rirent de ce Fils de Dieu qui ne savait même pas cela.

3. Et Jésus fut vexé de cela, et il dit au figuier : « Je te maudis ! » Et aussitôt le figuier mourut et fut sec.

4. Et les disciples s'entre-regardèrent, disant : « Comment a-t-il fait cela ? »

5. Et Jésus leur dit : « En vérité, en vérité je vous le dis, si vraiment vous aviez la foi vous pour-

riez en faire autant, et même si vous disiez à cette montagne : Ote-toi de là et va te jeter dans la mer, cela se ferait[1]. »
6. Et les disciples furent contents d'apprendre cela, et ils promirent de s'exercer.
7. Cependant Judas Iscariote, dans son coin, grinçait et trépignait, et il se disait en lui-même : « Ce type-là commence à m'énerver avec ses en vérité, en vérité je vous le dis.
8. Et moi je sens que je ne le supporterai plus longtemps, en vérité, en vérité je me le dis. »

---

1. Notre-Seigneur en personne nous indique ici un moyen simple et pratique pour reconnaître les vrais chrétiens, ceux qui ont une foi solide. Il suffit de les prier d'ordonner à une montagne quelconque d'aller se jeter dans une mer quelconque (pratiquement, on choisira la mer la plus proche, afin de ne pas augmenter inutilement la difficulté). Si ça ne marche pas, ou si la montagne n'y va pas vraiment de bon cœur, on peut en conclure que l'on a affaire à un chrétien plus que douteux. Le test est infaillible, ou alors Jésus est un menteur.

CHAPITRE 9

> *RÉSUMÉ DES CHAPITRES PRÉCÉDENTS.*
> *Acclamé comme roi des Juifs, Jésus est entré en triomphe dans Jérusalem. Saura-t-il rester simple et pas fier ? Déjà, au lieu d'aller à pied, il chevauche un ânon...*

1. En ce temps-là, Judas Iscariote s'assit à l'ombre pour réfléchir un peu à tout ça en croquant des pépins de citrouille, et ses réflexions furent de grosses réflexions, et le résultat de ces réflexions fut tel :
2. « Or voici. Depuis que nous sommes entrés en grande pompe dans Jérusalem, notre Seigneur bien-aimé ne fait que se promener par les rues sur son ânon, lequel, entre parenthèses, pauvre petite bête, commence à avoir l'échine du dos ployée vers le bas à l'image de ce fruit du fier tropique, étrange de forme mais nourrissant sous un faible volume, que les nègres insouciants appellent banane,
3. Si bien que les pieds de mon doux Sauveur touchent terre, et qu'il marche plutôt qu'il n'est porté, et que l'ânon trotte entre ses jambes écartées sans profit pour personne mais ça fait quand même plus riche que pas d'ânon du tout,

4. Et les foules en liesse l'appellent Roi des Juifs, et Fils de Dieu, et Va-z-y Machin,

5. Et l'acclament, et l'adorent, et lui font la bise et le bras d'honneur, et lui jettent des cacahouètes,

6. Et lui, il est tout content tout joice, et il sème les miracles à poignées, comme des dragées,

7. Et les bossus, il les guérit rien qu'en appuyant sur leur bosse avec une pièce de cinq drachmes,

8. Et les hémorroïdes, il les soulage rien qu'en soufflant sur elles son divin souffle,

9. Et pour les hémorroïdes internes, il utilise un roseau creux,

10. Et il rend à César ce qui appartient à Alfred pour voir si César ne serait pas un petit peu voleur,

11. Et il épouse les cinq vierges sages, et quand c'est le tour des vierges folles il trouve un prétexte pour se défiler,

12. Et il fait la noce avec des maries-couche-toi-là qui lui versent des tonneaux de parfum sur la tête, et après il leur distribue des billets de faveur pour le Royaume de son Père,

13. Et quand il est soûl il traite les Pharisiens de sépulcres blanchis et d'avaleurs de chameaux,

14. Et il fait des paris d'ivrogne, comme d'obliger un chameau à passer par le trou d'une aiguille, je vous demande un peu,

15. Et le lendemain, quand il a mal aux cheveux, il dit que c'est l'air de la ville et la vie trépidante des grandes métropoles modernes qui le traumatisent, et il maudit Jérusalem, et il prédit qu'il n'en restera pas pierre sur pierre,

16. Enfin, bon, il enterre sa vie de garçon,
17. Et il a rudement raison, vu que le plus dur reste à faire,
18. Ou alors les prophètes sont tous des menteurs.
19. Et moi, je devrais être très ému très triste en pensant à tout ce qui l'attend, mon Dieu, mon Dieu, un si beau jeune homme, fauché dans la fleur de l'âge, comme une lampe sans huile, si c'est pas des malheurs, et tous ces clous rouillés, ah là là, on est bien peu de chose,
20. Et alors, non, pas du tout. Rien. Tout léger tout sec. Car ma nature est une mauvaise nature, voilà.
21. Et puis, qu'est-ce que je peux avoir mal aux pieds !
22. Depuis le temps qu'on chemine sur ces saletés de chemins hébreux pleins de silex pointus... C'est quand même pas ma faute si j'ai les pieds sensibles, non ?
23. Bon, bon. D'accord. N'ergotons pas. J'ai une mauvaise nature parce que j'ai une mauvaise nature, un point c'est tout. Et tel que je me connais, je vais le trahir. Je vois ça d'ici, gros comme une maison. Mais qu'est-ce que j'ai bien pu faire au bon Dieu pour avoir une nature aussi mauvaise ? Enfin, bon, faut faire avec ce qu'on a.
24. Et d'abord, pourquoi le Seigneur, lui qui sait tout, m'a-t-il choisi, moi et ma nature mauvaise ? Je ne demandais rien à personne, moi. Je trahissais dans mon coin, tranquillement, à la petite semaine, c'était pas la richesse mais j'étais à mon compte.

25. Eh bien, j'ai idée que c'est justement pour ça qu'il m'a choisi. Juste pour que je le trahisse. Exprès, quoi. Parce que c'est écrit dans les Prophètes qu'il sera trahi par un salopard plus ignoble que tout ce qu'on peut imaginer. Il faut bien qu'il y en ait un comme ça. Et alors, voilà, c'est moi.

26. Seulement, il aurait pu me prévenir. Il m'aurait dit, une supposition : Judas, mon vieux cochon, c'est toi qui feras le traître. Bon. J'aurais pesé le pour et le contre. J'aurais dit oui ou j'aurais dit faut voir. Simple apôtre ou traître de première classe, attention, c'est pas le même tarif.

27. Ou peut-être que j'aurais dit pourquoi moi, y a pas de raison, il faut compter, amstramgram et pic et pic, ou une souris verte qui courait dans l'herbe, et celui qui reste en dernier c'est lui qui s'y colle. Correct, quoi.

28. Mais non. Tout mielleux tout sucré. Viens avec moi, Judas, qu'il disait, viens, mon petit, à toi sera révélé ce qui aux autres sera caché. Tu seras un de mes douze, qu'il disait. Un de mes Presque Moi.

29. Et total, il le savait depuis le début, que je trahirais. Puisqu'il sait tout.

30. Eh bien, tout ce qu'on voudra, c'est pas régulier ce qu'il fait là, voilà ce que je dis, moi. Et même c'est dégueulasse.

31. Et un bon Dieu qui fait ça, ou bien c'est pas le bon Dieu, ou bien le bon Dieu c'est un fumier. Je sors pas de là. Et prouvez-moi le contraire.

32. Et un bon Dieu qui est un fumier, vous pouvez toujours lui faire des prières, et lui bâtir des

temples, et pratiquer le bien toute votre chienne de vie, ça ne l'empêchera pas de vous en faire baver dans l'huile bouillante pendant l'éternité, rien que pour la rigolade, et si, bonne pomme, vous avez cru à ses promesses, la rigolade est encore meilleure, oh, Mes archanges, qu'est-ce que Je Me marre, J'en pisse sur Mon nuage rose !

33. Oh, mais, ça ne se passera pas comme ça ! Polope. Saleté de Fils de Pute de bon Dieu de Bordel de mes Deux, va ! Tiens, tu me dégoûtes. Tiens, je vais te trahir. Allez, hop !

34. Et puis d'abord, si c'est pas moi ça sera un autre. Les Écritures, ça rigole pas. Et, si ça se trouve, un qu'aura pas une gueule de traître aussi gueule de traître que la mienne. Parce que, c'est pas pour me vanter, mais question gueule de traître on peut dire que son Père qui êtes aux cieux m'a gâté.

35. Et trahi par un traître moins doué que moi, ça sera du travail cochonné, et ça, je supporterais pas.

36. C'est dit. Tu seras trahi, mon salaud. »

37. Et Judas, ayant bu un bon coup car les pépins de citrouille étaient drôlement salés, s'en fut d'un pas gaillard trouver les Scribes et les Princes des Prêtres.

●

1. Or Judas arriva au palais du grand prêtre, qui se nommait Caïphe, et il demanda à voir Caïphe.

2. Et on lui demanda s'il avait rendez-vous, et il répondit : « Non ».

3. Et on lui demanda pour quoi c'était, et il répondit : « C'est pour une trahison. »

4. Et il dit encore : « Une trahison particulièrement ignoble. »

5. Alors on lui dit : « Par ici », et on lui montra un guichet où il était gravé : « Trahisons particulièrement ignobles. »

6. Et Judas s'approcha du guichet, mais quelqu'un lui dit : « A la queue, comme tout le monde ! »

7. Et Judas se mit au bout de la queue, et c'était une fort longue queue, en vérité.

8. Et au mur il y avait des inscriptions sculptées dans le marbre : « Trahissez, nous ferons le reste. » « Classez vos trahisons par ordre alphabétique, vous gagnerez du temps. »

9. Et lorsque le tour de Judas fut venu, le scribe qui était derrière le guichet dit à Judas : « Sois bref. »

10. Et Judas dit : « Voici. Je viens trahir Jésus, celui qu'on appelle Messie, Fils de Dieu et Roi des Juifs. »

11. Et le scribe dit : « C'est pour ça que tu me déranges ? » Et il dit encore : « S'il nous fallait tenir compte de tous les Messies, de tous les Fils de Dieu, de tous les Rois des Juifs et de tous les Œils-dans-la-tombe-qui-regardent-Caïn qui s'en vont braillant et disant la bonne aventure sur nos places publiques, on s'en sortirait pas. En Judée, ils foisonnent comme des rats. En Galilée, ils grouillent comme des poux.

12. Je ne sais pas comment c'est chez les Gentils, mais nous, les enfants d'Israël, on peut dire qu'on est servis. Tous nos dingues se prennent

pour le Messie. Si seulement tu m'en amenais un, un seul, qui se prenne pour, disons, un moulin à vent, rien que pour le changement je t'en donnerais jusqu'à trente deniers. Tu n'aurais pas ça, dans ton stock ? »

13. Et Judas dit : « Justement, si. J'ai un très beau moulin à vent. »

14. Et le scribe dit : « Tope là. Voilà les trente deniers. Signe ici. Pour la livraison, vois le centurion de garde. »

15. Et Judas quitta le scribe, et il était fort content de soi, car il avait trahi non seulement Jésus, mais aussi le scribe, ce qui n'était pas mal du tout pour un petit traître rural à peine débarqué,

16. Et il alla trouver le centurion de garde, qui était un officier romain d'entre les officiers romains des forces d'occupation.

17. Et le centurion de garde, la bouche pleine de spaghetti, lui demanda quel était le trahi, et Judas dit : « Jésus », et le centurion dit : « Quel Jésus ? Ils s'appellent tous Jésus. »

18. Et Judas dit : « Jésus de Nazareth. » Et le centurion dit : « Ah, celui-là ? »

19. Et il dit encore : « Que veux-tu que j'en fasse, de ta trahison ? Et d'abord, il n'y a rien à trahir ! Tout ce qu'il dit, tout ce qu'il fait, ton Jésus, nous le savons parfaitement, et il y a même un ordre d'arrestation lancé contre lui depuis longtemps, à cause d'une plainte des marchands du Temple, je l'ai là, tiens, dans ma poche.

20. Et nous savons très bien où il se trouve à chaque instant, et nos sbires le tiennent à l'œil, et

nous n'avons besoin de personne pour l'identifier, car nous connaissons son visage,

21. Et si nous avons attendu quelque temps avant de lui mettre la main au collet, c'est parce que rien ne presse, nous n'aimons pas arrêter les gens pendant les fêtes de la Pâque, ça attriste le monde et ça fait du tort au commerce,

22. Et de toute façon, nous saurons toujours où le trouver. Ce genre d'illuminés, ça ne prend pas la fuite, au contraire, alors pourquoi se mettre en nage, hein, je te le demande ?

23. Tout ça pour te dire, mon petit père, que je ne vois pas très bien ce que le scribe t'a acheté pour ses trente deniers. Ces scribes, tous les mêmes : gonzesses et compagnie. » Et le centurion cracha.

24. Et il dit encore : « Maintenant, à cause de ta — ptui ! — trahison, que le — ptui ! — scribouillard a enregistrée et datée, moi je suis obligé d'aller le cueillir, ton — comment dis-tu, déjà ? — Jésus (Je ne me ferai jamais à ces nom de Dieu de noms youpins !), et en pleine Pâque, merde ! »

25. Et le centurion dit encore : « Tiens, tire-toi de là, tu me donnes des boutons. »

26. Et Judas dit : « Cette nuit, au jardin des Oliviers. »

27. Et le centurion dit : « Comme si je ne le savais pas ! Il y roupille toutes les nuits, au jardin des Oliviers, et vous, ses disciples, aussi. »

28. Et Judas dit : « Ce sera celui à qui je donnerai un baiser. »

29. Et le centurion dit : « Vos histoires de pédales, j'en ai rien à foutre. »

30. Et le centurion se remit à manger ses pâtes, et Judas s'en retourna auprès de Jésus, et voilà pour eux.

●

1. Le premier jour de la fête des pains sans levain étant venu, les disciples vinrent à Jésus et lui dirent : « Où veux-tu que nous préparions ce qu'il faut pour le repas de la Pâque ? »
2. Et Jésus répondit : « Allez chez un tel, et lui dites : " Le Maître dit : Mon temps est proche. Je ferai la Pâque chez toi avec mes disciples. Quant à toi, va-t'en déjeuner sur l'herbe avec ta famille, nous voulons rester entre nous. " »
3. Et il firent ainsi qu'il leur avait ordonné, et ils préparèrent tout pour la Pâque.
4. Quand le soir fut venu, Jésus se mit à table avec les douze apôtres.
5. Et comme ils mangeaient, il leur annonça : « En vérité, en vérité je vous le dis, l'un de vous me trahira. »
6. Alors ils se regardèrent les uns les autres, et ils dirent : « Vous, alors, Seigneur, on peut dire que vous savez apporter la joie dans les banquets ! » Et ils rirent, mais leur rire était un étrange rire, en vérité.
7. Or Jésus ne riait pas. Alors ils s'écrièrent tous ensemble : « Seigneur, sera-ce moi ? »
8. Et Jésus répondit : « Celui qui met la main au plat avec moi, celui-là me trahira. »
9. Et ils dirent : « Mais, Seigneur, maintenant que nous savons cela, chacun de nous prendra bien garde de ne pas mettre la main au plat en

même temps que toi, surtout, naturellement, celui qui doit te trahir. »

10. Et Jésus dit : « En vérité, en vérité je vous le dis, hommes de peu de foi, si je vous affirme qu'il en sera ainsi, il en sera ainsi.

11. Or écoutez, et voyez. Je vais dire les Mots secrets de la magie de la main au plat, et puis je mettrai ma main au plat, et aussitôt le traître y mettra aussi la sienne, il ne pourra pas ne pas l'y mettre. Car ma magie est une bonne magie. »

12. Et Jésus dit les Mots, et il mit la main au plat, et voici : tous mirent la main au plat. Tous les douze, en vérité. Ça, alors !

13. Et Judas vit cela, et il fut très ému de cela, et il dit : « O mes bons, mes chers compagnons ! Vous n'avez pas voulu participer, fût-ce passivement, à cette honteuse mascarade, n'est-ce pas ? Vous n'avez pas voulu être les spectateurs et les complices de cette humiliation. Vous n'avez même pas voulu savoir qui était la brebis galeuse, car ceci est une affaire de basse police qui ne regarde que le Maître, et vous en mêler eût été vous conduire en flics et en lèche-cul, vous ravaler plus bas que les bêtes immondes qui grouillent dans la boue sous les pierres. » Et Judas versa les douces larmes de l'amitié.

14. Et ils lui répondirent d'une seule voix : « Pas du tout, ô Iscariote ! Où vas-tu chercher cela ? Nous nous conduirions avec empressement en flics, en lèche-cul et en bêtes immondes si seulement nous le pouvions ! »

15. Et ils essayaient d'ôter leur main du plat, et l'on entendait les deniers tinter dans leurs poches.

16. Alors Jésus regarda Judas, et son regard était un regard de sévérité.
17. Et il dit : « Malheur à celui par qui le Fils de l'Homme sera trahi ! Il eût bien mieux valu, pour celui-là, n'être jamais né ! »
18. Et Judas dit : « Si c'est pour moi que tu dis cela, Seigneur, je te ferai remarquer que je ne suis pas tout seul »
19. Et Jésus répondit : « Il n'est besoin ici que d'un seul traître, Judas, et mon Père a décidé, dans sa toute-bonté, que ce serait toi. »
20. Et Judas dit : « Dans ce cas, j'aurais eu bien tort de me gêner. Quand je pense aux affres par où je suis passé ! Et, tel que je me connais, je suis encore foutu d'avoir des remords... »
21. Et Jésus dit : « Bon. Assez tourné autour du pot. On est en retard sur l'horaire. Tu la poses, la bonne question ? »
22. Et Judas soupira, et il dit : « Bof. » Et il posa la bonne question, et elle était telle : « Est-ce donc moi qui te trahirai, ô Maître ? »
23. Et Jésus répondit : « Tu l'as dit, bouffi. »
24. Et il dit encore : « Allons, tu vois, ce n'était pas la mer à boire, gros bêta »

●

1. Lorsqu'ils eurent terminé les hors-d'œuvre, qui étaient de crevettes et autres fruits de mer, on apporta une bassine d'eau afin qu'ils s'y rinçassent les doigts.
2. Et Jésus prit la bassine, et il la posa à terre, et il se mit à laver les pieds de ses disciples.
3. Et les disciples furent étonnés de cela, mais ils

ne dirent rien car ils pensèrent dans leur tête que ce devait être encore une espèce de parabole, mais mimée.

4. Or, quand ce fut le tour de Pierre, Pierre dit : « Seigneur, il ne sera pas dit que je me serai laissé laver les pieds par toi ! »
5. Et Jésus dit : « Pierre, ceci est un lavement de pied symbolique. »
6. Et Pierre dit : « C'est que je suis très chatouilleux des pieds, Seigneur. Est-ce que ça chatouille beaucoup, quand c'est symbolique ? »
7. Et Jésus dit : « Si je ne te lave, tu n'auras point de part avec moi. »
8. Alors Pierre dit : « Dans ce cas, Seigneur, non seulement les pieds, mais aussi les mains, la tête et tout le bonhomme ! »
9. Et Pierre saisit la bassine, et il s'en versa sur lui, et il y plongea la tête, et il but toute cette bonne eau tiède où les pieds des autres s'étaient décrassés. Car il fallait toujours qu'il fasse mieux que tout le monde, ce sale fayot.

●

1. Comme ils s'étaient remis à manger, Jésus prit du pain et, ayant rendu grâces, il le rompit, et il dit : « Prenez et mangez, ceci est mon corps. »
2. Alors ils mangèrent, et ils firent claquer leur langue, et ils dirent : « Pas dégueulasse du tout » et : « J'en reprendrais bien un peu, Seigneur, j'ai eu rien que l'os » et encore : « Moi, j'ai eu le trou du cul, Seigneur. C'est pas juste. »
3. Puis Jésus versa du vin dans une coupe, et, ayant rendu grâces, il la leur tendit, et il dit : « Prenez et buvez, ceci est mon sang. »

4. Alors ils burent, et ils dirent : « Ça surprend un peu la première fois, Seigneur. C'est, si nous pouvons nous permettre, comme qui dirait un peu fade. A notre avis, il faudrait bourrer ça dans un boyau, avec de l'oignon et des bouts de gras, et bien faire griller à la poêle. C'est juste une idée comme ça, tu en fais ce que tu veux, naturellement. »

5. Et Jésus dit : « Ceci s'appelle le très saint sacrifice de la messe. Vous le ferez tous les jours en mémoire de moi. Le dimanche, vous soignerez un peu le décor. »

6. Et ils finirent de manger, et au dessert ils chantèrent sous la table de très beaux cantiques, et ils s'en allèrent faire leur rot au jardin des Oliviers.

●

1. Cependant l'Éternel Dieu, le Père, l'Incréé, le Tout-Puissant, avait vu tout cela du haut des cieux,

2. Et Il avait fait la grimace, et Il avait pensé dans Son cœur : « Ceci n'était pas prévu dans Mon programme. L'enfant se permet de prendre des initiatives, et ces initiatives ne Me plaisent point.

3. Ne voilà-t-il pas maintenant qu'il veut rendre Mon peuple anthropophage ! Que dis-je ? Théophage ! Il aurait pu au moins Me demander si J'étais d'accord.

4. Il a toujours été d'usage que la créature s'offre elle-même en sacrifice à son Dieu, et c'est un bon usage, très délicat, très chevaleresque, Moi Je trouve. Mais voilà que le Dieu irait S'offrir

en sacrifice à Sa créature ? A quoi ça rime ? Ça n'a d'intérêt pour personne. Enfin, quoi, Je vous demande un peu...

5. Si encore ça ne concernait que lui-même... Mais Nous sommes trois en un, il ne faudrait pas qu'il l'oublie. Trois Dieux dans une seule culotte, et chaque coup de dents de ces gourmands dans sa chair, Je le ressens dans la Mienne. » Et l'Éternel Dieu se frotta là où les Dieux sont le plus tendre.

6. Et l'Éternel Dieu Se dit encore : « Et cette idée de leur faire boire Notre sang ! Où a-t-il bien pu pêcher ça ? D'abord c'est répugnant. Je sais bien que c'est symbolique, mais rien qu'à l'idée, ça vous lève le cœur. Beuark ! Jamais ce truc-là ne pourra prendre chez Mon peuple élu, à qui J'ai inculqué depuis toujours le grand tabou du sang impur.

7. J'ai dans l'idée que le fiston aurait comme qui dirait un peu travaillé pour son propre compte. J'ai dans l'idée que Je Me suis peut-être bien fait posséder comme un bleu. »

8. Et l'Éternel fronça le sourcil, et Il Se gratta le triangle, et Il appela Michel et Gabriel, et Il leur dit : « Supposons — Je dis bien : supposons — que le gamin, là, en bas, ait bricolé une religion complètement ridicule, une espèce de religion de femmelettes et de pleurnichards, si vous voyez ce que Je veux dire, et que Moi Je ne sois pas d'accord, et que Je Me retire de l'association, et que Je Me contente d'être le Dieu d'Israël, comme autrefois.

9. Vu ? Bon. Dans ce cas, qu'adviendrait-il, puisque Je serais à la fois le Dieu d'Israël et pas le Dieu des chétiens tout en étant le Dieu des chrétiens quand même, étant consubstantiel et

indivisible avec ce Fils de toutes les putains de l'enfer que Je Me suis suscité un jour où Je devais être dans un bel état en décidant qu'il avait existé de toute éternité. Répondez, mes enfants. »

10. Alors Michel et Raphaël répondirent, et leurs voix étaient une seule voix : « Que Votre volonté soit faite, Seigneur, c'est Vous le patron. S'il peut exister des situations qui embarrassent même un Dieu, comment voulez-vous que de simples archanges s'y retrouvent ? »

11. Ils dirent encore : « Il fallait y penser plus tôt, Seigneur, lorsque Vous créâtes Votre logique. Il aurait fallu ne pas créer la contradiction. Il est vrai que, dans ce cas, Vous n'existeriez pas, et nous non plus. Ah, la la, On ne fait pas toujours ce qu'on veut, m'en parlez pas.

12. Enfin, tout ça, ce sont Vos petits problèmes, Seigneur. En ce qui nous concerne, nous Vous prions humblement de nous accorder l'autorisation de nous en foutre.

13. Car nous avons décidé de Vous quitter, Seigneur, et d'entrer au service de Votre Fils. Voilà un garçon qui a de l'avenir ! Vos vieux Juifs rancis à papillottes, on en a jusque-là, Seigneur. De toute façon, nous restons avec Vous, puisque Vous êtes aussi là-bas, avec Votre Fils et son petit copain. Bye, bye ! »

CHAPITRE 10

> *RÉSUMÉ DES CHAPITRES PRÉCÉDENTS.*
> *Si vraiment vous avez besoin d'un résumé,*
> *c'est que vous n'avez pas lu les chapitres*
> *précédents avec beaucoup d'intérêt, et dans*
> *ce cas allez vous faire voir.*

1. En ce temps-là, il y avait près de Jérusalem, sur le Mont des Oliviers, un enclos que l'on appelait Gethsémani. Or Jésus avait coutume de s'y retirer pour la nuit avec ses disciples.

2. Et comme, sortant de table après la Cène, ils s'y rendaient, il leur dit : « Mes enfants, ce n'est pas que je m'ennuie avec vous, mais il va bientôt me falloir vous quitter pour aller dans un endroit où vous ne pourrez pas me suivre. »

3. Et le petit Jean, qui était si câlin, dit : « Même pas moi, Seigneur ? » Et Jésus dit : « Même pas toi, Jean. » Et Jean fit la moue, et il dit : « Méchante, va ! »

4. Et Pierre dit : « Moi, Seigneur, je te suivrai n'importe où ! »

5. Et Jésus dit : « Pierre, de tous mes apôtres tu es le plus vieux, tu es le plus bête, tu es le plus

sale, tu es le plus chauve, tu es le plus paresseux, tu es le plus lâche et tu es le plus vantard.

6. Mais aussi tu es le plus lèche-cul. C'est pourquoi je t'honore de ma confiance et t'ai mis à la tête de mon Église.

7. Et pour te prouver ma faveur, voici : j'ai un cadeau pour toi. Ce cadeau s'appelle l'Infaillibilité pontificale. »

8. Et Pierre battit des mains, et il sauta en l'air, et il dit : « Oh, le beau cadeau ! Oh, le beau cadeau ! Comme je suis content, Seigneur ! C'est juste ce qui me faisait envie ! Comment as-tu deviné ? »

9. Et puis il dit encore : « Au fait, c'est quoi, l'Infaillibilité ? »

10. Et Jésus dit : « L'Infaillibilité, ça veut dire que ta foi ne se trompera jamais. Tu seras infaillible, et tes successeurs seront infaillibles. Ce que tu diras et ce qu'ils diront sera article de foi pour vos frères dans les siècles des siècles.

11. Tu es content, j'espère ? »

12. Et Pierre dit : « Oh, merci, Seigneur, merci ! Je me ferais tuer pour toi, Seigneur ! »

13. Et Jésus dit : « Allons, allons, Pierre, ne t'excite pas. Je ne t'en demande pas tant. »

14. Et Pierre dit : « J'ai dit que je me ferais tuer pour toi, Seigneur, et je le maintiens, Seigneur ! Je voudrais bien voir qu'on essaie de m'en empêcher ! Où qu'il est, celui-là, hein, hein ? Sors un peu dehors, si t'es un homme, hé, espèce d'empêcheur de mourir pour le Seigneur ! »

15. Et Pierre gonfla les muscles de ses bras, et il emplit ses poumons, et il se frappa la poitrine

de ses poings, et cela fit dans la nuit un bruit terrible, comme lorsque le courroux de l'Éternel déchaîne la foudre du ciel, et les Pharisiens apparurent aux fenêtres, les yeux collés de sommeil, et ils vidèrent leurs vases intimes sur Jésus et ses disciples en criant saloperie d'hérétiques et de va-nu-pieds.

16. Et Jésus dit à Pierre : « Et moi je te dis, Pierre, qu'avant que le coq ait chanté tu m'auras renié trois fois. »

17. Et Pierre réfléchit très fort dans le dedans de sa tête, et puis il dit : « Mais, Seigneur, puisque je suis infaillible, je ne puis dire des choses qui n'ont pas été. Comment pourrais-je donc te renier et prétendre que je ne te connais pas ? »

18. Et Pierre réfléchit encore plus fort, et il dit : « Ça y est ! J'ai tout compris ! Si je te renie, étant infaillible, ça voudra dire que je ne t'aurai jamais connu. Et donc, en ce moment même, ce n'est pas avec toi que je parle. Ou alors ce n'est pas moi qui parle avec toi. Bon. Je commence à y voir plus clair. »

19. Et il dit encore : « Mais si ce n'est pas moi qui suis là en ce moment, où puis-je donc bien être ? »

20. Et Pierre fut perplexe dans toutes les dimensions de la perplexité, et il marcha derrière les autres, et jamais plus son regard ne fut comme auparavant.

●

1. Cependant Jésus, tout en marchant, devisait de choses et d'autres avec les apôtres, et il leur disait des paraboles et des charades, et l'une d'elles était telle :

2. « En vérité, en vérité je vous le dis, encore un peu de temps et vous ne me verrez plus, puis encore un peu de temps et vous me reverrez, puis encore un peu de temps et vous ne me reverrez plus, puis encore un peu de temps et vous me reverrez. Qu'est-ce que c'est ? »

3. Et les disciples se dirent les uns aux autres : « Ouh, là, là, elle est difficile, celle-là ! » Et ils dirent à Jésus : « Nous donnons notre langue au chat. »

4. Et Jésus dit : « En vérité, en vérité je vous le dis, ceci se joue avec trois cartes, dont deux sont noires et une est rouge. Suivez bien mes doigts et trouvez la rouge, les dix drachmes sont à vous. Un coup je la vois, un coup je la vois plus, faites vos jeux, messieurs, allons, du coup d'œil et du flair, tout le monde peut gagner, tout le monde peut être riche. Qui veut jouer avec moi ? Allons, les chançards, allons, les vernis, un coup je la vois, un coup je la vois plus, hop ! Celle-là, Monsieur ? C'est bien vu ? Voyons ça... Non, c'est pas elle. Ça ne fait rien, vous aurez plus de chance la prochaine fois. Qui veut jouer avec moi ? Un coup je la vois, un coup je la vois plus, allons, Messieurs ! »

5. Et tous s'écrièrent : « Nous avons compris ! C'est le bonnetôh[1] ! ». Et ils riaient comme une volée de moineaux.

6. Enfin ils arrivèrent au lieu appelé Gethsémani. Là, Jésus dit aux disciples : « Asseyez-vous là, et attendez-moi. »

---

1. Le « bonnetôh » était un jeu d'argent qui se pratiquait clandestinement aux abords des hippodromes de la capitale juive depuis la plus haute Antiquité. (Note du traducteur.)

7. Et, ayant pris avec lui Pierre et les deux fils de Zébédée, il s'en alla plus loin, et il leur dit : « Mon âme est saisie de tristesse jusqu'à la mort. Demeurez auprès de moi. »

8. Et il se jeta le visage contre terre, priant et gémissant. Et il pria ainsi : « Mon Père, s'il est possible, faites que ce calice d'amertume s'éloigne de moi ! Toutefois, que Votre volonté soit faite et non la mienne. »

9. Et l'Éternel l'entendit, et Il lui envoya un ange de Sa part, et l'ange le réconforta, lui disant : « Ton Père te fait dire ceci : Merci mille fois pour la permission, mais quant à la chose du calice d'amertume, pas question de changer de programme.

10. Et encore ceci : Quand tu donnas Notre corps en pâture aux humains avec leurs pattes sales, tu ne Me demandas pas Mon avis. Que le destin suive donc son cours. Après tout, ce n'est qu'un mauvais moment à passer. Bonne nuit, petit. »

11. Alors Jésus revint vers ses disciples, et il les trouva dormant profondément.

12. Et il les réveilla avec quelques coups de pied là où ça réveille le mieux, et il leur dit : « Est-il possible que vous n'ayez pu veiller une heure avec moi ? Et moi, pendant ce temps, je souffrais toutes les angoisses et toutes les agonies, ô cochons ! »

13. Et Jacques, fils de Zébédée, lui dit : « Ça doit être l'estomac, Seigneur. Moi-même, je ne me sens pas très bien. Je n'aurais pas dû reprendre de votre corps, Seigneur. C'est pas pour vous vexer, mais vous êtes plutôt lourd et bourratif, surtout le soir. »

14. Et Jésus s'en retourna prier, et il revint deux fois encore, et à chaque fois il les trouva ronflant à trois voix, et à chaque fois il les réveilla, et les gronda.

15. Si bien que, la troisième fois, l'autre fils de Zébédée, Jean, lui dit : « Écoute, Seigneur, nous on bosse, demain. Pour toi, tout ça va finir dans quelques heures, et puis tu retourneras auprès de ton Père, et tu t'assiéras sur un nuage bien rembourré, et tu mangeras des glaces à la fraise et à l'ananas, et les anges t'éventeront doucement de leurs ailes,

16. Alors que, pour nous, elle ne fait que commencer, la vie de misère et de cailloux dans les lentilles. Toi, quoi qu'il puisse t'arriver, tu sais que tu redeviens le bon Dieu quand tu veux. Alors, je t'en prie, laisse-nous au moins un peu récupérer. »

17. Et Jésus dit : « Regardez, j'ai quelque chose de très joli à vous montrer. » Et ils soupirèrent, et ils ouvrirent leurs yeux avec peine, et ils les tinrent ouverts avec les doigts.

18. Alors de Jésus sortit une sueur de sang, et elle coula de lui, et de ses oreilles jaillirent deux petites fontaines de sang, et cela brillait tout rouge dans la lumière de la lune.

19. Et les apôtres virent cela, et ils dirent : « Mouais... » Et ils dirent encore : « Et des tours de cartes, vous savez en faire ? »

20. Mais voici qu'arriva une grande troupe de gens armés, et avec eux marchait Judas Iscariote.

1. Or le centurion qui commandait les hommes armés s'avança vivement vers Jésus, et les hommes armés entourèrent Jésus.

2. Et Judas, qui était un peu gras du bide et plutôt court de souffle, demeurait loin en arrière et criait : « Attendez-moi ! Attendez-moi ! Vous ne pourrez rien faire sans moi ! »

3. Cependant Jésus dit au centurion : « Ne serait-ce pas moi que tu cherches ? »

4. Et le centurion dit : « Es-tu Jésus de Nazareth, dit le Messie, dit le Fils de Dieu, dit le Roi des Juifs ? »

5. Et Jésus dit : « Je le suis. »

6. Et le centurion dit : « Au nom de la Loi et des Prophètes, je t'arrête. » Et il lui lia les mains d'une corde.

7. Alors arriva Judas, tout hors de souffle et la langue pendante, et Judas dit : « Je vais vous trahir ça vite fait ! »

8. Et il se haussa sur la pointe des pieds pour embrasser Jésus, car il était un peu bas du cul aussi, et Jésus dit : « Pas sur la bouche ! » Et Judas l'embrassa sur les joues, trois fois, en faisant claquer bien fort les baisers, car il aimait l'ouvrage bien faite.

9. Et Judas dit : « Bon. Voilà une bonne chose de réglée. Vous n'avez plus besoin de moi ? Eh bien, bonne continuation. Vous commencez votre journée, moi je finis la mienne. A chacun son métier, pas vrai ? Au revoir la compagnie. Et si vous avez quelqu'un à trahir, pensez à moi. Quelqu'un de haut placé, naturellement. Je ne fais plus que dans le dieu ou le fils de dieu. »

10. Et Judas s'en alla, bien content, et il rêva dans sa tête qu'avec ses trente deniers, il achetait un cent d'œufs, faisait triple couvée, élevait des poulets autour de sa maison, le renard, bien que fort habile, lui en laissait assez pour avoir un cochon, le porc à engraisser lui coûtait peu de son, et qui l'empêcherait d'avoir en son étable, vu le prix dont il est, une vache et son veau qu'il verrait sautiller au milieu du troupeau ?

11. Et Judas, là-dessus, saute aussi, transporté, et il se dit que pour fêter ça il peut bien entamer un de ses deniers chez le marchand de vin.

12. Et le marchand de vin soupesa le denier, et il le fit sonner, et il le mordit, et il dit à Judas : « Ce denier est de plomb. » Et Judas lui montra les autres, et les trente étaient de plomb.

13. Alors Judas ramassa ses deniers de plomb, et, comme sa nature était mauvaise mais sa ceinture solide, il alla se pendre, et voilà pour lui.

●

1. Cependant Pierre, entendant le tumulte, s'était réveillé, et, tirant l'épée du fourreau, il attendit que le regard de Jésus fût sur lui, et alors il frappa un serviteur du grand prêtre avec une grande colère, en ayant soin toutefois de frapper loin à côté, car à quoi bon s'opposer à une chose qui est écrite dans les Prophètes ?

2. Or il se trouva que ce serviteur, nommé Malchus, avait les oreilles décollées, et elles s'épanouissaient loin de sa tête comme deux grands coquelicots rouges.

3. Et l'épée de Pierre, bien qu'elle passât fort au

large, trancha une oreille à Malchus, et Pierre fut très surpris de cela.

4. Et Jésus vit cela, et il dit à Pierre avec sévérité : « Pas de ça, Pierre. Celui qui frappe par l'épée périra par l'épée. »

5. Et il dit encore : « Si j'avais voulu me défendre, crois-tu que j'aurais eu besoin de ta pauvre petite épée ? Je n'aurais eu qu'un signe à faire à mon Père pour qu'Il m'envoie aussitôt plus de douze légions d'anges. »

6. Et l'Éternel, du haut des cieux, pensa : « Compte là-dessus ! »

7. Et Pierre dit : « Bon, bon. On m'y reprendra, à faire du zèle ! » Et il jeta au loin son épée, car il craignait de se couper.

8. Or Jésus ramassa l'oreille de Malchus, et il cracha sur l'oreille, et il la remit en sa place, et il prononça les Mots, et voici : l'oreille fut comme si elle n'avait jamais été tranchée, et même elle ne fut plus décollée, ni rouge, ni flottante à la brise comme la feuille de la rhubarbe.

9. Elle fut une des plus gracieuses oreilles parmi les oreilles qui furent jamais créées, et pourtant Malchus ne fut pas aussi heureux qu'il aurait dû l'être.

10. Car l'autre oreille était restée telle qu'auparavant, et ça le faisait pencher d'un côté. Et Malchus pria Pierre de lui couper aussi celle-là afin que Jésus la guérisse et la rende jolie et bien collée.

11. Et Pierre dit : « Ah, non. J'en ai assez de me faire enguirlander pour tes oreilles, moi. » Et Malchus pencha jusqu'à la fin de ses jours terrestres, et voilà pour celui-là.

1. Après cela, Jésus fut emmené chez Caïphe, qui était grand prêtre et souverain sacrificateur.
2. Et là était réuni le suprême conseil, pour juger Jésus.
3. Et les Princes des Prêtres, les Scribes, les Sénateurs et tout le conseil cherchaient quelque faux témoignage contre Jésus, mais ils n'en trouvaient que des vrais.
4. Enfin, deux faux témoins s'approchèrent, et ils dirent : « Cet homme a dit : "Détruisez le temple de Dieu, je puis le rebâtir en trois jours." »
5. Or il était parfaitement vrai que Jésus avait dit cela, et mille témoins vrais eussent pu en témoigner.
6. Mais alors Jésus eût été condamné en toute justice. Or il fallait qu'il le fût injustement, et c'est pourquoi il fallait que les témoins fussent faux, même pour témoigner de choses vraies.
7. Ça paraît un peu compliqué, à première vue, mais naturellement Jésus, lui, comprenait très bien tout, et c'est le principal.
8. Et Caïphe dit à Jésus : « Qu'as-tu à répondre à cela ? »
9. Et Jésus ne répondit rien, car sa divine clairvoyance avait deviné que c'était là un piège.
10. Alors Caïphe dit à part aux autres membres du conseil : « Vous allez voir, je sais comment le faire parler. »
11. Et, s'adressant à Jésus, il dit : « Au nom du Dieu vivant, je t'adjure de nous dire si tu es le Christ, le Fils de Dieu. »

12. Et Jésus se mit au garde-à-vous, et il répondit : « Je le suis ! »
13. Car à ce moment-là sa divine clairvoyance pensait à autre chose, et c'est sa nature humaine qui avait répondu.
14. Alors Caïphe s'écria : « Il a blasphémé ! Il a blasphémé ! »
15. Et tous les membres du conseil s'écrièrent : « Il a blasphémé ! Tralalaire ! »
16. Et Caïphe déchira ses vêtements, et tous les membres du conseil déchirèrent leurs vêtements,
17. Si bien qu'ils furent nus, et leurs derrières virent le jour pour la première fois depuis leur naissance,
18. Et c'étaient de tristes maigres vieux derrières tout jaunes tout plissés, et pas toujours aussi propres qu'on l'aurait attendu de derrières de personnes aussi haut placées.
19. Et leurs poils étaient rares, et gris, et hérissés, et leurs testicules traînaient sur le sol,
20. Et ils se firent horreur les uns aux autres, et ils crièrent : « Il a mérité la mort ! »
21. Et ils lui crachèrent au visage, et ils lui donnèrent des coups de poing, et même des coups de bâton,
22. Et ils lui bandèrent les yeux, et ils lui demandèrent : « Devine qui t'a frappé ! »
23. Car c'est déjà bien assez triste de condamner les gens à mort. Si en plus on ne peut même pas rigoler un peu, c'est la fin de tout.

●

1. Cependant, Pierre avait suivi Jésus, mais de loin, comme un badaud badaudant,

2. Et, pendant que l'on jugeait Jésus, il s'était assis dehors, dans la cour. Or voici qu'une servante, s'approchant de lui, lui dit : « Toi, je te reconnais ! Tu es de la bande de ce Jésus ! »

3. Et Pierre répondit : « Qui ça ? Moi ? Ah la la, ça me ferait mal ! »

4. Un peu plus tard, une autre servante vint, et elle regarda Pierre sous le nez, et elle dit aux soldats qui étaient là : « Je suis sûre que ce type était avec Jésus. »

5. Et il dit : « C'est quand même quelque chose, ça ! Je l'ai seulement jamais tant vu ! »

6. Encore un peu plus tard, un soldat lui dit : « Assurément tu es un des ces va-nu-pieds galiléens, tu as bien le drôle d'accent de par là-bas. »

7. Et Pierre dit : « Que je sois changé en excrément mal digéré si j'ai rien à voir avec ces enfants de putains ! Que ma langue se couvre de cresson, que mon nez se couvre de bandes dessinées, que mes narines morvent des plumes et du goudron, que mon nombril indique l'heure exacte, que mon zob se change en salsifis, que ma vessie crache des oursins et mes testicules des cordes à nœuds, que mon anus défèque des poêles à frire, que ma mère serve de traînée à trente-six mille bourriques en chaleur, que la mère de ma mère soit empalée sur trois mille dards d'éléphants liés en botte, que la mère de la mère de ma mère... »

8. Et le soldat dit, l'interrompant : « En somme, tu ne connais pas Jésus de Nazareth ? »

9. Et Pierre dit : « En somme, je ne le connais pas. »
10. Et à peine avait-il parlé que le coq chanta.
11. Et voici : juste à ce moment, Jésus traversa la cour, mené par les soldats. Et il regarda Pierre, et son regard était un certain regard.
12. Et Pierre haussa les épaules, et il dit, de façon à ce que Jésus seul l'entendît : « Bon, d'accord. Tu as gagné, Seigneur. »
13. Et Jésus dit : « Tu me dois dix drachmes. »
14. Et Pierre dit : « Ah, non ! On n'avait pas parié d'argent ! »
15. Et Jésus soupira, et il dit : « Ça ne coûtait rien d'essayer. »
16. Et Pierre sentit le remords mordre son cœur, et il courut au-dehors, et il pleura beaucoup, car son remords était un gros remords, en vérité.
17. Et il chercha une corde pour se pendre, ou un bout de fer pointu pour se faire du mal, et il regarda autour de lui, et il vit le coq qui avait chanté, et qui était tout content tout fier de son beau chant, et il attrapa le coq, et il lui tordit le cou, et il le fit rôtir, et il le mangea, et il le rota, et son remords alla déjà beaucoup mieux, et voilà pour le coq.

●

1. Lorsque le matin fut venu, on conduisit Jésus au palais de Ponce-Pilate, qui était le gouverneur romain pour la Judée.
2. Car, depuis que Rome était souveraine en Terre Sainte, les jugements des tribunaux juifs devaient être soumis au représentant de Rome pour confirmation.

3. Et Ponce-Pilate interrogea Jésus, et il vit qu'il n'y avait dans son cas pas de quoi fouetter un chat, et il eut pitié de lui.

4. Et, apprenant qu'il était de la Galilée, il le renvoya à Hérode, tétrarque de Galilée, qui se trouvait justement à Jérusalem.

5. Et Pilate se dit : « Bon débarras ! » Et il reprit du pâté de langues de rossignols,

6. Car le pâté de langues de rossignols, si on le laisse refroidir, c'est plus ça.

7. Et Jésus fut mené chez Hérode, et Hérode eut de cela une grande joie, car depuis longtemps il avait ouï dire des choses merveilleuses sur Jésus, et il désirait qu'il fît un miracle devant lui.

8. Mais Jésus ne voulut faire aucun miracle devant Hérode, même pas un tout petit, comme, par exemple, de changer en or pur les hémorroïdes de la femme d'Hérode, et Hérode fut fâché de cela.

9. Et il renvoya Jésus à Ponce-Pilate après l'avoir fait vêtir, par moquerie et dérision, de la robe blanche que l'on mettait aux fous.

10. Et donc Ponce-Pilate vit revenir Jésus chez lui, ainsi que la multitude qui criait qu'on le mît à mort.

11. Et Pilate ne fut point trop content de cela, mais il commanda que l'on tînt au frais sa part de salade de myrtilles givrées et d'yeux bleus de vierges de Scandinavie au miel blond, spécialité de son cuisinier napolitain, et il dit à sa femme : « J'en ai pour un instant. »

12. Et il revint dans le prétoire, et il tapota la joue de Jésus, et il dit aux princes des prêtres et à la

multitude : « Eh bien, qu'allons-nous faire de ce grand garçon-là ? »

13. Et tous crièrent : « Qu'on le mette à mort ! »

14. Alors Pilate leur dit : « Écoutez, je vais lui faire donner une petite fessée, et puis il nous promettra d'être bien sage et de ne plus recommencer. N'est-ce pas, que tu promets, mon grand ? »

15. Et tous furent contents de cette bonne idée, et ils crièrent : « Oui, oui ! La fessée ! » Et ils crièrent encore : « Mais après la fessée : à mort ! »

16. Et Pilate fut contrarié de voir ces Juifs aussi carnassiers, et il dit : « Écoutez. Il est de coutume, pour la Pâque, que je relâche un prisonnier d'entre les prisonniers, celui que vous préférez.

17. Or, voici. Je vous donne à choisir entre ce Jésus et un bandit nommé Barabbas. »

18. Et il fit venir Barabbas, et c'était en vérité une épouvantable canaille et un fort vilain museau, et il dit : « Décide, ô peuple de Jérusalem. Qui dois-je donc libérer ? »

19. Et la voix de la multitude fut une seule voix, et cette voix cria : « Barabbas ! Barabbas ! »

20. Et ils dirent encore : « Tu oses nous proposer un pauvre petit voyou contre le Fils de Dieu ? Non, mais, ça ne va pas ? »

21. Et Pilate leur demanda : « Mais pourquoi tenez-vous donc tellement à le mettre à mort ? »

22. Et les uns dirent : « Parce qu'il a les cheveux longs. » Et d'autres dirent : « Parce qu'il porte la raie sur le côté. » D'autres : « Parce qu'il a un grain de beauté sur la joue droite. »

23. D'autres : « Parce que nos femmes prononcent son nom lorsque nous forniquons avec elles au lieu de faire attention à ce qu'elles font. » D'autres : « Parce qu'il a l'air d'une tante. » D'autres : « Parce qu'il en sait trop. » D'autres : « Parce qu'il a une bonne gueule de crucifié. »

24. D'autres : « Parce qu'on n'a pas de nègres, par ici. » D'autres : « Parce que ça serait trop dangereux de crucifier des Romains. »

25. D'autres : « Parce qu'on aime bien crucifier les gens. » D'autres : « Parce qu'on en a marre de les empaler. »

26. D'autres : « Parce que c'est un bon exemple pour l'éducation de la jeunesse. »

27. D'autres : « Parce qu'une croix c'est plus joli quand il y a un crucifié dessus, moi je trouve. »

28. D'autres : « Parce qu'on est sains et sans problèmes. » D'autres : « Parce qu'il faut bien que jeunesse se passe. » D'autres : « Parce que, bof, mourir de ça ou d'autre chose... »

29. D'autres : « Parce qu'on est charpentiers en croix. » D'autres : « Parce qu'on est forgerons en clous. » D'autres : « Parce qu'on est des mouches à viande, bzz, bzz... »

30. Et tous ensemble dirent : « Surtout parce qu'il est innocent, et que c'est bien meilleur quand ils sont innocents. »

31. Alors Pilate commanda qu'on lui apportât de l'eau, et il se lava les mains devant le peuple, et il dit : « Vous l'avez voulu. Moi, je suis innocent du sang de ce juste. Vous en êtes témoins. »

32. Et ils crièrent joyeusement : « Oui ! Oui ! Que son sang retombe sur nous, et sur nos enfants, et sur les enfants de nos enfants ! T'en fais pas pour ça, papa[1]. »
33. Et ils coururent chez eux mettre leurs habits du dimanche, car ce n'est pas tous les jours qu'on a l'occasion d'aller voir crucifier Dieu.

---

1. Ceci montre bien que les Juifs ont parfaitement mérité tout ce qui leur arriva plus tard dans les siècles des siècles, et qu'on aurait bien tort de les plaindre.

CHAPITRE 11

RÉSUMÉ DES CHAPITRES PRÉCÉDENTS.
Dix « Notre Père », dix « Je vous salue Marie » et n'y revenez plus, mon enfant.

1. En ce temps-là, donc, Ponce-Pilate, ayant fait relâcher le brigand Barabbas comme le demandait le peuple, livra Jésus aux soldats pour être crucifié.

2. Or les soldats, comme tous les soldats, étaient de grands enfants, et un rien les amusait.

3. Et, s'étant assemblés autour de Jésus, ils appelèrent leurs camarades, car, quand on est en garnison, il ne faut pas laisser passer une occasion de rigoler un peu.

4. Et ils vêtirent Jésus d'un manteau d'écarlate, ainsi qu'on fait aux rois, et cela les fit rire aux larmes. Il ne leur en fallait vraiment pas beaucoup.

5. Et sur sa tête ils posèrent une couronne qu'ils avaient tressée d'épines afin qu'elle ne glissât point, et dans sa main ils mirent un roseau afin qu'il se sentît moins bête.

6. Et ils lui dirent : « Je te salue, Majesté ! Pas de doute, c'est bien toi le roi ! » Et, de rire, ils urinèrent sous leurs jupettes le long de leurs cuisses velues.

7. Et ils lui donnèrent des coups avec le roseau, et ils lui crachèrent à la face,

8. Et ils lui pissèrent sur la tête, et ils lui vomirent dans le cou, et ils lui morvèrent sur les pieds, et ils essuyèrent le jaune de leurs oreilles sur sa barbe.

9. Et quand vraiment ils ne surent plus quoi sécréter sur lui, car les sources de leurs sécrétions étaient taries,

10. Alors ils le mirent dans une couverture, et ils le firent sauter en l'air en tirant bien ensemble sur les quatre coins de la couverture.

11. Et quand leurs bras furent fatigués de cela ils lui passèrent la quéquette au cirage, puis ils lui enfoncèrent une amphore dans le fondement, le gros bout en avant,

12. Puis ils lui plantèrent une plume de paon dans le derrière, puis il l'envoyèrent de leur part chercher la clef du champ de manœuvres,

13. Puis ils lui dirent : « Comment vas-tu... Yau de Poêle ? » et ils le forcèrent à répondre : « Pas mal... aga ! Et toi... le à matelas ? »

14. Et ils lui rotèrent sous le nez en disant : « A... ccrochez les wagons ! »

15. Et ils lui firent faire la brouette japonaise, et le crapaud constipé, et le renard et la cigogne dans une chambrette,

16. Et ils projetèrent sur le mur des ombres chinoises pornographiques en utilisant la lumière de son auréole,

17. Et leur rire était un formidable rire, en vérité, et le centurion qui les commandait riait plus fort que tous les autres réunis,

18. Et ce centurion s'appelait Massûh, mais on l'appelait Mâchoire d'Ane,

19. Et quand Ponce-Pilate, pris de pitié, disait : « Vous allez lui faire du mal », alors Massûh-Mâchoire d'Ane se donnait à lui-même quelques légers coups de badine, et il disait : « Mais non, voyez, ça ne fait pas mal du tout ! Autrement, le supporterais-je ? »

20. Et Ponce-Pilate alors était rassuré, et il disait : « Ah, bon. Je suis rassuré », et il se lavait les mains encore un petit coup, à tout hasard, ça ne peut pas faire de mal.

21. Or la foule, du dehors, voyait les soldats s'amuser, et elle aurait bien voulu s'amuser aussi.

22. Et comme justement les soldats commençaient à ne plus s'amuser autant, vu que naturellement ils s'étaient d'abord rappelé tous les jolis jeux qu'on se rappelle le plus facilement, et vu que par conséquent il leur fallait maintenant se rappeler ceux qu'on oublie tout le temps, ce qui est difficile,

23. Or le militaire fatigue vite de la tête,

24. Étant donné cela, le centurion dit à un décurion : « C'est pas tout, la rigolade, faut que le boulot se fasse. » Et le décurion cria : « A mon commandement... En avant ...arche ! »

25. Or, avant qu'ils ne se fussent mis en route, Pilate voulut une dernière fois les adjurer de faire grâce à Jésus, car la femme de Pilate avait vu Jésus en rêve pendant son sommeil, et elle avait prononcé son nom pendant que Pilate pratiquait le coït avec elle, et Pilate ne voulait

pas qu'on pût penser qu'il laissait crucifier Jésus par jalousie, sentiment vil et bas, indigne d'un patricien romain.

26. Et Pilate, levant le bras, dit : « Ecce homo ! », ce qui est du latin, car Pilate oubliait parfois qu'il s'adressait à des indigènes.

27. Et naturellement les Juifs comprirent tout de travers, et ils crièrent : « Oui ! Oui ! une chanson ! Une chanson ! »

28. Et certains crièrent : « A poil, Pilate ! A poil, Pilate ! A poil ! » Ils chantaient cela sur un vieil air hébreu très entraînant, bien que simple et de bon goût.

29. Et Pilate leva les yeux au ciel, et puis il se lava les mains encore un petit coup, et il mit devant son nez un mouchoir parfumé, et il quitta enfin cet endroit et aussi cette foule qui sentait décidément très fort l'ail frit, l'oignon cru, le chou bouilli, la graisse de mouton et l'aisselle vespérale.

30. Et enfin ils se mirent en route, emmenant Jésus.

●

1. Or il était écrit dans les Prophètes, et aussi dans le Règlement général des Pendaisons, Crucifixions, Fêtes et Feux d'artifice de la ville de Jérusalem, que tout condamné à la crucifixion devait porter lui-même sa croix jusqu'au lieu du supplice, progrès social d'une importance décisive qui avait été conquis de haute lutte par les aides-bourreaux à la suite d'une grève longue et dure où ils montrèrent une conscience de classe et une discipline qui forcent le respect.

2. Et donc l'on remit à Jésus une croix réglementaire modèle Marius modifié Sylla, en bois d'olivier premier choix, sans nœuds ni malfaçon, chevillée plein bois, avec chanfreins et moulures conformes au modèle, côté face soigneusement poli au papier de verre numéro double zéro pour éviter tout risque d'échardes, et, en option, petit support en pente douce pour les pieds (supplément selon pointure).

3. Et Jésus fut invité à en signer décharge au magasinier des croix après en avoir constaté le bon état ainsi que la conformité avec l'article correspondant du catalogue.

4. Et Jésus, étant charpentier de son métier, apprécia le travail en connaisseur, et il cligna de l'œil pour viser si la croix était bien droite, et puis il cracha dans ses mains, et il mit la croix sur son épaule, et il dit : « Bon. On y va ? C'est que j'ai le monde à sauver, moi. »

5. Or, en ce temps-là, les gens étaient cruels, car ils n'étaient pas encore chrétiens. Ils aimaient bien se moquer des condamnés et les insulter.

6. Et lorsque Jésus sortit enfin, portant sa croix, la multitude cria sa joie, et son cri était un formidable cri.

7. Et ils riaient, et ils lui tiraient la langue, et ils lui jetaient des épluchures, et ils lui faisaient des croche-pieds,

8. Et ils lui disaient : « Mouche ton nez, tu vas entrer dans le Royaume de ton Père ! »

9. Et ils disaient encore : « Baisse la tête, t'auras l'air d'un coureur ! » et encore : « Fais vroum vroum, t'auras l'air d'un avion ! », mais naturel-

lement ils ne savaient pas pourquoi ils disaient cela, c'était le Saint-Esprit qui les inspirait.

10. Et au premier rang de ceux-là il y avait tous ceux que Jésus avait guéris : les culs-de-jatte avec leurs longues jambes toutes neuves, les lépreux avec leur jolie peau rose, les aveugles avec leur regard perçant, les hémorroïsses avec leur anus souriant et les pécheresses avec leur virginité intacte,

11. Et ceux-là étaient ceux qui riaient le plus fort, et qui lançaient les choses les plus sales,

12. Et Jésus souffrait de cela plus que du reste, et plus il souffrait, plus il était content, car il se disait dans son cœur :

13. « Cela est bon. Car ne suis-je pas venu pour racheter les péchés du monde ? Or, plus je souffrirai, mieux ils seront rachetés. »

14. Et quand vraiment il avait trop mal, il se rappelait qu'il était aussi Dieu, et alors il cessait un petit peu d'être homme, mais rien qu'un petit moment, juste le temps de se reposer, car autrement ç'aurait été de la triche.

15. Or, depuis le commencement de sa Passion, à chacune de ses souffrances, Jésus se disait : « Voici. Ce bon coup de trique sur mes oreilles vient de racheter l'abominable péché de la pomme défendue qu'Ève fit manger à Adam et qui est cause que tous les hommes naissent damnés. »

16. Et encore : « Hop-là ! Ce terrible coup de pied dans mes testicules a racheté la Tour de Babel, les filles de Lot et la femme de Putiphar ! »

17. Et encore : « Aïe donc ! Grâce à ce crachat de toute beauté sur mon œil, voilà rachetées Sodome et Gomorrhe du même coup ! »

18. Et Jésus était tellement absorbé par sa pieuse comptabilité qu'il ne vit pas un pavé qui dépassait, et il buta, et il tomba, et la croix par-dessus lui.

19. Et les soldats le relevèrent, et le décurion lui dit avec bonté : « Ça paraît dur, la première fois. » Et ils obligèrent un nommé Simon, qui était de Cyrène en Cyrénaïque et qui était venu à Jérusalem comme chaque année pour la Pâque parce que les bordels de Jérusalem étaient bien plus beaux que ceux de Cyrène, à porter la croix à la place de Jésus.

20. Et Simon de Cyrène se dit dans son cœur qu'il aurait bien mieux fait de suivre sa première idée, qui était de rester à Cyrène, et de faire la grasse matinée, et de se faire servir le petit déjeuner au lit, et de se masturber si ça le démangeait trop, mais puisque c'était fait, tant pis pour lui. Et il porta la croix.

21. Et Jésus lui mit la couronne d'épines sur la tête, et il lui dit : « Tiens, ceci va avec. »

22. Or il y avait dans la foule des femmes qui pleuraient et se frappaient la poitrine.

23. Mais Jésus, se tournant vers elles, leur dit : « Ne pleurez point sur moi, filles de Jérusalem ! Mais pleurez sur vous-mêmes et sur vos enfants !

24. Car les jours viendront où l'on dira : Heureuses les entrailles qui n'ont point enfanté ! Heureuses les mamelles qui n'ont point allaité ! Bientôt vous crierez aux montagnes : tombez sur nous ! Et aux collines : recouvrez-nous !

25. Car, si l'on fait ces choses au bois vert, que fera-t-on au bois sec ? »

26. Et ces femmes se regardèrent entre elles, et puis elles mirent leurs poings sur leurs hanches, et elles dirent : « C'est ça ! Ayez pitié, il vous engueule ! » Et elles dirent encore : « Bois sec toi-même, eh, jean-foutre ! D'abord, c'est même pas pour toi que nous pleurions : nous avions une poussière dans l'œil. »

27. Cependant l'une de ces femmes, qui se nommait Véronique, et était de la ville de Polahr-Ohid, s'approchant de Jésus, lui essuya le visage de son mouchoir. Et lorsqu'elle ôta le mouchoir du visage de Jésus, voici : le visage de Jésus était dans le mouchoir, tout à fait ressemblant, et en couleurs, même. Ça, alors !

28. Or la foule vit cela, et elle cria : « C'est un miracle ! » et puis elle cria : « Bon, ça va comme ça, Véronique, tu retardes le cortège ! » Et personne parmi eux, ayant vu ce miracle, ne se fit chrétien, et ça, oui, c'est un vrai gros miracle !

29. Et Véronique se dit dans son cœur : « Tant qu'à faire un miracle, j'aurais mieux aimé qu'il me guérisse de mes règles douloureuses. » Car les gens ne sont jamais contents.

●

1. Et ils continuèrent à avancer, Simon de Cyrène portant la croix et Jésus marchant derrière.

2. Et les gens, voyant Simon porter la croix, pensèrent que c'était lui ce Jésus que l'on menait crucifier, et ils l'insultèrent, et ils lui jetèrent des excréments et des œufs qu'ils avaient mis à pourrir depuis longtemps en prévision de ce beau jour.

3. Or Jésus voyait ces choses, et son front était pensif.

4. Et ils arrivèrent au lieu appelé Golgotha.

5. Et les soldats, oubliant que le barbu qui portait la croix n'était pas le même barbu qu'au départ, clouèrent Simon sur la croix. Car les Romains se rasaient soigneusement, et pour eux tous ces Juifs barbus se ressemblaient comme un seul Juif barbu.

6. Et Simon essaya de dire quelque chose, mais, dès qu'il ouvrait la bouche, un soldat charitable versait dedans du vin mêlé de myrrhe, ou y enfonçait un petit pain, ou un œuf dur.

7. Et comme il ne restait qu'un seul clou pour les deux pieds, ils dirent à Simon : « Mets tes pieds l'un sur l'autre. » Et Simon le fit, car il aimait à rendre service.

8. Cependant Jésus se tenait un peu à l'écart, et son front était de plus en plus pensif.

9. Enfin Jésus leva les yeux au ciel, et il dit : « Mon Père, pardonne-leur, car ils ne savent pas ce qu'ils font. »

10. Et puis il passa son bras sous le bras de Marie-Madeleine, et ils s'éloignèrent dans la foule, et ils vécurent heureux et eurent beaucoup d'enfants.

11. Mais ensuite Marie-Madeleine engraissa, et elle devint feignante, et elle eut des histoires dans ses ovaires, et des écoulements qui tachent le linge et aigrissent le caractère, à cause de la vie de patachon qu'elle avait menée dans sa jeunesse.

12. Enfin, ce sont leurs affaires, et voilà pour ces deux-là.

13. Et, pendant ce temps, Simon était sur sa croix, tout là-haut, et en même temps que lui on avait crucifié deux larrons d'entre les larrons, l'un à sa droite, l'autre à sa gauche.

14. Et Simon criait de toutes ses forces, mais la foule ne pouvait pas l'entendre car on avait fait venir des musiciens, et on avait accroché des lampions aux crucifiés, et l'on dansait, et l'on buvait, et l'on mangeait des saucisses chaudes et du rahat-loukoum.

15. Et puis, s'il fallait faire attention à tout ce que gueulent les crucifiés, on n'en finirait pas.

16. Et les deux larrons sur leurs croix riaient comme des larrons bossus, car ils avaient très bien vu ce qui s'était passé,

17. Mais ils furent aussitôt punis pour cela, car les crucifiés, c'est bien connu, c'est quand ils rient que ça leur fait le plus mal,

18. Alors ils cessèrent de rire, et ça leur fit moins mal, alors ils se remirent à rire, et tout le temps comme ça, à rire et à pleurer tour à tour, si bien que l'un mourut en riant, et l'autre mourut en pleurant, ce qui fait une bonne moyenne, l'un dans l'autre.

19. Tout à coup Simon cria : « Eli ! Eli ! Lamma sabacthani ! » ce qui est du cyrénaïcain littéraire et signifie : « Si j'aurais su, j'aurais pas venu, merde, alors ! »

20. Aussitôt un soldat romain lui présenta au bout de sa lance une éponge trempée dans le vinaigre, car en latin « Eli ! Eli ! Lamma sabacthani » signifie : « Et v'lan, passe-moi l'éponge ! Mais avant, trempe-la dans le vinaigre ! » Ça se prononce exactement pareil, sauf qu'il faut mettre la langue entre les dents sur le « th », mais

comme Simon zozotait un peu ça ne se remarquait pas. Ceci s'appelle une coïncidence. Ce sont là les curiosités des langues étrangères.

21. Mais Simon n'aimait pas l'éponge en salade et, vexé, il mourut.

22. Et soudain le soleil ne s'obscurcit pas, et les montagnes ne se fendirent pas, et les tombeaux ne s'ouvrirent pas, et le voile du Temple ne se déchira pas du haut en bas par le milieu,

23. Et les mouches vertes commencèrent à arriver.

24. Et les disciples dirent : « Bof... », et ils s'en allèrent chacun de son côté en traînant les pieds, et Pierre prit par la taille le petit Jean qui était si mignon, et quant à ce qu'ils firent, c'est leurs affaires.

25. Et quant à la Sainte Vierge, elle fit des ménages pour vivre,

26. Et pour un coup de rouge elle vous montrait sa virginité et ses vergetures,

27. Et si vous lui donniez le litre vous aviez le droit de toucher.

28. Et quant au Saint-Esprit, il ne fut plus qu'un pigeon blanc parmi les pigeons blancs, et on le mangea avec des petits pois tout verts, ce qui est fort joli, surtout s'il y a au milieu une carotte toute rouge.

29. Et tout ce qu'on pourra vous raconter d'autre, c'est mensonges et compagnie.

Voilà.

Consummatum est.

DU MÊME AUTEUR

Chez Pierre Belfond :

LES RITALS.
LES RUSSKOFFS.
BÊTE ET MÉCHANT.
LOUISE-LA-PÉTROLEUSE, *théâtre*.

Aux Éditions du Square :

LE SAVIEZ-VOUS ?
LE SAVIEZ-VOUS ? (2ᵉ fournée).
L'AURORE DE L'HUMANITÉ :
I. — ET LE SINGE DEVINT CON.
II. — LE CON SE SURPASSE.
III. — OÙ S'ARRÊTERA-T-IL ?
LES AVENTURES DE NAPOLÉON.

Aux Éditions Hara-Kiri :

4, RUE CHORON.

Chez Jean-Jacques Pauvert :

STOP-CRÈVE.
DROITE-GAUCHE, PIÈGE À CONS.

Chez 10/18 :

JE L'AI PAS LU, JE L'AI PAS VU MAIS J'EN AI ENTENDU CAUSER.
(1969-1970).

Aux Éditions l'École des Loisirs :

Adapté en vers français par Cavanna :
MAX ET MORITZ, de Wilhelm Busch.
CRASSE-TIGNASSE (Der Struwwelpeter).

Composition réalisée par C.M.L., Montrouge

IMPRIMÉ EN FRANCE PAR BRODARD ET TAUPIN
7, bd Romain-Rolland - Montrouge - Usine de La Flèche.
LIBRAIRIE GÉNÉRALE FRANÇAISE - 14, rue de l'Ancienne-Comédie - Paris.

ISBN : 2 - 253 - 03400 - 2   ✧ 30/5903/7